德育建设与学生素养研究

师旭超　温静雅　郭灵飞　主编

江西科学技术出版社

图书在版编目（CIP）数据

德育建设与学生素养研究 / 师旭超，温静雅，郭灵飞主编. -- 南昌：江西科学技术出版社，2023.9
　ISBN 978-7-5390-8638-5

　Ⅰ. ①德… Ⅱ. ①师… ②温… ③郭… Ⅲ. ①大学生－德育－研究－中国②大学生－素质教育－研究－中国 Ⅳ. ①G64

中国国家版本馆 CIP 数据核字(2023)第 129733 号

国际互联网（Internet）地址：
http://www.jxkjcbs.com
选题序号：ZK2023056

德育建设与学生素养研究　　师旭超　温静雅　郭灵飞　主编
DEYU JIANSHE YU XUESHENG SUYANG YANJIU

出版发行	江西科学技术出版社
社址	南昌市蓼洲街 2 号附 1 号
	邮编：330009　电话：（0791）86624275　86610326（传真）
印刷	济南文达印务有限公司
经销	各地新华书店
开本	710mm×1000mm　1/16
字数	300 千字
印张	19
版次	2024 年 5 月第 1 版
印次	2024 年 5 月第 1 次印刷
书号	ISBN 978-7-5390-8638-5
定价	78.00 元

赣版权登字-03-2023-176
版权所有，侵权必究
（如发现图书质量问题，可联系调换。）

《德育建设与学生素养研究》编委会

主　编　师旭超　温静雅　郭灵飞
副主编　孙银玉　刘淑芳　王思伟
　　　　　贾士勇　李胜男

前　言

德育，是教育中主要的领域之一，它是培养人、塑造人、实现教育目的的重要内容。一个人有什么样的思想道德，是其为人的根本和灵魂。一个国家的公民有什么样的道德素养，直接影响到一个国家的社会风尚、人际关系，以及国家的稳定、繁荣程度。当今社会，世界各国之间综合实力的竞争，关键是科学技术的竞争，而科学技术竞争的核心是人才的竞争。我们要在 21 世纪经济发展中占有优势，必须重视人才素质的培养，尤其是对当代大学生的德育素质的培养。

最近几年来，核心素养培养成为教育界的热门话题，引起了社会各界的重视。当代大学生培养核心素养，事实上指的就是学生应该具备的，可以满足终身和社会发展所需一些必备能力和品质。研究学生发展核心素养的目的主要是落实立德树人，这也是实现这一目标的主要渠道，紧跟教育界发展趋势，做到与时俱进，才能不断提升我国国际竞争力，可以说培养大学生核心素养，关系到整个国家的发展命脉。根据多年的教学实践经验，在收集整理和归纳总结的基础上，进行提炼和创新，编写了《德育建设与学生素养研究》一书。

本书共十一章内容，由来自内蒙古科技大学的师旭超、温静雅、郭灵飞共同编写。此外，特别感谢来自安徽大学的孙银玉、中共邵阳市委党校的刘淑芳、云南大学滇池学院的王思伟、济南市槐荫区崇新学校的贾士勇、山东省东营市东营区胜园街道中心学校的李胜男对本书做出的统筹与指导工作。

由于理论水平有限，在编写过程中不免有不足和错漏之处，恳请广大的德育工作者和读者批评斧正。

目 录

第一章 大学生德育概述 ... 1
第一节 大学生德育概述 ... 1
第二节 德育的价值与目标 ... 13

第二章 大学生德育的原则和方法 ... 23
第一节 大学生德育的原则 ... 23
第二节 大学生德育的方法 ... 32

第三章 大学生的道德取向 ... 43
第一节 德育的关怀 ... 43
第二节 大学生德育的意义关怀 ... 50
第三节 道德信仰：高校境界德育的价值取向 ... 59
第四节 专业化发展下的教师专业伦理与道德建设 ... 66
第五节 生存论视域下的大学职业道德教育 ... 77
第六节 道德的误读：对当代大学生道德评价标准的反思 ... 83

第四章 大学生德育的实践研究 ... 88
第一节 大学生德育的目的 ... 88
第二节 大学生德育的内容 ... 90
第三节 德育对大学生创新素质培养的实践研究 ... 100

第五章 校园文化与德育管理 ... 109
第一节 身份认同视域下的教师道德发展 ... 109
第二节 高等师范教育实践中的道德体悟教育论析 ... 117
第三节 组织文化下的大学章程建设 ... 124
第四节 论高校德育实体的放逐与过程的拯救 ... 131
第五节 意蕴、境遇及诉求：大学班级文化的德性审视 ... 139
第六节 论多元文化背景下大学生文化主体意识构建 ... 146

第六章 大学生法治文化建设的研究 ... 160
第一节 大学生法治文化建设的内涵和重要性 ... 160
第二节 大学生法治文化建设的现状 ... 165

第三节　大学生法治文化建设的基本原则......172
第四节　大学生法治文化建设的对策......177

第七章　核心素养的基本概念与内涵......188
第一节　素养的来源及特征......188
第二节　核心素养与学生发展核心素养的基本内容......197
第三节　中国学生发展核心素养的框架和内涵......210

第八章　大学生核心素养分析......217
第一节　核心素养的内涵......217
第二节　大学生核心素养指标遴选原则......219
第三节　我国核心素养的基本内容......222
第四节　国际视角下的核心素养体系......231
第五节　当代大学生核心素养培养的必要性......237

第九章　当代大学生德育核心素养培养存在的不足......239
第一节　大学生核心素养......239
第二节　大学生的身心特点与发展的基本规律......245
第三节　当代大学生素养现状......246
第四节　大学生核心素养体系包含的内容......249

第十章　培养大学生核心素养的有效策略......259
第一节　核心素养体系建设的理论基础......259
第二节　社会主义核心价值观......263
第三节　素质教育理论......266
第四节　大学课程必须满足核心素养提出的要求......268
第五节　加大大学生能力培养力度......273
第六节　完善高校管理制度真正落实大学生核心素养......278

第十一章　培育学生学科核心素养与立德树人根本任务......280
第一节　学科育人与落实立德树人基本内涵......280
第二节　知识育人与精神育人的价值取向及意义......286
第三节　学科教学是落实立德树人根本任务的主要途径......291

参考文献......295

第一章 大学生德育概述

德育作为一门学科是 20 世纪才出现的,但是古今中外的国家,都有与国家及其阶级意识形态相适应的德育的理论和实践。因此,通过对比国内外的德育发展史,合理地对其进行批判与借鉴,对完善我国德育学科具有重要意义。

第一节 大学生德育概述

一、东方国家德育的历史概述

(一)日本的德育

日本把道德教育作为教育改革的重要举措。1982 年中曾根康弘上台后强化国家观念,宣扬天皇的精神权威,灌输"国际意识"。这是日本在新的国际背景下用以加强统治、统一民族思想而创造的德育工具,德育以爱国心为内涵。进入 90 年代后日本政府将面向 21 世纪的教育目标归结为:①宽广的胸怀,健康的体魄,丰富的创造力;②自由、自律等公共精神;③面向世界的日本人。这种道德教育对日本的现代化起到了巨大的推动作用。

日本的德育主要是通过家庭、学校、企业、社会、大众传媒等渠道来完成的。

1.家庭德育

主要包括基础文化与儿童的道德教育、日本民族和日本社会各机构所接受的基本行为规则的教育、在家庭中人与人基本行为规则的教育。日本的妇女为了具备教育孩子的能力，往往通过继续教育的方式来增加自己的知识储备。日本有自发形成的母亲读书会，通过读书和相互交流的方式来提高培养孩子的能力，日本还有家庭教育组织，其中最重要的是家庭教育协会，该协会通过开展家庭教育学习讨论会、家长和教师的交流会，提高家长教育子女的能力。

2. 学校德育

日本以道德教育为中心，使德育思想渗透于学校的各项活动中，并通过正规课程、各科渗透、特别教育课三方面进行。正规课程主要有道德课、公民课（公民课下设现代社会、伦理、政治和经济课程）。除开设上述课程外，日本还通过国语、地理、历史，科学史、音乐、图画、体育等各科渗透，全面加强德育。特别教育课也就是课外活动，目的是通过集体活动使学生的身心得到全面发展，培养集体意识和觉悟。特别教育课通常分为班级活动、学生会活动和学校例行活动。

3. 企业德育

日本企业教育是日本教育的秘密武器，是日本经济、社会发展的功臣，日本企业花在教育上的投资比设备投资更高，日本的企业教育比其他发达国家要发达得多。日本企业教育的内容丰富，中心是技术教育、职业培训，另外就是企业精神和道德教育，这也是日本企业的特色部分。

4. 社会德育

主要通过公民馆、图书馆、体育馆、影剧院对公民进行德育。特别是公民馆，除进行职业教育外，还实施公民道德教育，目的是培养理想公民。

5. 大众传媒德育

日本注重利用大众传播媒体对公民进行渗透性德育，通过电视节目传递民族精神，探讨世界观、人生观、价值观与社会思潮的交流与冲突，使公民在潜移默化中受到教育，达到隐性教育的目的。

（二）韩国的德育

韩国自古以来就受中华文明的影响，非常重视伦理道德教育。二战后，韩国实行资本主义民主制度，虽然德育的形式和内容发生了很大的变化，但始终把资本主义民主政治作为德育的核心内容。青少年的德育经历了三个发展阶段，但无论哪个阶段，其德育的核心都是维护资本主义民主信念。韩国强调国民精神教育、伦理道德教育、公共道德教育和职业道德教育。从教育对象看，韩国把教育的重点放在学生身上，并根据不同年龄阶段的学生的特点进行不同的教育。

韩国注重德育的协调性和综合作用，强调把国民精神教育贯穿于所有课程之中，并寓于一切教育活动之中。为达到德育的效果，政府要求智育、美育、体育、德育全面协调发展，不偏重、不偏废任何一方。近些年，为了要制造互相关心、互相帮助的氛围，韩国各大学纷纷把大学生参加社会服务列为必修课，规定不获此门课程学分的学生不得毕业。

（三）新加坡的德育

新加坡的德育弘扬国家利益，强化国家意识；倡导儒家思想，坚持东方价值观；重视学校德育，明晰教育层次；讲求教育方法，注重教育实践；注重法纪教育，以德法兼施为主要内容。

新加坡是以华人为主体的多民族国家，多元文化在此交汇。多民族、多宗教信仰以及文化的多元性造成新加坡社会信仰和价值观的多样化。在德育上实行"七结合"与"六顺"。"七结合"是学校教育与家庭教育、社会教育相结合，道德教育与生活需要相结合，正面教育与反面教育相结合，共性教育与特殊教育相结合，无形教育与有形教育相结合，大与小（国家归属感的培养与班组、社区、公司归属感的培养）相结合，物质奖励与光荣感教育相结合。"六顺"是顺情（动之以情）、顺性（根据人们的个性和年龄特性施教）、顺势（适时进行教育）、顺理（晓之以理）、顺利（因势利导）、顺真（讲真话，实事求是）。

为了改变德育中传统说教式的教学，新加坡学校鼓励学生参加讨论，并相应提出了四种教学改革方法：一是文化传递法，即把道德标准传递给学生，通过学生讨论传递价值观念。二是换位思考法，即通过教学解除学生的心理障碍（如恐惧和不信任感等），鼓励学生在发表评论之前，设身处地地为别人着想，了解别人的感受、需要或利益，以帮助学生建立良好的人际关系。三是价值澄清法，即强调道德或价值观是经过自由选择、反省和行动澄清出来的，应重视道德或价值观形成的过程，考虑选择、行动等环节。四是道德认识发展法，即通过道德两难问题，了解学生道德认识发展的阶段，提高认识层次。

二、西方国家德育的历史概述

（一）美国的德育

美国一般不使用"德育"概念，也没有明确规定高校必须开设"德育"课，但在全国实行的公民教育、道德教育、宗教教育、历史教育等则相当于我们的德育。一方面，美国的德育通过"专业化"渗透，体现在教育学、社会学、心理学等诸多学科的教学过程中。另一方面，强调德育的日常"渗透性"。在学校中表现为德育与学校实际生活的全面结合，与学生道德发展的实际水平相适应。学校不但把政治、道德内容渗入文学、历史、地理、社会等课程之中，而且把这些内容渗入课外，校外活动，教师职责，校政工作之中。

（1）从德育的目标上看，美国德育的目标是要在全体美国人尤其是青少年中培养资产阶级的政治道德意识从而为资产阶级国家的长治久安提供精神上的保证。美国在不同历史时期采取不同的公民教育、爱国主义教育，二战后的新品德教育运动为美国政府培养了忠于本阶级统治的具有民主理念和民主行为的建设者和接班人。美国淡化德育的政治色彩，把其当作一门思想和心理沟通的艺术，运用隐性教育方式，这种方式更容易为人们所接受。

（2）从德育的内容上看，有政治教育、宗教教育和社会规范教育。美国政府对宗教教育的政策比较宽松，但在政治教育方面却十分严格。在政治教育方面有许多硬性的规定，如对学校教育科目的规定，对教师、校长和督学按一定的政治和道德要求进行严格的筛选等。此外，美国许多州的大学都硬性规定，必须拿到政治科目的学分才能获得学位。政治教育主要包括以个人利益为核心的自由主义教育、美国政治制度优越性教育和对"对抗性政体"

的研究介绍。在教育的实施过程中，对资本主义及其优越性的教育、公民教育、国民精神教育这三个方面尤为重视。美国中学的"社会研究"课程，鼓吹美国的责任就是领导世界，鼓励青少年努力为保持美国在世界上的强大地位、维护世界和平与世界秩序而工作。美国的青少年绝大多数都认为自己的国家是世界上最好的国家，当一个美国公民比当任何一个国家的公民都好。

（3）从德育形式上看，美国的德育通过学校教育、家庭教育和社会教育的方式进行，采用显性课程与隐性课程相结合的方式。美国的德育注重教育者的示范作用和教育环境的建设，重视社会实践和完善家庭教育，采用政党和教会组织及大众媒介的途径来进行。

首先，美国的法律明文规定：各级各类学校必须开设美国历史课程。在大学，每个学生都必修一门美国历史课，这些课程具有很强的政治理论性。在课程设置上，美国高校设置了哲学、历史、政治学、人文社科、职业道德教育五种课程，注重在专业教学中渗透德育，各学院都开设与其专业相应的伦理学课程。在课堂教学上，巧妙地灌输和渗透爱国主义精神、资产阶级个人主义价值观以及资产阶级自由、平等、民主等思想。以哥伦比亚大学为例，西方思想史、美国现代文明、政治哲学等都是本科的必修课，学生如果拿不到政治科目的学分，别的科目学分再高也拿不到学位。

其次，在美国，宗教从一开始就与政治巧妙地结合在一起，宗教在美国社会生活中的影响是非常大的。宗教教育包括民族精神教育和社会信仰教育。宗教教育已经深深地融入美国的政治、经济、文化和社会生活，成为美国资产阶级实行统治的一种思想舆论工具。它只是一种宗教象征，是借助宗教情感表达的一种社会信仰，体现着美国人的民族精神。美国政府极其重视利用宗教来进行德育，公民对美国社会、国家的信仰，实质上就是对资产阶级共和国的信仰。

再次，美国学校强调德育的实践性，通过支持、鼓励、组织学生参与校内外的实践活动，渗透德育。通过组织学生参与节日庆典、文艺演出，参观纪念馆、博物馆等活动，来渗透爱国主义教育；通过组织学生参与竞选活动，强化学生的民主意识，增强学生对资产阶级政权的支持；通过组织学生参与环境治理、慈善工作、社区志愿服务来增强学生的社会责任感。美国主要的爱国节日有：阵亡将士纪念日、退伍军人节、美国独立纪念日、国旗制定纪念日等。每逢节日庆典或集会，美国的家家户户，包括汽车上都要悬挂国旗。在国家庆典里，人们会背诵"我爱这个国家，保卫这个国家"的誓词；在国旗制定纪念日里，人们会背诵忠于国旗的誓言，"我宣誓忠诚于美利坚合众国国旗和国旗所代表的共和国"。在美国，各地区修建了很多纪念馆、博物馆、展览馆、国家公园，很多是用杰出人物的名字命名的，有华盛顿纪念碑、林肯纪念堂、杰弗逊纪念堂，罗斯福纪念堂和肯尼迪艺术中心。美国把这些场馆看作是社会物质文明和精神文明的体现，是向人们特别是青少年进行美国传统教育、政治教育、爱国主义教育的重要渠道，向青少年免费开放。

最后，大众传媒是美国进行德育的重要工具和有力武器。政府通过互联网、广播、电视、报刊等媒介传播主流政治文化和资产阶级价值观，宣扬国家的方针政策，影响公民的政治倾向、价值取向和生活方式，培养公民的政治兴趣，扩充公民的政治知识，强化公民对政治观念的认识和理解，动员公民参与政治活动。据《经济观察报》报道，梳理70多年来奥斯卡的历史无疑就是梳理"美国的精神史"。在我们熟悉的影片中，《泰坦尼克号》《巴顿将军》《珍珠港》《拯救大兵瑞恩》《爱国者》等，其主题就是美国精神的体现。而高校也非常重视利用大众传媒来对大学生进行德育。

（二）英国的德育

英国的德育是"公民教育"，公民教育理论是由德国教育家乔治·凯兴斯泰纳提出的，他认为公民教育的目的是培养"有用的国家公民"。他认为公民教育的基本内容是国家意识和性格陶冶。乔治·凯兴斯泰纳认为国家意识教育是公民教育中的重要内容，他主张对学生进行有关公民知识的教学，使学生了解国家的任务，激发学生的公民责任感及对国家的热爱。性格陶冶是指道德教育和道德训练教育工作必须进行性格训练，使受教育者形成公民的"道德性格"。他理论中的国家意识与性格陶冶教育成为对抗社会主义思想、维护垄断资本和帝国主义利益的手段。英国学校的德育通过与各科教学相结合，与家庭教育相结合，与社会环境相结合，与宗教相结合，形成了自己的特色。英国开展以个人、社会、健康教育、公民教育、宗教教育、国家课程教学、学生的校外活动等为主要内容的德育。

目前，英国学校德育除注重课堂教学外，还注重通过各科教学和学校各种活动来实施。其主要途径如下。

1. 宗教教育

英国规定在所有学校实行宗教教育，因此德育课程具有浓厚的宗教色彩。英国 1/3 的学校是由教会开办的，宗教教育是所有学校基础课程中的必修课，集体礼拜是法定的学校活动的一部分。集体礼拜和宗教教育被认为在促进学生的德育发展方面起了很大作用。二战后，针对英国思想和价值观的混乱和分歧，英国政府于 1944 年颁布了《巴特勒教育法》，规定所有中小学校都应开设宗教必修课，以统一国民意识，其规定主要有三条：第一，每天早晨举行宗教仪式，即由校长主持，合唱赞美歌，祈祷，朗诵《圣经》，简短布道，其内容或选自《圣经》，或以日常生活为题材，进行 15~25 分钟。目前，随着宗教影响力的下降，大多数学校的集体礼拜活动都断断续续的。第二，每周授 2~4 小时宗教课程，小学由班主任教师讲授，中学另聘专人（或牧师）讲授。第三，宗教教育教材由各地教育行政部门召集国教和各教派代表、教师组成编委员编制。1996 年的《英国教育法》要求所有学生都应参加集体礼拜活动，活动应全部或主要与基督教有关。

2. 道德课

道德课是 20 世纪 70 年代后才出现的选修课程，与宗教课有本质的不同，抛弃了培养宗教信仰的做法，但也吸收了诸如宗教宽容、鼓励节俭勤奋、与人为善的精神。虽然英国必修课中并没有思想品德课程，但在其他的课程中，如个人社会和健康教育、宗教教育、公民教育、文学、艺术、历史等课程中都渗透着德育的内容。国家也善于利用各种公共设施、公共仪式等加强学生的爱国主义精神教育。目前，英国道德课普遍以选修课形式进行，由于其注重社会和个人的生活需要相结合，很是受欢迎。

3. 体育课和各种社会活动

英国学校特别注重体育课对青少年身心的影响，在体育课中注重培养运动员良好的精神风貌，积极引导学生在体育运动中培养守纪律、敢拼、协作、忍耐、公正、勇敢、机智、果断等品质。英国学校的社会活动分为社会政治活动和社会服务活动两种。英国的青少年对各种社会活动参与的积极性很高，通过这些社会活动，使学生了解社会，有利于他们的道德价值观的形成与发展。英国课外活动又称"特种活动"，有学校礼仪、学生会、俱乐部、社会服务等活动。英国学校还组织学生参加政治论坛、读书会、参观科技展览馆和青少年俱乐部等活动，这些活动都具有较强的德育意义。

此外，英国中小学也特别强调家庭教育和教师品行的影响作用。而英国学校之外的德育主要采用大众传播形式来进行，大众传播媒体代表官方进行德育的宣传和教育。

（三）德国的德育

德国的德育是以个人主义为核心的思想教育；以诚实、尊严、责任感为核心的道德教育；以民主、自由、平等、和平统一为主要内容的政治教育；以爱国主义为核心的民族精神教育。其中，以个人主义为核心的资产阶级自由、民主、人权的思想教育，是二战后德国德育的首要任务。德国充分利用社会团体、公共机构对学生进行德育，不仅联邦政府和各州政府都设有专门的政治教育中心机构，而且还有大量的社会团体和公共机构对人民进行民主政治教育、思想道德教育，经常就当前国内外重大政治、经济、社会问题举行报告会、论坛、展览等活动。高校也会通过组织大学生参与这些社会实践活动来提高他们的德育素质。

二战后，德国的德育主要是以"政治养成"教育为特征进行各学科、各专业的渗透教育。1955年，德国教育制度委员会在《关于政治教育和社会化的报告》中提出："每一门学科在不放弃本身特点的情况下，都能对'政治养成'做出自己较高水平的贡献。如果明确了一门学科对于国家和社会的意义，我们就能在社会和政治生活中加以传授。"1956年教育部长常设会议做出决议，从此，"政治教育"在德国就被列为"必修课"。德国中小学还把宗教课、公民课列为必修课，高校对大学生的思想道德教育主要通过伦理学、神学、法学、经济学等课程来完成，高校的每门专业课程都被要求从历史、社会和伦理学的角度去学习研究。1968年德国联邦议院规定，德国"政治养成"工作的目标是：①尽可能客观地向人们报道有关政治进程的事实和情况；

②培养人们了解政治情况的意识和做出政治判断的能力；③促使人们在社会总的范围认识自己的地位；④引导人们认定自由民主制度的基本价值，培养人们采取政治行动的能力；⑤让人们了解民主准则的性质，实行民主的程度。

德国很重视宗教教育与德育的结合，把德育寓于宗教课程中，宗教课程至今仍是德国高校实施德育的主要途径之一。德国学校的宗教课是在国家的监督下，依据宗教教义进行的，任课老师绝大多数是神职人员。为了便利宗教教育，公立学校通常都是按教派设立的。德国一直把宗教视为道德的根本，宗教教育几乎成了道德教育的代名词。道德教育是以宗教为根本，陶冶精神与人格。除了培养青年学生的宗教信仰外，还注重培养人的尊严、克己精神、责任感、对真善美的感觉、助人为乐，等等。

此外，德国非常重视家庭教育对学校道德教育的补充和完善作用。德国家庭教育比较尊重子女的人格和个性的发展，一般采取平等、民主的教育方法，倡导为国教子的教育观念，树立真爱教育观念，把培养创造型人才作为教育的目标。德国相关的法律规定，青少年应该在家里承担不同程度的义务劳动，比如洗碗、扫地等。

另外，德国的学校通常都设有心理咨询机构，心理咨询服务渗透到课堂、日常生活的各个方面。心理咨询在帮助学生消除心理障碍，正确认识自我和社会，充分发挥自身潜力，形成健全人格等方面起着非常重要的作用。

三、我国德育的历史概述

（一）台湾地区的德育

台湾地区极为重视德育，其德育大致包括政治教育、民主法治教育、伦理道德教育、充实生活内涵教育。

1.政治教育

主要进行"三民主义"等教育，其目的在于坚定学生对"三民主义之信仰"。通过三民主义教育，培养学生的忧患意识，激发学生的爱国思想。

2.民主法治教育

主要进行普及法律知识的教育,树立"遵法为荣、违法为耻"的法治观念;在日常活动中,从生活小节做起,通过家庭、学校及社会的教育,使之明确公民的权利与义务,培养人人知法、守法、护法的风范。

3.伦理道德教育

进行中华民族传统道德及现代道德教育,包括教育学生实践修己待人,立身处世,建立奋发向上的人生理想、认真负责的人生态度和正确的人生观。增进学生认识群己关系,实践善群、合作、济人的风范,提高处理群己关系的能力。

4.充实生活内涵教育

主要是从物质上和精神上辅导青年充实生活内涵。物质上(包括衣食住行)强调发挥中国传统美德,培养勤俭的习性。"勤"是主动积极地做事,"俭"是理性克制地做人。勤俭的习性与遵纪守法密切相关,能升华个人内在的精神价值。精神上,注重对人生理想的规划,强调身心健康,注重强调提升文化艺术修养和对意志的磨炼。人生理想是人的生活态度的整体,关系人的一生行为;强调身心健康,只有健康的身体,才能孕育健康的灵魂,塑造出坚强的意志;注重文化艺术修养,无论是文法还是理工的学生,都应具备艺术的心灵,以发挥其创造性、意志力、道德心和民族责任感;强调对意志的磨炼,青年应有广阔的胸襟,丰富的情感,熬得住痛苦、耐得住寂寞的伟大特性。台湾地区的德育,是适应当局政治需要的,有其阶级性的一面,但在继承中华民族优良传统,遵循教育规律,从学生实际出发,循序渐进,知行合一。

(二)新时期中国共产党德育的创新与发展

德育,在中国革命和建设中发挥了重要的作用,是我党的优良传统和政治优势。20世纪70年代邓小平同志重申党的四项基本原则,端正了德育的发展方向。1982年党的十二大提出建设社会主义精神文明,德育是思想道德建设的应有之义。1985年邓小平同志提出培养"四有"新人的要求,德育必须以"四有"标准培养社会主义现代化建设事业的接班人。1986年9月十二届六中全会通过的《中共中央关于社会主义精神文明建设指导方针的决议》再次肯定了德育的根本任务是培养"四有"新人,要求提高整个民族思想道德素质和科学文化素质。1987年10月党的十三大强调德育要更好地为建设中国特色社会主义服务,德育要把宣传党的基本路线作为基本任务。1989—1991年,德育在加强与削弱、前进与曲折的矛盾中发展,尽管出现过失误,但在邓小平南方谈话和党的十四大以后,德育在党的基本路线指引下,走上了健康发展的轨道。2000年江泽民同志提出了"三个代表"重要思想,2002年党的十六大高度评价了"三个代表"重要思想的历史地位和重要作用,2017年党的十九大,把习近平新时代中国特色社会主义思想写入党章,实现了我们党指导思想的又一次与时俱进。党的理论的每一次创新,德育必将有新的发展。党的德育实践一定可以在全面建成小康社会的伟大事业中再创辉煌。

改革开放以后的德育,由于所处的历史条件已经发生了重大而深刻的变化(世界格局正向多极化方向转变;相对封闭的社会正向全方位对外开放转变),德育面临着难得的发展机遇,也面临着严峻的挑战。在改革开放的新时期,我党不断加强和改进德育工作,使德育得到了创新与发展。新时期创立的中国特色社会主义理论体系,是德育的指导理论,主要表现在以下几个方面。

1.党的思想路线的发展

中国特色社会主义道路的历史起点和中国特色社会主义理论的逻辑起点,是党的解放思想、实事求是、与时俱进思想路线的重新确立与发展。党的思想路线在改革开放中的重新确立和发展的过程,是全党、全社会德育深入发展的见证。新时期德育根据"一切从实际出发""理论联系实际"的要求,改变了"假、大、空"的状态,实现了面向现代化、面向世界、面向未来和贴近实际、贴近生活的转变,不断增强针对性与实效性;德育克服教条主义,确立以人为本的教育理念,把促进人的全面发展,有效地为社会主义现代化建设培养人才作为目标;德育坚持科学性与价值性相统一的原则,不断研究新情况、新问题,探索德育新理论与新方法,赋予德育时代性与说服力。

2.德育内容的发展与创新

德育的内容应包括党的基本路线教育,爱国主义、集体主义、社会主义、共产主义教育，近现代历史教育和国情教育，科学世界观和为人民服务人生观的教育，优秀文化传统的教育，文明行为的养成教育。德育必须在继承中华民族优良传统的基础上不断创新，科学地解决在社会主义现代化建设和改革开放中所出现的各种新情况、新问题，逐步完善德育科学体系。德育必须紧密结合经济建设和改革开放的实际，要把正确的政治方向摆在首位，培养有理想、有道德、有文化、有纪律的社会主义新人。德育要发挥"政治优势"，体现"生命线"的地位和作用，维护和确立德育部门的权威，提高学校德育的科学性和有效性。

3.社会主义核心价值观的确立与指导

社会的核心价值体系是社会的灵魂与旗帜。一个社会如果没有明确的核心价值体系，这个社会是难以维系和发展的。因而，坚持社会核心主导价值，开展价值观教育，成为各国高度重视的问题。党的十六届六中全会通过的《中共中央关于构建社会主义和谐社会若干重大问题的决定》深刻揭示了社会主义核心价值体系的内涵，明确提出了社会主义核心价值体系的内容。社会主义核心价值观是社会主义价值体系的内核。2006年党的十六届六中全会提出了"建设社会主义核心价值体系"，学界对社会主义核心价值观展开了深入探讨。2012年中共十八大报告明确提出"三个倡导"，即"倡导富强、民主、文明、和谐，倡导自由、平等、公正、法治，倡导爱国、敬业、诚信、友善"，积极培育社会主义核心价值观，这是对社会主义核心价值观的最新概括。

社会主义核心价值观所包含的是社会主义最基本、最重要的核心价值理念。其中，富强、民主、文明、和谐体现了社会主义核心价值观在发展目标上的规定，是立足于国家层面提出的要求；自由、平等、公正、法治体现了社会主义核心价值观在价值导向上的规定，是立足于社会层面提出的要求；爱国、敬业、诚信、友善体现了社会主义核心价值观在道德准则上的规定，是立足于公民个人层面提出的要求。这三个层次的理念相互联系、相互贯通，实现了政治理想、社会导向、行为准则的统一，实现了国家、集体、个人在价值目标上的统一，兼顾了国家、社会、个人三者的价值愿望和追求。这一表述反映了中国共产党长期坚持的一贯主张，继承了中华传统文化精华，汲取了人类文明优秀成果，既坚持了马克思主义的共性又涵盖了中国特色社会主义的个性；既有深厚的传统底蕴又有鲜明的时代特征。这种表述最大限度地统一思想、凝聚共识，形成社会主义核心价值体系建设的强大合力。

第二节 德育的价值与目标

一、德育的价值

德育的价值，就是德育对社会的进步和人的发展的效用和意义。德育的价值主要体现为个体价值和社会价值。

（一）德育的个体价值

德育的个体价值是指德育对个人发展的效用和意义。通常表现在引导政治方向，激发精神动力、塑造个体人格、调控品德行为几个方面。

1.引导政治方向

所谓引导政治方向，就是运用启发、动员、教育、监督、批评等方式，把人们的思想和行为引导到符合社会发展要求的正确方向上来。当前，我国正处在改革开放以来经济和社会快速发展的社会转型期，不少人的思想观念、价值取向和社会道德标准等与这种巨大变化不相适应，形成了一些模糊乃至错误的认识，因此，我们需要通过德育，引导人们转变落后，过时、错误的观念，正确认识构建社会主义和谐社会的深刻内涵以及中国共产党为构建社会主义和谐社会所制定的各项政策与方针，从而实现中华民族伟大复兴。

高校大学生具备积极健康向上的思想基础，大学时代正是他们思想世界变化的重要时期，因此趁他们世界观、人生观、价值观逐渐走向成熟之际，引导他们树立马克思主义的世界观、人生观、价值观以及社会主义荣辱观。人类的进步、祖国的荣辱、人民的忧乐，应当成为大学生心中永不熄灭的火炬；贡献高于索取，拼搏重于享乐，应当成为大学生德育工作的主旋律。

2.激发精神动力

所谓激发精神动力，就是运用多种手段，充分调动人们的积极性和创造性，从而实现个体价值，为社会主义现代化建设提供强大的精神动力。德育对物质生产起着间接作用，而对精神生产起着直接作用，它是丰富和发展人的精神世界的重要手段，对于启发人们的智力和创造力，丰富人们的需求体系和情感世界，从而发展人们的自我意识和创造精神都具有重要的作用。

3.塑造个体人格

人格是指一个人的品格、品质、思想境界、情操格调、道德水平，等等。德育的重要任务，就是塑造个体健全的人格，使社会成员形成崇高丰富的精神境界、健康良好的心理品质。德育在丰富人的精神需求方面起着导向作用。人格塑造和发展的重要表征是需要的不断丰富，这种丰富包括物质的、精神的和社会的三方面。丰富人的物质需要是物质文明建设的目的，而丰富人的精神需要和社会需要，则是德育的任务。德育是丰富人的精神世界的重要方式，它旨在培养高度的政治自觉性和正确的道德观，提升和丰富人的精神世界，发展人的需求体系和选择满足人需求的正确方式，帮助人形成坚定的信念和崇高的理想。

4.调控品德行为

所谓调控品德行为，就是对人们的思想、品德、行为的规范、调节和控制，它确立德育方向、目标和行为的正确性，它界定偏离德育方向、目标的思想品德和行为，它排斥和纠正干扰、冲击德育方向、目标的思想品德和行为。当代社会由于具有开放、复杂、多样、变化快的特点，人们的思想、品德、行为也呈现出多层性、多样性、多变性特征。所以，在现今条件下必须强调德育的规范性，发挥其规范作用。德育的规范作用既是德育本身的特性，也是现代社会发展的需要。

（二）德育的社会价值

德育的社会价值是指德育对社会发展的效用和意义。德育与经济、政治、文化、生态的发展交互作用而呈现出其自身的经济价值、政治价值、文化价值和生态价值。

1.德育的经济价值

所谓德育的经济价值是指德育所创造的能促进社会经济增长和发展，满足人们物质和精神需要的效应。通过德育激发人们贯彻并落实科学发展观，从而推动社会经济的全面发展，具体表现在以下几个方面。

（1）德育是发展生产力的精神动力：因为生产力是经济基础，而德育是上层建筑，根据上层建筑反作用于经济基础的马克思主义哲学原理，德育对生产力的发展必然起着积极作用。此外，从德育与生产力的因素——劳动者的关系看，德育具备提高人的思想道德素质，促进人的全面发展的功能。德育本身的作用在于使人们具有良好的思想品质和行为，德育能激发和调动劳动者的生产积极性和创造性，以促进生产力水平的提高和发展。而且，在变革生产关系的过程中，德育使劳动者具有坚定的政治信念，使人们认识到变革旧的生产关系，建立新的适应生产力发展的生产关系的必要性，使生产力得到解放和发展。

（2）德育是经济发展的有力保证：德育对经济发展起着导向和调节的作用。德育要紧紧围绕经济建设这个中心来进行。党的十一届三中全会后，党和国家的工作重心转移到经济建设上来，确立了以经济建设为中心的基本路线，1999年《中共中央关于加强和改进德育工作的若干意见》指出：紧紧围绕经济建设这个中心，就要通过各种切实有效的德育工作，形成万众一心抓经济建设的局面，促进生产力的大力发展，这是正确处理和协调各种利益关系，解决这样那样思想问题的根本途径。经济工作中蕴含着大量的德育工作，德育工作紧紧围绕经济建设这个中心，就要善于把德育工作渗透到纷繁复杂的经济活动中去，为经济建设提供精神动力和思想保证。

（3）德育为经济发展创造精神环境：德育可以扫除阻碍经济发展的精神方面的障碍，提供一个良好的精神环境。具体地说，德育可以促使人们全面地、辩证地看待经济发展问题，指导人们用全面、可持续的科学发展观落实经济社会的全面发展。

2.德育的政治价值

德育的政治价值是指维护社会稳定、促进社会发展的作用。今天，在社会主义现代化建设时期要强化德育的政治功能，就是要系统地对广大青年一代进行主旋律教育，其中，包括共产主义理想教育，社会主义、爱国主义思想教育，集体主义道德观和各种行为规范的教育等，使其成为社会主义"四有"新人。这样才能使国家政权牢牢掌握在具有坚定的马克思主义信仰的人的手中,具体表现在如下两个方面。

（1）德育调节社会的精神生产：德育控制上层建筑,调节社会的精神生产,使本阶级的思想成为社会的主导思想。中国共产党就是通过德育控制社会上层建筑,从而实现对精神生产的导向和调节作用。德育引导公众政治舆论方向,净化社会的精神领域,使其直接为社会经济基础和政治制度服务。

（2）德育促进社会政治稳定和发展：德育一方面要对受教育对象进行党的路线、方针、政策的灌输,以利于党的路线、方针和政策的贯彻落实；另一方面还要积极反馈来自基层群众的意见和建议,为领导决策提供依据。此外,维护社会政治的稳定和发展,还应和社会的其他建设联系起来,如同法治建设有机地结合起来,形成德治与法治统一的功能网络,从而达到维护社会稳定,促进政治发展的目的。

3.德育的文化价值

德育作为社会意识形态的组成部分,其价值与文化密切相关。文化是判断德育价值的参照系,德育的价值如何,取决于它所处的文化背景。二是人的政治社会化,即人接受德育,也是接受和适应社会,或者说是接受与消化社会规范和德育价值观念。具体表现在如下两个方面。

（1）德育的文化选择功能：德育对文化的选择,大致包括两个方面：一是肯定性选择,即吸收与德育同向的积极文化并将其纳入德育的轨道,使之成为德育系统的有机组成部分。二是否定性选择,即对与德育异向的文化的排斥,抵制与清除不良文化对受教育者的侵害,借以使德育获得正向发展的推动力。目前,我国的德育一方面不断加强对中华民族传统文化的吸收和改造,另一方面就是对西方文化进行合理地借鉴和改造。

（2）德育的文化渗透功能：除了社会主义主流文化以外,还有非主流的各种亚文化形态,如企业文化、社区文化、村镇文化、校园文化、军营文化、家庭文化等。德育作为一个开放的系统,理应批判继承各种亚文化中的合理成分,以促进主流文化的发展。因此,德育必须在社会主义文化大背景下进行社会主流文化的传播。当前德育的主旋律就是要大力弘扬社会主义、爱国主义和集体主义思想。德育应发挥自己的文化渗透功能,将社会主流文化渗透到各种亚文化中去，引导其发展，调节社会文化冲突，创建良好的文化交流、文化吸收、文化融合氛围，进而为促进社会主义文化的大发展、大繁荣服务。

4.德育的生态价值

长期以来，人们总是把德育的价值局限于政治价值、经济价值，片面地认为德育只是解决人与人之间、人与社会之间的关系问题，没有认识到德育在时代背景下的新发展、新变化。德育面临生态环境日益恶化所带来的人类生存的新危机，面临自身发展领域所发生的新变化，必须冲破原有的价值局限，重视其生态价值的创造，这是时代赋予德育的全新课题。一方面，通过德育帮助人们树立正确的道德责任感和生态责任感。通过德育，人类的精神境界不断得到提升，使人们在改造自然过程中克服过度向自然索取以及过度破坏环境的行为，以人类社会的全面、协调可持续发展为根本出发点，处理好人与自然的关系，从而使人类与自然和谐相处。另一方面，帮助人们形成正确的生态意识和生态思维。德育应该帮助人们形成正确的生态意识和生态思维，认识到人类只是大自然家庭中的一名成员，只有这样，人类的自我实现和幸福感才能得到可持续的保障。

二、德育的目标及其实施

德育的目标通常可理解为一段时期内，德育活动所要达成的预期结果。关于此论述大致分为以下几种：教育部认为德育目标是指教育者根据社会与人的发展要求，通过德育活动使受教育者的德育品德在一定时期内所要达到的预期结果。张耀灿教授认为德育目标是在一定时期内实施德育活动所要达到的预期结果。陈秉公教授认为德育目标，就是教育者在一定时期内，进行各项德育工作，在受教育者思想品德、心理素质、人格及行为实践等方面所要达到的预想结果。苏振芳教授认为德育目标，就是德育者通过一定时期内在一定条件下所进行的有目的的活动，预期在教育对象的思想和行动上要达到的状态。仓道来教授认为德育目标，指教育主体期望自己的德育活动在教育客体的思想品德、政治素养、心理素质以及人格行为等方面所要达到的境界，即一定时期，一定阶段所实施的德育所要达到的预期结果。通过上面的论述，虽然大家一致认为德育目标是一段时期内德育活动所要达到的预期结果，但是在具体的内容上有些区别，如教育部强调受教育者的"德育品德"，而陈秉公、仓道来、苏振芳等在强调受教育者的"德育品德"的同时，还强调受教育者的"心理素质和人格行为"等。

（一）德育目标的确定

1.德育目标的确立依据

总的说来，德育目标的确立要从"社会"和"个体"两个方面来考虑。

教育部认为需要综合考虑以下几个方面来确立教育目标：①党和国家的奋斗目标；②教育对象的德育品德现状和发展需要；③历史实践的依据；④外部环境和内部条件。外部环境包括政治、经济、文化环境。内部条件包括：在制定和实现目标中，单位或部门的人力、物力、形象力的条件；前期目标的完成情况以及本单位领导和群众的德育道德素质的基础。

张耀灿认为应从以下两个方面来确立德育目标：①适应社会发展需要，要始终服从和服务于党和国家的总的奋斗目标和根本任务；②适应人的发展需要，人的发展不仅包括体力和智力的发展，而且包括社会化所必需的思想道德品质的发展。既要考虑受教育者思想道德品质发展的现实状况，又要考虑受教育者思想道德品质发展的未来需要。陈秉公认为确立德育目标要考虑以下几个因素：①社会依据；②文化依据；③时代依据；④身心依据；⑤理论依据。陈教授在阐述"文化依据"和"时代依据"时强调文化和时代在塑造人格中的作用，是适应人的发展需要的。除社会依据外，其他依据都可以归为从"个体"角度考虑的。

仓道来认为德育目标的确立要适应和满足教育对象和社会发展的双重客观需要。适应和满足教育对象的需要的理论依据就是人的全面发展。人的全面发展依赖于人的综合素质的不断提高，人的综合素质包括：①思想道德素质；②科学文化素质；③心理身体素质；④审美素质。正好对应德智体美。适应和满足社会发展的需要的现实依据就是全面建设小康社会。

2.德育目标的内容

关于德育目标的内容，明显有两种不同的倾向。一个是着重阐述德育目标内容的"个体目标"层面，如教育部，陈秉公的观点；一个是以张耀灿、仓道来为代表地把德育目标的内容分为"社会目标"和"个体目标"两个层面。

教育部认为，德育总的目标内容包括：思想素质，政治素质，道德素质，心理素质等方面。细化的目标则是从满足人的发展需要的方面阐述的，也就是"个体目标"。

陈秉公认为德育目标的内容应包含：①培养社会主义思想品德；②塑造社会主义理想人；③引导积极正确的行为实践。这三个方面的内容也是从德育在促进人的发展方面的目标来阐述的。

张耀灿认为德育目标层次结构应包含。

（1）个体目标：以培养"四有"新人为德育目标的总的要求，它包含着不同层次的个体目标：思想素质、政治素质、道德素质、心理素质。

（2）社会目标：具体分为三个方面：①经济目标——生产力中最活跃的因素是人，通过提高生产力中人的素质，促进生产力的发展。②政治目标——维护社会制度和政治稳定，巩固国家政权，促进国家政治生活的发展与进步，在我国还要全面贯彻党的基本路线、方针、政策，加强巩固党的执政地位。③文化目标——促进社会的文化发展，建设与社会经济、政治发展相适应的精神文明，提高全民族的思想道德素质与科学文化素质。

仓道来认为德育目标的内容应包含：①个体目标——社会主义公民人格，即社会主义"四有"新人；②社会目标——社会主义政治文明建设。

为什么会出现两种不同倾向的状况呢？从不同的角度理解德育活动就产生了上述的分歧。比如说，从狭义上把德育活动理解成学校德育，强调对受教育者的培养，于是德育目标就着重地阐述其"个体目标"层面。而从广义上理解德育活动，不仅突出德育活动对受教育者的作用，而且强调德育活动的社会作用，这就会产生"社会目标"和"个体目标"两个层面。

目前，我国高校把德育理论课作为德育的主渠道。大学本科阶段开设四门必修课：思想道德修养与法律基础、中国近现代史纲要、马克思主义基本原理概论、毛泽东思想和中国特色社会主义理论体系概论。德育理论课程以理想信念教育为核心，对大学生进行系统的世界观、人生观、价值观教育；以爱国主义为重点，进行弘扬民族精神的教育；以基本道德为基础，进行公民道德教育；以大学生全面发展为目标，进行素质教育。

（二）德育实施方法与创新

实施德育目标，是实现德育目标的实际步骤和重要保证。同时，德育目标的实施过程也是实行德育目标管理的过程。研究德育目标实施的程序和基本要求，是掌握过程规律的前提，并为目标管理和科学方法提供理论基础。德育目标的实施是一个多层次、多维度、立体型合力的过程。

1.德育实施方法

（1）心理咨询法的运用：在高校设心理咨询、心理卫生类机构，这类机构应有固定的编制、经费和正规的工作制度及规划。工作人员必须有心理学或教育学专业硕士学位，并受过专门心理训练，他们应该具有很高的责任感和职业道德。心理咨询人员对大学生进行生活指导、学习指导、心理辅导和就业指导，其服务涵盖课堂、日常生活等各个方面。心理咨询对帮助学生解决认知过程中知与不知的矛盾，消除心理障碍，发挥自身潜力，促进学生思想和心理上的成熟，人格健全等方面起着重要的作用。

（2）大众传媒的推动作用：大众传媒是由人所发明、制造、控制、运用的，是承载、传递社会信息，交流思想感情的一种载体和工具。它改变了人类的生活方式，以特有的方式传播人类思想文化，改变人们的思维方式，重构人们的价值观，推动了教育事业的发展，丰富了大众的文化生活。大众传媒的特点和功能决定了它与德育有着天然的密切联系。大众传媒在德育工作中扮演了重要的角色，因此，应积极推动各种传统的与现代的媒介方式的运用。人们通过报刊、电视、网络等媒介高效率的传播方式可以随时随地了解世界各国发生的有关政治、经济、社会生活等各方面的最新信息，有利于德育者适时调整教育内容和教育方式，快速准确地传播最新的德育信息，塑造正确的舆论导向，从而达到更好的教育效果。另外，大众传媒通过对社会生活中的热点、难点问题进行追踪报道、宣传和深入讨论，帮助民众明辨是非、开阔眼界、转变思想观念。当然，若运用不当，大众传媒也会带来消极影响，比如，大众传媒过分的娱乐功能在一定程度上掩盖了德育功能，大众传媒尤其是信息网络的发展使外来文化与日俱增，这些都会对德育形成巨大冲击，也给德育工作提出了新的难题。

2.德育实施方法的创新

德育实施方法是对德育理论的发展研究。我们要有纵观国际、国内新形势的战略眼光，结合我国当前实际问题，丰富德育实施方法的内涵，促进德育实施方法创新发展。

（1）注重发挥教育客体的主观能动性，避免单向说教，直接灌输。要调动教育客体的主观能动性，就要时刻关注客体自我意识的发展态势，在国际、国内形势下，用发展的眼光去认识和解决新问题，实现德育方法的有效性和针对性。

当前的全球化不仅仅局限于经济领域，而是向政治、文化等领域扩展。德育实施方法需要在继承和借鉴我国优秀传统教育方法的同时，对当代的德育进行现代化的诠释，以适应新时期的新要求。实现德育方法的创新，同时，要在传统方法与现代方法之间保持适度的平衡，既要用开阔的国际眼界对待德育，又要适时加以传统方法的灌输，要避免文化过激，从中国传统教育的思维视角出发，认识问题并解决问题。

（2）加强马克思主义理论学科建设，提升理论水平，用科学化的德育指导我们的创新思维。加快马克思主义理论学科建设，在各大高校建立马克思主义学院，在各单位加强马克思主义理论的学习。所谓德育的科学化，是指德育要在马克思主义指导下，宣扬科学精神，运用科学理论和规范去揭示，掌握和运用德育相关规律，以提高德育工作的实效性。

第一，要加强马克思主义理论学科建设，提升德育主体的理论水平，掌握德育客观规律，发挥德育实效性。

第二，德育实施方法要在创新中实践，在实践中发展，在实践中产生的困惑将推动德育理论的不断提高。

（3）创新除了要建立在本学科的基础理论上外，同时也要掌握相关或相近的学科知识，甚至借鉴相关相近学科的理论与实践方法，使德育更有创新性和感染性，如心理学理论，心理学与教育学的终极目标都是培养为社会主义现代化建设服务的人才，其理论有很多值得借鉴，而在借鉴中知识的碰撞不仅能增强德育的实用性和实效性，同时更能产生创新思维和灵感，推动德育方法的发展。

第二章 大学生德育的原则和方法

第一节 大学生德育的原则

大学生德育原则,是在大学生德育的实践中形成的,贯穿于大学生德育全过程,是开展大学生德育活动必须遵循的具体指导思想和基本要求。新时期大学生德育只有在实践中坚持德育原则,才能不断提高大学生德育的针对性和实效性。

一、大学生德育的基本原则

(一)方向性原则

方向性原则是指大学生德育的全部活动要始终与社会发展的要求相一致,坚持正确的政治方向不动摇。当前,方向性原则主要体现为大学生德育要旗帜鲜明地坚持社会主义和共产主义方向,坚持党的基本路线,要与中国共产党的纲领与宗旨相一致。坚持方向性原则对大学生德育活动具有非常重要的意义。首先,只有坚持这一原则,才能保持无产阶级德育的本质特色。其次,只有坚持方向性原则才能统一人们的思想与行动,充分发挥德育的作用。再次,坚持方向性原则是实现德育价值的根本要求。最后,德育价值的实现与否,必须以教育目的的实现程度和方向原则的贯彻程度来衡量。

要在大学生德育过程中坚持社会主义方向,首先,必须始终坚持以马列主义、毛泽东思想和中国特色社会主义理论体系作为德育的指导思想。其次,提高贯彻德育方向性原则的自觉性。作为以培育"四有"新人为己任的大学生德育，更要始终牢记这一点。要使大学生德育工作者认识到，坚持德育的共产主义方向，是有效开展大学生德育活动的根本保证，因而在实际工作中要自觉运用这一原则，将其精神贯穿在具体的德育活动中。同时，也要帮助大学生认识到，坚持正确的政治方向，有利于个人的全面发展，有利于政治与业务的统一，有利于红与专的统一、德与才的统一，从而坚持向共产主义方向前进。最后，贯彻方向性原则必须讲究科学性。要很好地贯彻方向性原则，就必须将坚定的原则性与方法的灵活性结合起来，努力使大学生德育自然地渗透到社会生活的方方面面，从而潜移默化地影响人。要努力探寻方向性原则与德育具体目标之间的契合点，并以方向原则统摄各种具体目标，使共产主义方向成为大学生德育的灵魂。

（二）求实原则

求实原则，它体现了一种科学的工作态度。德育是一项实实在在的转变人的思想的工作，因而任何华而不实和不切实际的做法都难以取得良好的教育效果。大学生德育的一个重要特点就是具有针对性，要做到这一点，教育者必须遵循实事求是的原则。教育者在进行德育的过程中，必须从社会发展的现实和受教育者的思想实际出发，运用马克思主义的基本理论去解释分析社会问题和受教育者的思想问题，并从中寻找出解决问题的基本规律，来指导大学生德育的活动。求实原则，是指大学生德育要始终坚持"理论联系实际，一切从实际出发，实事求是"的思想路线和原则。

1.理论联系实际

所谓理论联系实际，包含以下两层含义。

（1）一定要掌握大学生德育的相关理论：大学生德育理论是从事大学生德育的重要指导，能为相关工作提供有效的方法。因此，我们必须全面地、系统地、准确地掌握大学生德育理论。

（2）一定要从实际出发，实事求是：理论只有面向实践、指导实践、接受实践检验并随实践发展，才富有强大的生命力和战斗力。

要做到理论和实际相结合，必须坚持实事求是。大学生德育一定要坚持和发扬理论和实际相结合的原则和作风。

2.求实原则

求实原则的贯彻实施要做到以下几点。

（1）自觉学习马克思主义理论：马克列宁主义、毛泽东思想、中国特色社会主义理论是党认识世界、改造世界的强大思想武器，加强马克思主义理论的学习，有助于人们树立科学的世界观、人生观和价值观，抵制错误的思想和潮流。因此，要自觉加强马克思主义理论的学习。

（2）要一切从实际出发：一切从实际出发就是要坚持主观与客观、主体与客体的统一，按照实际情况，制定不同的工作目标和计划，选择恰当的方法。

（3）按照正确解决问题的步骤来办事：为了在大学生德育工作中坚持求实原则，就必须按照及时发现问题、确实弄清问题、正确解决问题的三个步骤来办事。

第一，要做到及时发现问题，就要做到善于调查研究，准确观察和分析问题，正视矛盾，不回避矛盾。发现思想问题和实际问题贵在及时，这样就能掌握思想教育的主动权。

第二，要做到确实弄清问题，是指发现工作中存在的实际问题后，要善于分析、研究和核实，抓住问题的核心，不为假象所蒙蔽。

第三，要做到正确解决问题，是指在弄清实际问题后，及时联系相关人员，运用相关理论，实事求是地解决问题。

（三）民主原则

民主原则是指在大学生德育中，尊重学生的主体性地位，尊重其人格和民主权利，创造条件让大学生充分发表自己的意见并加以正确的引导。民主的实质是平等。大学生德育中的民主就是教育者与受教育者双方在充分尊重对方的人格和民主权利的前提下，创造条件让双方充分表达自己的思想和意见，并在此基础上正确处理相关问题，共同完成大学生德育的任务。大学生德育并不能直接作用于人的行为，而是先通过对象错综复杂的心理品质作用于人的意识，转而影响其行为。作为教育对象的大学生一般都是青年，他们的自我意识已经渐趋成熟，对自己以及自己和周围的关系开始有了独立的认识和评价，较少盲从，主体意识明显。因此，大学生德育的成效，在很大程度上取决于教育对象对教育内容的关心，思考和理解的积极性和主动性是否被调动起来以及被调动的程度。因此大学生德育必须坚持民主性原则，突出学生的主体地位，教育者与受教育者以平等态度交流思想，互相尊重，创造民主、平等、和谐、生动活泼的教育环境和气氛。

民主原则的贯彻实施要做到以下两点。

1.尊重人、关心人和理解人

（1）尊重人：就是要尊重高校大学生，尊重他们的主人翁地位，尊重他们的人格及宪法赋予他们的各种民主权利。从而充分调动、引导和提高大学生对社会主义物质文明建设和精神文明建设的积极性、创造性。

（2）关心人：即要求大学生德育者要多关注、爱护、帮助大学生，在政治上关心他们的成长，工作上关心他们的进步，生活上关心他们的困苦，使大学生感受到温暖。

（3）理解人：就是要理解大学生的具体处境和个性，承认大学生在性格、兴趣等方面的差异，以心换心进行教育。

2.民主原则要与严格要求相结合

（1）坚持严格管理不能践踏大学生的人格尊严、漠视大学生的情感、无视大学生实际需要，要把严格要求同尊重人、关心人，理解人有机统一起来，使大学生德育处于升腾活跃的状态，以达到激发大学生建设中国特色社会主义的巨大热情的目的。

（2）要把尊重人、关心人、理解人与严格管理结合起来，讲尊重人、关心人、理解人，绝不是不讲原则、放松管理、取消批评，绝不是迁就不合理的要求或容忍不守纪律的行为、奉行"好人主义"。

总之，尊重人、关心人、理解人是相互联系、相互渗透的统一体，是党的德育的优良传统，也是德育民主原则的要求。它要求大学生德育者必须以诚相待、以诚动人、以理服人、以情感人，只有这样才能振奋人心激发热情，从而使大学生德育更富凝聚力和吸引力。

（四）教书与育人相结合原则

教书与育人相结合原则是大学生德育工作的一项基本原则。所谓教书与育人相结合,是指教师在教学过程中,通过各种教学活动和各个教学环节,全面提高学生的素质和能力。教书与育人相结合原则的贯彻实施要做到以下两点。

1.寓思想教育于教学之中

教书育人,教学是基础,育人是关键。我们要把思想教育工作渗透到各种教学和教学的各个环节中去,把传道、授业、解惑结合起来。这就要求教师在传授知识的过程中,要注意发挥和挖掘教材的思想性、知识性和趣味性,有机地结合社会实际和大学生思想实际,调动大学生的学习积极性,帮助大学生处理好德育与智育的关系,把德育工作渗透到大学生的各项学习活动之中,使他们酷爱学习,精于专业,从而达到我们所期待的目的。

2.要正确处理德育和大学生学习活动的辩证关系

教书与育人,二者是相互联系、相互促进的。无论是自然科学还是社会科学的教师,都要结合教材特点,加强对学生的全面教育和培养,自觉地做到教书育人,发挥德育对大学生学习活动的方向引导作用和内在激励作用。但不能以此孤立地过分突出德育工作,过多增加德育时间,而削弱了知识学习活动,搞"突出政治"的做法势必影响人才的全面发展。因此,要教好书、育好人,就要正确把握大学生德育和知识学习活动相结合的程度、方式,以利于大学生德育工作作用的发挥和大学生全面发展的需要。

(五)政治理论教育与社会实践相结合原则

这是我们党长期以来,特别是改革开放以来,对大学生德育工作新经验的科学总结,具有鲜明的现实性和针对性。

在德育中既要注重理论教育,又要注重实践教育,强调行为养成,实现知行统一。理论教育是德育工作的基础环节,要增强对大学生理论教育的效果,就要从不断地改进学习的方式方法和载体入手,要生动活泼,讲求效果,要入情入理,用事实来教育大家,通过相应的图片和声像,宣传思想理论,通过大家喜闻乐见、愿意接受的活动形式,宣传思想理论,提高大学生的马克思主义基本理论的水平,特别是加深对邓小平理论和"三个代表"重要思想的认识和掌握。但理论来自实践又应用指导于实践,只有在实践中才能充分表现出其价值与魅力。通过组织大学生参加社会实践活动，能进一步加深对理论的认识，巩固和强化理论教育的成果，真正提高思想觉悟和认识能力。

（六）灵活变通原则

在高校德育过程中坚持灵活变通的原则，其实质是要求将德育目标和内容的规定性与德育过程和方法的灵活性有机结合起来。大学生德育过程是沟通人的思想和交流人的情感的过程，是用正确的思想和真挚的情感影响和感化教育对象的过程，而人的思想和情感的丰富性和复杂性，就决定了在进行德育的过程中，必须避免生硬、呆板、简单、一刀切的倾向，必须根据教育对象的思想实际和个性特征，有针对性地、灵活变通地来安排教育的情境和选择教育的方法。大学生德育灵活变通原则，还要求根据时代的变化和德育任务的变化，以及大学生求新求变的思想特点，不断地解放思想，与时俱进，跟上时代发展的步伐，不断地探索高校德育的新规律，创造德育的新方法。

（七）教育与自我教育相结合原则

教育是一种社会实践过程。它是由两个相互交织的并行过程所组成的：一个是教师（包括各种教育者）的教书育人（传道、授业、解惑）过程；另一个是学生的学习成才过程。在教的过程中要充分发挥教师教的主观能动性，而在学的过程中则要充分发挥学生学的主观能动性，二者缺一不可。因此，教育不是一个单一的社会实践过程，而是由上述两个子过程交织而成的复合过程。大学生德育也是如此。

要正确贯彻教育与自我教育相结合的原则，就要一方面加强教育，充分发挥教育的功能；另一方面，加强自我教育，发挥大学生在自我教育、自我提高中的能动作用，通过他们思想的矛盾运动来达到转变思想、提高觉悟的目的。

1.建立平等互助的新型师生关系

在大学生德育过程中，教师与学生之间应该建立起平等互动、互相尊重、互相学习的新型关系，通过有效的交流和行动的积极参与，调动教师实施教育与学生接受教育两个方面的积极性，以收到理想的教育效果。

2.重视大学生的自我教育

大学生要具备自我教育的能力,要求教育者在教育实践中通过多种途径主动帮助和激发大学生主体能力的构建。大学生要实现自我教育,充分发挥主体的能力,主要在以下几个方面着手。

(1)德育者要注重启发大学生的自我教育意识,引导他们通过自主学习、自觉参与以及反省、反思、自我思想改造等自我修养途径,不断提高自己的思想道德水平。

(2)要打好学生的理论基础。理论的学习是大学生德育中不可缺少的一环。理论教育法是德育最主要、最基本的方法,也是大学生打好理论基础最直接的方法。大学生只有具备坚实的理论基础,才能以正确的理论指引自己的行为,才能在现实中明辨是非,为自己找准努力的方向。在当代复杂多变的社会生活面前,人们比以往任何时候更加需要用科学的思想和理论来指导自己进行正确的选择和决策,以便更加有效地认识环境。

(3)要创造有利于大学生进行自我教育的条件,积极引导大学生进行自我教育。应当通过各种渠道和形式对大学生的自我教育活动予以支持、引导和帮助,鼓励大学生开展他们热爱的、健康的、有益的、丰富多彩的各种活动,使他们在活动中自我教育,相互影响。要引导他们开展批评和自我批评,在严格的自我批评和与人为善的相互批评过程中,教育自己、教育别人、相互借鉴、共同提高。要吸收大学生参加学校的民主管理,组织大学生参加社会实践活动,使他们在民主生活和社会实践中得到锻炼,增长知识和才干,增强主人翁精神和社会责任感。要有计划地组织民主讨论,引导他们在民主的气氛中各抒己见、交流思想,坚持真理、修正错误,集思广益、相得益彰。

(4)树立成功的榜样。榜样示范法是指通过具有典型、榜样意义的人或事的示范引导作用,教育人们提高思想认识、规范自身行为的方法。榜样教育具有形象、生动的特点,它是理论与实际的有机结合。大学生用榜样的力量激励自己,在心中树立成功的典范,为自己指明努力的方向,会产生更强的感染力和说服力,在自我教育中收到很好的效果。通过典型事迹可以使大学生看到榜样的成功之处,明确努力方向,从而努力奋斗,在改造客观世界的过程中全面提升自己的思想道德素质。必须实事求是地选择对自己有影响力的典型，否则难以真正从思想到行动上得到认同，也起不到典型引导的作用。

（八）尊重爱护原则

在高校德育过程中贯彻尊重爱护的原则，就是要求高校德育工作者必须尊重教育对象的主体地位，从关心爱护的愿望出发努力发挥他们的主观能动性，并进行启发诱导，促使他们积极地进行认识交流并提高思想认识水平。德育活动是主体之间的互动过程，要进行切实有效的德育，教育者首先在思想上必须树立以尊重爱护教育对象为前提的指导思想。德育是以帮助教育对象在政治态度、人生道德、人生价值等方面，确立与社会意识相一致的个人意识为目的的一种人类精神活动。对教育对象尊重的含义是：教育者要承认教育对象是具有自己个性特征和独立人格的主体。要能够体会教育对象的喜怒悲乐，教育者和教育对象之间应以同志式，朋友式的关系进行交流，从而建立起双方互相尊重、互相交流、互相切磋、共同提高的良好关系。只有确实尊重和爱护教育对象，以真诚关心的态度，以平等的姿态来面对教育对象，才能提高德育的效果。

（九）差异性原则

大学生德育本身就是起因于教育对象现实的思想状况与社会的期望目标之间的差异和教育对象之间的思想差异，就是因为存在这种差异，所以社会就提出了对个人进行教育的要求。大学生的思想现状与社会主义发展要求之间，既存在着总方向上的一致性，也存在着具体要求上的差异性。这种差异性是客观存在的，这就是大学进行德育的起点，差异性产生的根源和影响因素是多方面的。在高校德育过程中，承认教育对象思想认识的差异性，是进行良好的德育的起点。教育者在德育中，要从大学生的思想实际出发，在密切联系学生思想实际的基础上开展活动。一方面教育者要不断深入学生，不断地研究学生的思想状况，在了解学生思想脉搏的基础上有的放矢地进行教育；另一方面教育者要把握大学生的不同思想层次，做到因层次而异，因人而异。在把握整体思想状况的前提下，教育者还应分析不同个人的层次类型，并对不同的个人和层次类型采取不同的教育方法，充分发挥教育的针对性特点，实现教育的预期目标。

二、大学生德育原则的特点

（一）辩证性

德育原则体系是以辩证唯物主义和历史唯物主义为理论指导，对德育客观规律主观认识的产物。大学生德育是一个不断发展的过程，新事物新情况新问题层出不穷，每个人都不可能穷尽真理认识的历史长河，加之不同个人的认识能力、认识水平又有差异，因而人们对大学生德育规律和原则的认识都具有相对性。大学生德育原则之间既有区别又有联系，对各个原则的认识也不能绝对化，要看到它们之间的相容性、交叉性、衔接性。大学生德育原则是德育系统内在本质关系的抽象，只有深刻理解德育过程中的各种关系，所确定的原则才能较为符合实际。

（二）整体性

大学生德育原则体系的整体性特征表现在以下两个方面。

（1）大学生德育原则是以大学生德育规律作为客观依据而构建起来的；各原则之间具有紧密的内在逻辑联系，它们相互作用相互补益而构成一个整体。

（2）大学生德育原则体系具有"1+1>2"的整体功能。大学生德育原则体系虽然由众多具体原则所组成，但这些原则相互关联，不可分割，在运用原则时不能顾此失彼，而应当统筹兼顾，综合运用。

（三）层次性

大学生德育原则体系是按照由整体到局部、由一般到个别、分层次有序排列的，每个层次的原则都是在一定的范围内和条件下起作用，都有自己特殊的功能和意义。

（四）动态性

大学生德育原则是一个多层次的动态体系，不是孤立静止．僵死不变的。随着人们社会实践的发展，大学生德育的新经验将得到不断总结，新规律将会不断被认知，反映这些规律的新原则也就出现了。即使德育的同一个原则，其内涵会随着实践的发展而不断丰富。大学生德育原则的运用也是随着时间、地点、条件的不同而有所不同。

第二节 大学生德育的方法

一、大学生德育的过程方法

（一）过程方法的内涵

日常生活中几乎所做的每一件事都是一个过程。组织要想有效运行，就必须对许多相互关联和相互作用的过程进行识别和管理。通常，过程是连续不断的，一个过程的输出将直接成为下一个过程的输入，从而形成过程链。运用这一管理手段，能有效地提高组织的竞争力。过程方法的基础是"所有工作都是通过过程来完成的"。每个过程都有输入，输出便是过程的结果。任何一个组织的存在都是为了实现其不同的效益（包括经济效益和社会效益），这些效益是通过一个过程网络来完成的。任何事情基本上都是由主要矛盾与次要矛盾构成的，均有矛盾的主要方面和次要方面。过程方法要求我们首先要确定所有过程中的主要过程，然后确定过程之间的"接口"、过程与过程之间的关系等。一个组织要想取得理想的效果，就应该按照过程方法来建立一个质量管理体系。通过运用过程方法体系来使组织以最高效的方法实现组织的目标。过程方法体系要求组织首先识别实现目标所需要的过程，然后了解体系所需过程的内在依赖关系，关注并确定体系内特定过程应如何运作，最后通过测量和评价持续改进体系的符合性、有效性等，也就是要按照这种方法建立和实施组织的质量管理体系。

（二）过程方法的应用

1.制定学校管理战略

制定学校管理战略时，必须考虑以下三个因素。

（1）国家的法规框架，即宪法，教育基本法、学校教育法、教学大纲以及各级政府有关教育的方针、法规等。

（2）社会的需要，即社会对教育的期望、要求。高度发展的科技和信息化、剧烈的社会变化和经济发展、人际关系和生活方式的变化、家庭环境的变化等，都向学校提出诸多课题。

（3）学校的实际条件，即每个学校的特殊情况，包括以下四个方面。第一，教师队伍的教育观、教学观、教师观、学生观，以及对教育改革的态度等；第二，学校的学习环境、人财物的条件、信息环境，以及教风、学风、学校文化等；第三，学生的学习态度和作风、学习要求，校外生活状况以及学生个性与特长的实际情况；第四，地区社会的特性及学校与地区社会的联系情况。

上述四种特殊情况不是孤立的存在，而是一个有机的组合。制定教育目标时要以教育法规框架为背景，并立足于每个学校实际情况去把握社会、政府和家长等提出的各种要求。制定管理战略，要有认真研究问题和敢于创新的基本态度，要抛弃保守的和维持现状的消极态度。学校的自主性、特色就应体现在不断地提出问题、研究问题、解决问题以及开创新的办学路子等方面。

教师的参与，对制定学校教育目标以及教育计划具有重要的作用，而且对其实施过程有决定成败的作用。在教师的参与问题上，往往出现以下两种情况。第一，会议多，教师没有时间评价学生作业；第二，出现意见分歧和冲突。

由此可见，对教师的参与要掌握适度。鼓励教师积极参与决策，这对发扬民主是必要的、积极的举措。而意见分歧和冲突，也是学校积极发展的力量源泉。

2.实施管理战略

教育管理过程(或者教育工作过程)大体上可简化为目标→计划→实施→评价过程。战略目标(教育目标)实现过程,也无异于此。提高学校教育目标的共识度,即做到学校教育目标广为人知,成为全体教职工以及学生的行动目标。加紧把学校教育目标具体化,即让学校教育目标变成为可操作的实践指标,并成为每个教师的实践指标。教师结合自己工作实际把学校教育目标分解为自己的工作目标,这是学校教育目标的具体化,是实现目标的一个不可少的步骤。

3.加强对学校教学目标完成的评估

加强对学校教学目标完成的评估可以分为两步来完成:首先在计划实施过程中对计划实施的进度和质量进行跟踪评估,然后待该计划完成以后,对整个计划完成情况进行评估,并研究分析找出不足之处,加以改进。学校教育的目标不应是教条的,只有经过策划→计划→实施→评估→目标……的循环规程,才能更好地得以修正和完善。高校管理过程就本身而言是封闭系统,通过以上所述的几个环节不断循环运动,周而复始。但是这种循环又不是简单地由前一个环节直接进入后一个环节,各环节之间是有反馈回路的,以提升工作效率。不断循环上升,不断实现学校更高层次的目标,不断发展、完善新的规范来适应社会对学校越来越高的要求。

(三)运用过程方法的要求

1.确定组织为取得所期望的结果所必需的关键过程

过程方法要求我们不但要确定全部过程,还要确定这些过程中的关键过程或者说主要过程。组织的过程网络错综复杂,因此应该对关键过程重点控制,要抓住主要矛盾。

2.确定主要过程之间的顺序

在识别和确定了组织为取得所期望的结果所必需的关键过程后,还必须确定这些过程之间的先后顺序。过程之间的先后顺序,有时还体现在过程专家层次上。只有确定了过程之间的顺序后,才能明确过程之间的接口,从而为管理关键过程(活动)规定明确的职责。

3. 识别组织为取得所期望的结果所必需的所有过程

即将组织为取得所期望的结果所必需的全部过程加以识别，这些过程可能有的对所期望的结果影响大，有的影响小，有的是简单过程，有的是复杂过程，可采用各种方法识别这些众多的关联过程，识别这些过程所需的输入、输出及所需开展的活动和应投入的资源。如果遗漏了某一过程，将会对"组织所期望的结果"这一目的构成负面影响。所谓识别过程包括两层含义：一是将组织的一个大过程分解为若干个子过程；二是对现有的过程进行定义和分辨。

4. 确定过程之间的接口和过程之间的相互关系

通常一个过程的输出将直接形成下一个过程的输入，为使这些过程能受到有效控制，除了对过程进行识别之外还应确定过程之间接口和过程之间的相互关系，并合理地安排过程的程序，以便容易达到过程策划的结果。

5. 测量各个过程并对各过程进行有效控制

过程一旦建立并运转，就应对其进行控制，防止其出现异常。控制时要注意过程的信息，当信息反映有异常倾向时应立即采取措施，使其恢复正常。操作人员要严格按照规定操作，避免习惯性操作，最终实现输出的增值，达到用户的满意。更重要的是要经常改进过程，通过对过程的测量和分析，发现过程存在的不足或缺陷以及可以改进的机会，对过程进行改进，提高其效率或效益。为判断这些过程是否有效运作，对其加以监控，组织必须能够获得必要的信息，通过对过程信息的测量和对测量结果的分析，以及针对分析结果而对过程实施必要的调整等，最终实现过程的策划结果和对过程的持续改进。

同时，还应通过对众多关联过程的识别，确定这些过程的顺序和相互关系，规定过程有效运行的方法和准则，测量及分析过程的信息，针对分析结果而对过程实施必要的调整，如采取纠正措施或者预防措施等，达到过程的持续改进，最终实现过程策划的结果。

6. 为管理关键过程（活动）规定明确的职责和权力

当关键过程确定后，就应该明确规定这些过程由谁负责，即明确其职责，并赋予其应有的权力。过程方法强调的是各司其职的理念，即组织的每一个人都应该首先做好自己分内的事。要把德育做到位和落到实处，就必须大力加强队伍建设，为大学生德育提供坚强的组织保证。大学生德育工作队伍主要有：学校党政干部和共青团干部、政治理论课和哲学社会科学课教师、辅导员和班主任。其中，哲学社会科学教师是大学生思想教育的主要队伍。这几类队伍担负着对大学生进行德育的主要职责。大学所有教职工都负有德育的职责，教师是人类灵魂的工程师，他们对青年学生有很强的影响力和感染力，在思想传播方面有很强的作用，因此，这支队伍的建设也具有决定性的作用，也应该明确他们的职责与权力。加强队伍建设首先要明确各自的职责和权力，才能把工作做好。

7.保证实施各过程所需要的资源

为使过程能达到预期的目标或要求，必须对过程的输入.输出及开展的活动和投入的资源做出明确的规定，给出过程控制的准则和方法。大学生德育体系由构成立体空间的过程网络组成。高等学校为了提高德育的质量和效益，必须识别高等学校德育的过程；确定这些过程的顺序和相互作用；确定为确保这些过程有效运作和控制所需要的准则和方法；确保可获得必要的资源与信息，以支持这些过程的有效运作和监控。通过测量、监控和分析这些过程，并实施必要的措施，以实现大学生德育策划的目标和持续改进大学生德育工作。大学生德育必须依靠严格的管理制度监控整个过程，杜绝中间环节出现任何不规范行为，从而确保整个学校的教育质量，培养全面发展的社会主义事业的接班人和建设者。但是需要强调的是将过程方法引入大学生德育过程中时必须遵循以下一些科学的步骤。

（1）首先确定这一系统工程的最终目标，同时也要明确每个特定阶段的中间性目标。

（2）必须确定每个局部要解决的任务，研究它们相互之间和它们与总体目标之间的相互关联和相互影响，对各项具体措施以及发展趋势进行综合考察。

（3）探求达到总目标以及与其相联系的各个局部任务可供选择的方案进行分析、比较，选出优化方案。

（4）组织实施，并对实施情况进行综合考察和追踪，还要根据追踪情况，不断地进行调整,协调和控制。

(5)测量、分析和改进,从而不断地进行循环,达到持续改进,不断地接近最终目标。

二、大学生德育的系统方法

（一）系统方法概述

1.系统方法的基本内涵

系统是由相互联系、相互依赖、相互作用的若干组成部分结合成的、具有一定结构和功能的有机整体。系统是由它的所有组成部分构成的统一整体,具有整体的结构、整体的特性、整体的状态、整体的行为、整体的功能等。系统论认为,世界万物皆系统。系统具有三个基本特征。

（1）系统是由若干元素组成的。

（2）元素相互作用、互相依赖。

（3）元素间的相互作用,使系统作为一个整体具有特定的功能。

所谓系统方法,就是根据系统的观点,从整体出发,辩证地处理整体与部分、结构与功能、系统与环境、功能与目标的关系,找到既使整体最优,又不使部分损失过大的方案作为决策的依据,以实现整体最优化的方法。系统方法要求人们把对象和过程视为一个相互联系、相互作用的整体,并且尽可能将整体作形式化的处理。系统方法所处理的对象,都是由种种关系和相互联系交织起来的网络画面,采用系统方法时,应尽可能将此画面进行组织化的科学抽象,从而具体地反映和把握世界。

2.系统方法的基本特点

系统方法同传统方法相比,有着明显的特点,这些特点也就是我们运用系统方法研究和处理大学生德育时要把握的一些原则。

（1）整体性:是系统方法的核心。根据系统论的观点,系统是由诸多部分或要素组成的有机整体,系统的整体性质和规律,只存在于组成它的诸要素的相互联系和相互作用之中,而不等于各组成部分或要素孤立的性质和活动规律的总和,即"整体大于部分之和"。所以,在研究系统时,必须从整体出发,立足于通过整体来分析部分以及部分之间的关系,再通过对部分的分析达到对整体的深刻理解。

(2)动态性:任何现实的系统,一般来说,都是处于动态的"活系统"。虽然在科学研究中,人们经常采用理想的"孤立系统"或"闭合系统"的抽象,但是实际存在的系统,无论在内环境的各要素(或子系统)之间,还是在内环境与外环境之间,都有物质、能量、信息的交换与流通。因此,从原则上说实际系统都是活系统。

(3)最优化:最优化即通过系统的要素、结构以及与环境的关系,经过科学的计算、预测,做出系统目标的多种方案,从中选择最佳的控制和最优化的管理。当然这里的最优是一个相对的概念,只有更好,没有最好。系统的目标往往是多元化的,甚至有的是直接对立的,在对立的系统中寻找整个系统最优化总目标的确是非常困难的。

(4)综合性:综合性就是把任何整体都看作是以诸要素为特定目的而组成的综合体,要求研究任何一对象必须从它的成分、结构、功能、相互联系方式,历史发展等方面进行综合考察,这是系统方法最为突出的一个特点。系统方法还突破了传统方法的局限性,但又不是一般的否定分析,而是把分析与综合有机地结合起来,其出发点是综合,又在综合的指导下进行分析,然后再回到综合。其综合性主要表现在:它在观察和处理事务的时候,把事务的各个部分、各个方面、各个因素、各种联系和相互作用结合起来加以考察;在考察事务成分和结构的同时还考察事务的功能和产生、发展、运动、变化的历史,从而从不同的侧面、不同的层次和不同的状态综合地研究事务。系统方法的综合性原则还要求:不能单凭某一方法或某一科学知识认识和处理问题,而是要综合地运用各种方法和知识来认识和处理问题。其中包含着社会科学、自然科学和工程技术等诸多方面的知识和技术。这就使它具有多种多样的功能:既可以用来认识事务,又可以用来解决问题;既可以用来进行定性研究,也可以用来进行定量研究;既可以用来研究历史和现状,也可以用来预测未来。

(5)模型化:运用系统方法,需要把真实系统模型化,即把真实系统抽象为模型,如放大或缩小了的实物模型、理论概念模型、数学模型、符号系统模型或其他形式化的模型等。在采用系统方法的模型化原则时,除应遵循模型方法的一般原则以外,还应使模型的形式和尺度符合人的需要。迄今为止,我们所知道的一切模型中,只有一种模型与人的自然尺度最接近。它就是用人的206块骨头组合而成的人的骨骼模型。其他不符合人的尺度和认知需要的事物,要建模型,就需要进行这样或那样的"人格化",以适合人的要求。对于复杂系统,需要在系统分析的基础上,适当地采用模糊方法,经适当简化和理想化,才能建立起系统模型。一旦建立起系统模型,就可以进行模拟实验,运用电子计算机进行系统仿真。模型化原则常常是采用系统方法时求得最优化的保证。

总之,整体性、动态性、最优化、综合性和模型化都是系统方法的基本特点,也是运用系统方法的基本原则。前两个是基础,第三个是目标,后两个是手段。系统方法的广泛应用,推动了自然科学、人文社会科学、应用技术、管理科学等的新进展,同时也带来人们思维方式的变革。

(二)系统方法的价值

1.有效地认识、调控、改造和创造复杂的系统

系统方法是扬弃了传统科学的简单性原则而产生的。20世纪30年代以前,在研究复杂事物和复杂过程时,主要采用从实体上进行还原的分析组合方法,试图在所有的现象中找到共同具有的物质实体(譬如物质性的原子),把它作为差异的共同基础,至于这些实体所形成的复杂关系则很少受到重视,基本上用线性因果关系加以处理。这就把复杂问题不适当地简单化了。而事实上,世界上的事物和过程是复杂的,是由多种因素或子系统复杂的相互作用所构成的,所以需要系统思考。在这方面,系统方法提供了解决困难的钥匙。

2.提供制定最佳方案的手段

系统方法为人们提供了制定系统最佳方案以实行组合和优化管理的手段。在认识自然和改造自然的过程中,在认识社会和改造社会的过程中,系统方法可以帮助人们制定最佳方案,优化组合与管理,取得尽可能大的效益,用最少的投入取得最大的利益。

用系统方法将相互关联的过程加以识别、理解和管理,有助于高校提高实现目标的有效性和效率。大学生德育的过程是相互关联和相互作用的,每个过程都会在不同程度上影响大学生德育的质量。要对各个过程实施系统的控制,确保大学生德育预定目标的实现,就需要建立大学生德育质量系统管理体系,运用系统体系管理的方法,实施对各个过程的控制,才能有效和高效地提高大学生德育的效果。

3.提供新思维

系统方法突破了传统的只侧重分析的机械方法的束缚,指导人们从总体上进行思维,探索科学技术发展的新思路,建立综合学科、交叉学科和边缘学科,促进自然科学与社会科学的统一,促进科学家与哲学家的联盟,帮助人们打破两种科学,两种文化的界限,建立统一的世界图景和文化图景,建立起系统的自然观、科学观、方法论和人类社会图景,防止思维的狭隘和偏激。因此,系统方法对于当代大学生德育来说尤为重要。

(三)系统方法在大学生德育中的应用

通过以上的分析不难看出,系统方法适用于具有高度综合性和动态性的大学生德育,而且系统方法的基本原则与大学生德育的特点在许多方面相吻合。大学生德育工作需要坚持的原则有许多方面。这里主要是大学生德育方法方面的原则,主要有以下几个方面。

1.有序性原则

系统的任何联系都是秩序井然、有条不紊、按等级和层次进行的。而这种有序性的保障就是系统结构,因此只要把握了系统的有序性,也就把握了系统的结构。大学生德育是非常复杂的,但绝对不是杂乱无章的,而是有秩序、有规律的。各要素的相互关系运用这一原则得以揭示,正确地运用德育工作的规律和方法是其目的。

2.整体性原则

整体性原则是系统方法的核心。系统的整体功能大于其各个组成部分功能的总和,在孤立状态中它具有各个组成部分所没有的整体特性。从整体的目标出发是系统方法整体性原则的内容,研究各组成部分相互联系和相互制约的规律是为了使整体达到最优化。但是大学生德育系统的元素众多，牵涉面广，关系复杂，相互作用繁复，因此开展和研究德育工作坚持整体性原则是十分重要的，要把与人思想有关系的因素，包括自身的因素、家庭的因素、社会的因素等综合起来，对问题的症结进行考察、思索，考虑所要采取的措施，增强开展德育工作的洞察力，这是最富有科学性和艺术性的方法。

坚持整体性原则，在当前最主要的是使思想教育与组织管理相统一。思想教育和组织管理是学校的两个子系统。如果这两个子系统的性能相互矛盾，必然产生内耗，使整体产生负效应。目前，思想教育功能较低的主要原因是思想教育效果在组织管理中得不到强化，在某些方面，思想教育的效能与现行的一些制度、政策所产生的效能相矛盾；理想教育与现行实践中优劣"价格"相等状况的管理制度相矛盾，对学生忠诚、献身的道德教育与单凭主观印象和个人感情喜恶的晋职、晋级的经验管理方法相矛盾，现实中甚至出现"劣币驱逐良币"的现象等。结果这些组织管理手段抵消了思想教育的效能，降低了思想教育的成效。因此，要提高思想教育的整体效应，必须把思想教育渗透到完善的、科学的制度和政策中去，把思想教育的要求与管理制度、政策中强化的目标统一起来。说理是教育，管理也是教育，而且是更重要的教育，两者都是推动人们实践的动力。从某种意义上来说，制度、政策对人产生的动力要比说教大得多，德育不一定要通过说教或剥夺他人权利来进行。事实上，情感的力量、组织管理的有效、利益的给予等可以达到同样甚至更好的目的。

3.动态性原则

任何现实的系统，一般来说，都是处于动态的"活系统"中。系统是经常处于运动之中的，系统的有序联系是在发展中进行的，系统中一种要素的变化往往会引起另一种要素甚至整个系统的变化。尤其是大学生德育更是一个动态的"活系统"。因为大学生德育工作的对象是活生生的人，是不断发展变化的人，是受周围环境影响的人，是处在生长发育阶段的人。大学生的思想和高校两者都是开放的系统，它和社会生活之间的关系几乎没有时间和空间的距离。从现象上看是紊乱的、无序的；从发展变化的过程来看，它也的确有过无序的状态，但随着人们对德育规律认识的提高，对学生的影响会越来越走向有序性。因此，对大学生德育工作规律的认识要在德育者不断地探索和发展下，及时地进行动态调节，使德育工作与客观的规律相吻合，要以动态的眼光来看待德育工作。所以运用动态原则，可以使人们在进行德育中适时地协调处于不停发展变化状态的各种要素的结构关系，防止各种元素的畸形组合，实现德育的最佳动态平衡。

大学生德育在应用系统方法时，必须遵循以下一些科学步骤。

第一，必须确定这一系统的最终目标，明确每个特定阶段的中间性目标。

第二，必须确定每个局部要解决的任务，研究它们之间和它们与总体目标之间的相互关联和相互影响，对各项具体措施以及发展趋势进行综合考察。

第三，探求达到总目标以及与其相联系的各个局部任务可供选择的方案，进行分析、比较，选出优化方案。

第四，组织实施，并对实施情况进行综合考察，还要随着方案实施状况，不断地进行调整、协调和控制。

第三章 大学生的道德取向

第一节 德育的关怀

人是有道德性的,道德是人性中最美好的一部分。同时,人类也是动物界中唯一能够追求意义的存在,并通过创造意义世界来安慰自己有限的存在。道德和意义相互融合,成为生命的驱动力和提升力,滋润和丰富了生活,使其具有诗意。德育是启发人们建立精神世界的活动,必然要促进道德和意义与生命的相遇,关心人的存在。然而,现代大学德育却忽视了道德教育和意义教育的联系,甚至忘记了生命本身。

一、德育与生命的冲突

现代高校德育存在意义教育和道德教育的断裂,主要表现在以下两个方面:第一,教材文本中道德知识和意义知识的分割。教材将道德知识和意义知识分别呈现,缺乏内在联系,导致师生容易断章取义。此外,道德教育过于注重对个体思想道德素质的要求和提升,却缺乏对道德如何成为个体人生目的和意义的深入探讨,导致道德知识和意义之间的逻辑缺陷,使道德被看作是外在的力量。第二,德育过程中道德教育和意义教育的断裂。在学分制下,思想品德修养和法律基础课作为必修课程被纳入教学计划。由于学生数量和学校资源限制,德育通常采用大班授课,并通过统一的考试、命题、阅卷和评价等程序化工作进行管理。这种制度化管理规范了教育和促进了公平,但也导致大学德育趋向应试教育。

二、德育与生命的和谐

（一）道德实践与意义世界构建的关系

1.道德践履保障、呵护了意义世界的建构

作为人类的一种道德性存在，个体在建构意义世界时必须受到道德的限制和规范，因为道德本身就是意义世界的基石，决定了意义世界的道德方向。道德的存在为个体意义世界的构建提供了合理和有价值的指导，并使个体能够在维护类生活秩序的基础上确立自我生命秩序，以普遍的价值理念为指引，追求意义世界的"善"。

"天行健，君子以自强不息；地势坤，君子以厚德载物。"（《周易·乾卦·象传》）集中表达了我国儒家学派的总体人生态度，概括了生命意义与道德践履之间唇齿相依的关系。中国传统社会特别强调道德价值具有至高无上的地位和崇高性，它充实了生命的价值。道是德的本质，德是道的应用，"齐家""治国""平天下"等都以"修身"为基础。在日常实践中，人们不断培养美德，追求达到"玄德"的最高境界。通过道德的保障，个体意义世界的建构最终指向人生的幸福。亚里士多德认为幸福就是符合德性的实际行动，无论是普遍欲望还是个体特殊欲望，都应以适当的方式追求。"如若有这样一种动物，它什么也不喜欢，对什么也不加区别，那么它就远不是个人。"人们追求意义，追求总体上是善的东西。"最善良的人也是最有价值的人。一个具有重大价值的人永远是一个善良的人。"道德是意义的舵手，时刻引领着意义之行的"善"方向。海德格尔和弗兰克尔相信人的良心在特定环境中具有直接寻找意义的能力。作为道德性存在，人们必须自觉、主动地寻求道德的保障来构建意义世界，否则，失去道德庇佑的存在将失去意义。"某些有意义的行为是粗俗的或者无价值的；另外一些行为是有害的，不论对个人还是社会；还有一些所谓有意义的行为则是不道德的。不过，所有这些判断，都属于愿望的范围，并不涉及意义本身。"辛格明确表示了不道德的意义行为只是个人的"愿望"，不能称其为"意义","道德,抑或精神价值取向似乎可以作为有意义人生的试金石。"只要带着这块试金石并善于利用它,就能帮助人们分辨出什么是意义的,怎样才能有意义。

道德是为了人而存在的,当个体把道德的约束功能与导向激励功能联系在一起时,道德实践精神才有动力性质。"道德又是一种善的道德,因为它把一种善的目的指派给人类活动,这个目的还包含用来唤起欲望和吸引一致的一切……简而言之,很容易与道德能量主动而奔放的力融合起来。"5个体自觉以"善"为意义世界作精神定势,在实践中不断向他者、世界、未来开放,在开放中体悟人与人、人与世界的意义关联,不断认识自我、创造自我、确证自我。别尔嘉耶夫把"创造"作为当代人的道德生活中的三个必备的新因素之一,"在善里,最重要的是可被实现的创造能量,而不是理想的规范目的。……善和道德生活都是路,在这条路上出发点和终点是一致的,这就是发射性的创造能量。"相遇促进了个性化的创造,道德创造者"不是在由自然所规定的那种一致性上裹脚不前,而是被一种伟大的爱的波涛推向整个人类。他们中的每一个的出现,正如一种新物种的创造一样,都是一个单独的个人构成的","每一个这样的灵魂便标志着生命进化所达到的某一确定的点",以存在本质为依托,道德创造者使可能的人性变成现实的人性,道德创造者的生命也许很短暂,但道德的挺立体现了人的超越精神,无限地提升了人的生命意义和价值。道德创造者的创造经验被保存和积累起来,成为"类"经验,唤醒了他者内在道德意识,个体将"类"经验转化为"个体"经验,周而复始,一代代人不懈努力切近存在。

意义世界的构建没有统一的、抽象的模式,道德超越是其中一种个体建构意义世界的方式,但并非唯一方式。意义不仅仅指坚韧不拔的美德,除了道德意义之外,生活中还有许多其他意义值得追求。评价意义世界创造是否有意义的依据在于"如果我们认为某些行为和追求促进人生幸福,那么我们认为它们是正确的、好的、有价值的"。在道德的保障和呵护下,意义世界的构建才能促进人生幸福。因此,随着个体道德境界的提升,当必要时,自然会选择以道德超越的方式来建构意义世界,因为只有这样才能感受到幸福。

2.意义召唤引领个体提升道德境界

意义世界的规划是一个动态的过程。尽管个体有多种可能的存在方式可供选择，但选择其中一种方式意味着放弃其他可能性。每个人都从自身的立场出发，追求可能方式的善、意义和价值。然而，无论选择如何，作为社会存在的个体总是存在于社会群体中。个体的规划方式建立在对整体普遍价值的自发、自觉的确认和维护基础上，其中包含着"存在"和"规定性"。这是个体对自身有限性的认识所产生的对整体的"敬畏"和"敬重"。"敬畏"与"敬重"的统一使人们产生洞察力，不仅是一种情感，也是一种理解方式，是对比自身更伟大意义的洞察。个体自觉地认同共同的意义，意义的追寻和创造成为激发生命实践的精神力量，引导着一种信仰，甚至是一种"绝对命令"，触动人们的心灵和情感。这种无法言喻、神秘的强制力量呼唤主体展现生命意志和激情，避免了康德所说的"绝对命令"的无根性，意义的召唤促进了人性的觉醒和理解。

3."相遇"是人类自我关怀的需要

自我关怀意识唤醒了人的自我意识和人格意识，探求了人的本质规定和生存意义，为生活提供了合理性和合法性的依据。在"相遇"的精神氛围中沐浴，人展现出积极的生命态度，在持续的开放中超越自我和现实，体验到与世界的共生共融，感受到充实和满足。尽管人生充满了努力和成就，但"相遇"所展现的诗意弥合了劳动和休憩、职业生活和个人生活之间的界限。在"相遇"的启示下，人们唯一需要做的就是扎根、成就自我、存在其中。

（二）大学生对精神家园的期求

1.改造重组现有经验意义的需要

意义是人固有的，并且人在不同年龄阶段都在追寻意义。阿德勒的研究表明，每个人都在摸索生活意义。每个人对自我存在方式的理解和把握不同，因此意义世界的建构存在差异。大学生作为一部分人群也在寻求意义，他们希望与道德和意义相遇，摆脱经验意义的偏见和盲点，摆脱对意义的困惑状态。

2.成就道德自我的需要

根据美国心理学家艾里克森提出的心理社会发展理论中的八个发展阶段，大学生通常处于青年期的中晚期（18～25岁）。在这个阶段，大学生思维活跃，求知欲强，他们的人生观形成较早，早期就开始思考人生观的问题，但还不够稳定，自我意识中的"理想的我"和"现实的我"经常发生矛盾。同时，他们也表现出社会倾向性。在大学的引导下，大学生主动脱离"象牙塔"，开始接触社会、参与社会，面对更广阔、更复杂的社会生活。由于对社会现实问题敏感，他们常常自发地评价和反思社会问题。"反思"意味着对道德精神的自我认知和关注，是从潜在的道德需求转向显性的道德需求的关键过程，它意味着道德主体已经从外部寻求转向内部探索。显性的道德需求指的是当前表现为道德观念或道德信念的不满状态，而指向未来的道德需求则表现为力求实现道德理想的状态，渴望成为道德自我。为了解决现实自我和理想自我的矛盾，大学生渴望获得持久的精神动力，因此与道德和意义相遇成为大学生的精神需求。

三、德育的意义关怀

大学德育的应用职责是引领学生与道德和意义相遇，并以意义关怀来引导生命的发展。现代意义上的道德教育关注的是解决控制性道德在当代社会中失去权威和无效的问题，不仅仅是追求道德本身或道德体系，也不将道德和体系视为终极目标。关怀道德教育强调全方位为人类服务，使人们学会在经济时代中追求真正幸福的生活哲学。意义关怀式德育超越了纯粹的道德培养，它启迪和引导学生去体悟"道"，经历"存在"，将道德品质的培养与真实的存在融为一体，让大学生逐渐进入意义的清晰境界，实现成事、成人、成己的过程中的意义发展。

（一）整合德育课程

意义是不可编码的意会知识，它通过自我不断向他者、向世界、向未来开放而表现出来。就德育的整体意义而言，只有理解了"道"的精神气韵，才能在不断开放中经验"存在",一个"为道"的存在。与此同时,不断开放又深化了认知和体悟,意义的理解、生成、建构与"道"的体悟相互牵制。从中国传统文化中的"道"的含义出发,理解"道"有两条路径,"自诚明,谓之性;自明诚,谓之教。诚则明矣,明则诚矣"(《中庸·二十一》)。也就是说由心内之真诚而明白

"道"之理者,乃出于人的天性;明白"道"之理而反观内心之真诚者是出于教化,"诚明"与"明诚"不是孤立进行的,是在"知—悟—行"的互动中动态生成的,在此意义上,可以说"道"的理解方式就是悟性认识方式。

根据悟性认识的特点,大学德育可以通过整合课程观,将显性课程和隐性课程相融合,以搭建知识意义与生活经验之间的关联,构建一个整体开放的意义教育环境,促进逻辑认知与心悟的共鸣,持续启发学生的悟性。在课程中,教材被用作传递道德知识的载体,整合德育课程。首先,通过教材文本回应知识的意义,将其作为引导意义的工具。将道德意义观贯穿于大学学科教材文本之中,师生可以从多个角度审视课程内容的价值,并获得意义的精神滋养。为了引导学生理解学科课程中的意义,可以利用思想品德修养和法律基础课程培养学生的意义意识和意义能力。在教材文本编写中,积极捕捉道德知识与意义的契合点,挖掘道德对社会和个人的工具性意义以及目的性意义,转变道德语言的组织方式,丰富道德语言的内涵,激发师生对教材进行创造性理解。其次,通过课程教学阐释意义。理解是一个开放而永不完结的过程,教材文本为课堂教学中对意义的理解提供了话题和素材。课堂教学采用阐释的方式来促进个体的理解,这是因为阐释不同于简单的道德知识灌输。阐释拒绝机械地记忆、冷漠地下达命令,因为这样只会扼杀个体内涌动的激情,压抑和排斥意义的召唤力。阐释包括讲解、倾听、质疑和解释,教师从大学生的现实生活出发,创造意义教育情境,开放学生的意义视野,抓住教育契机,引导学生表达、交流对当前的体悟。在师生之间的互动对话中,相互对话和自我对话、相互理解和自我理解相互和谐统一,个体自觉地消除先入为主的经验意义的偏见和盲点,将共同意义与个体先有的经验意义统一起来,以个体个性化的方式构建意义。最后,通过实践活动来引导意义

的实践。通过家庭、学校和社区的互动，拓展德育的时空，将德育的意义关怀潜移默化地渗透到实践活动中。教师在与学生的互动中及时发现学生的意义问题，并采用因材施教的方法，有针对性地引导学生在实践中自己解决问题。在解决问题的过程中，学生不断体悟意义的真谛，从而留存和完善经验意义的统觉。

（二）意义引领的方式

"道"和"存在"不是现象，不是实际存在着的存在者，对"道""存在"的把握是悟性认识的过程。冯友兰认为体悟在育德和修德中具有重要的作用，他把没有直接经验的知识称作"名言底知识"，当"名言底知识"与经验豁然贯通时，"此种忽然贯通底了解，即是所谓的悟。"经过体悟人才能"真了解"道德。所谓"真了解"也就是人拨开欲望和偏见的迷雾，顿悟或渐悟"道"的真谛，找到安身立命之所，道德能量与主动、奔放的力联姻，驱动人不断提升人生境界，走上幸福之路。道德体悟关键在于"悟"，《论语·子张》中说："博学而笃志，切问而近思，仁在其中矣。"从"吾十有五而志于学"直至"七十从心所欲不逾矩"，孔子的道德修养是个漫长的渐悟过程。《大学》中"三纲领""八条目"清晰地描绘了道德修养的渐悟历程，人渐悟了"道"中所蕴含的人与人、人与物之间的原初关联，从独善其身到与人为善、最后到兼济天下，自我在不断开放中超越自我、超越现实，最终成其所是。在道德体悟中渐悟与顿悟并重，渐悟与顿悟都代表了悟性的开启。道德体悟的过程确实是非线性、跳跃式的，甚至有时是模糊的，很难将其归纳为具体的规范流程。诺齐克将悟性的开启分为四个结构，包括体验、与最深层次的实在接触、对自我的新理解以及对自我的改造。其中，"最深层次的实在"成为激发意识变通的原型。一旦个体与这种最深层次的实在进行接触，激发了悟感，个体便超越了表象性思维方式，以整体思维认识自我、他者和世界。

在道家的观念中，为了能够与最深层次的实在接触，强调心斋和坐忘，认为只有在闭目塞听、对外物无欲无知的状态下，人才能够把握道的本质。与道家强调的静心悟道方式相对应，佛家要求弟子修习禅定功法，通过静悟禅机来开启悟性。静悟是一种开启个体悟性的方式。当人静坐、静观时，全身心地融入万物之中，进入"天人合一"的完满、自由境界。静悟有助于把握道的本质，但静悟并不意味着静止不动，其实质是自觉地消除内心的偏见和欲望。

在德育中，通过整合课程、营造意义教育氛围，持续引导个体与意识变通的原型进行接触，促进认知逻辑与心悟的共鸣，使内心的意识与外在的境遇融合，激发个体获得自我体验。这种顿悟和渐悟必然带来个体人生境界的根本改变。象牙塔不是真空的无菌室，心灵也许会被社会生活中的消极面所震荡，推崇本能快乐原则衍生的幸福意识与生活方式也许会使人囿于"小我"拒绝筹划可能性。然而教育就是理解，善于亲近学生，及时发现、了解他们的困惑和迷茫，给他们以意义关怀，敞亮他们去存在的道路。只有让生活走进德育课程，让德育走进生活，在生活中理解人与世界的意义关系，待真正的人走出象牙塔，才能在世界中栖居。

第二节　大学生德育的意义关怀

人作为特殊的生物，探寻生存的意义并赋予世界意义是常态。教育引导下的自我觉解和探寻对个人和世界的意义起着重要作用。然而，在科学主义、理性主义、教育功利主义和工具主义的影响下，当前的高等教育目标与这种追求逐渐背道而驰。它更关注学生获得谋生技能，却缺乏引导大学生发现生存和生活的真正意义和价值。因此，许多大学生虽然拥有技术和能力，却感到空虚，找不到存在和生活的理由和乐趣，甚至在困惑中失去了方向甚至选择了放弃。高校德育本应以引导大学生探寻人生意义、构建有意义的世界为首要任务，但不知不觉中陷入了"功利"的陷阱，过于注重理论解读和规范指导，忽视对意义的关怀，迷失于现实境遇而放弃了理想追求。因此，尽管高校德育被"重视"，但难以掩盖其作为高等教育的"附属品"的现实命运。要真正赢得学生和社会的尊重，高校德育只能回归到关怀大学生的意义需求上。

一、人的根本追求——意义

意义就是人生意义吗？人与意义有何关系？这是高校德育意义关怀首先要诘问的根基问题。

（一）意义之意蕴

"意义"这个词可以说是迄今为止最具有"歧义"的词汇之一，中外学者从释义学、语义学、心理学、哲学等多个角度对其进行了广泛解读，但至今仍未达成一致的共识。从哲学的角度来看，学者们普遍认为"意义"是指客体与主体之间的联系，或者客体对主体的影响、作用、价值、重要性以及所表达的意思等方面。如"所谓意义，就是对人有所意谓的客体对主体的精神活动的一种指向""意义就是指主体对其有所意谓的客体所具有的影响、价值、作用的理解"。

本文中的"意义"是一个具有双重含义的概念，包括两个方面的内容。首先是指人生的意义，即人为什么活着以及如何活着才具有意义和价值。其次是指作为思想政治教育的主要内容，道德、法律、政治对于人和人生的意义，即政治、道德、法律对于人的生存和生存意义的影响、作用和价值等。在人生意义的维度上，"意义"是人的主观感受，它不仅仅是目标或态度本身，而是在实现某种目标、采取某种态度行动后所带来的心灵寄托、慰藉和愉悦。它是一种精神上的满足和体验，是生命充实、发挥和展现自我时的自足感和自由感，是面对死亡和痛苦时抵抗的不屈感和悲壮感。而在思想政治教育的维度上，"意义"是一种主观的认知，是人对于道德、法律、政治对于人和人生的"意谓"的理解。

（二）人是追求意义的存在

人类和动物都具有与生俱来的求生本能，但是动物追求的是生存时间的长短，而人类不仅追求存在的时间，更重视存在的质量。人类关注的焦点不在于满足数量上的增加，而是在于质量的提升和升华；不是外在延伸的扩展，而是内在丰富的增加。人类和动物都追求物质，但是动物只关注物质本身给予它们的生理满足，对于如何获得这些物质以及对自身的意义并不关心，而人类更加关注后者。动物不会因为没有食物而自己饿死，而人类则会因为有所追求而选择不接受不合乎自己意义的食物。人类的存在方式与动物有所不同，人类不仅仅是肉体的存在，更是意义和价值的存在。人类的本质是一种具有意义性和价值性的实体。人类与动物的区别证明了人类追求的是比仅仅活着更有意义的存在。人类不仅追求自身存在的意义，作为理性和自主的生物，人类对于他人和世界的关注和追求程度与其自身的意义大小成正比。

二、意义关怀缺位

意义是人类根本的追求，高校德育的根本目标应该是关注大学生的意义需求。然而，在当今社会，无论是作为高校德育主要渠道的思想政治理论课教学，还是辅导员和班主任的工作以及学科教学，对于大学生的意义关怀都相对不足，这对大学生的道德品质的形成和发展产生了影响。

（一）对大学生思想素质形成与发展的影响

大学阶段是人生发展的重要时期，大学生在这个阶段随着抽象思维能力和自我意识水平的显著提高，对于人为什么活着、怎样活着才有意义和价值等问题有着强烈的理性探寻的愿望。在学习、交友、恋爱、择业等众多人生选择中，大学生必须面对何种追求才有意义和价值的现实难题。大学生对于人生意义的探寻动机是源自于他们自身的需要，这种"形上求索"和"形下选择"的需求激发了他们探寻人生意义的强烈动力。然而，由于大学生个体的思维水平、生活经验等方面的限制，这种自发的以自我生活为中心的自我探寻可能会产生主观、盲目和狭隘的倾向，难以真正触及人生意义的真谛，甚至可能偏离人生意义的真谛。因此，高校德育必须为大学生提供导航，引导他们正确地探寻人生意义。

思想道德修养与法律基础课是帮助大学生形成正确人生观的重要途径。然而，在当前情况下，一些思想道德修养与法律基础课教师由于理论水平、育德能力和职业精神的欠缺，对党和国家倡导的为人民服务的人生观的内涵，要么无法有效解读，要么担心违背"学术研究无禁区，课堂讲授有纪律"的规定而不敢自主解读，或者过度夸大解读。相应地，在教学过程中，要么采取最保守的方式——"照本宣科"地讲解人生观的要求，导致大学生只能抽象地记诵人生观的内容，缺乏对于为何追求人生意义、追求什么样的人生意义、如何追求人生意义等问题的深度理解；要么远离现实生活，对大学生提出过高的要求，导致大学生对这种脱离生活世界、无法实现的人生观教育产生反感和排斥，从而走向其反面。这种形式化的人生观教育无法触及大学生的意义世界，无法为大学生的人生道路提供指引，也无法阻止部分大学生在物质主义、消费主义、享乐主义等思潮的影响下产生对意义的迷茫或失落感。

大学辅导员、班主任是大学生健康成长的指导者和引路人，承担着对大学生思想、政治、心理、学习、成长等方面的辅导责任。然而，实际工作中，部分辅导员、班主任由于理论素养、育德智慧和敬业精神的缺失，往往会将职责"窄化"或"简化"，将不出政治问题作为最高准则，将发展党团员、组织各种政治活动或其他日常纪律管理作为主要工作内容。他们未能及时关注和指导大学生中出现的享乐主义、拜金主义、个人主义等错误的人生意义取向，导致一些大学生在面临突发人生困惑时无法获得及时帮助，从而做出令人扼腕的自杀、伤害他人或其他违法违德行为。

在高等学校中，所有教师都具有育人的职责，各门课程都应该具备育人功能。然而，在功利主义、工具主义、科学主义等教育思潮的影响下，大多数学科专业教师通常满足于培养学生的知识和技能，关注的是学生的职业发展和实用能力的提升。他们可能没有深入思考和传达关于人生意义的重要道理，如精神上的苦恼主要来自对无意义存在和事件的体验与恐惧等问题。他们可能没有利用自己在学生中的特殊威望和言行表现来帮助学生探索人生意义，甚至可能与思想政治理论课教师、辅导员和班主任的观点背道而驰。他们可能认为掌握生存技能是最实际和重要的，而探寻人生意义是多余的，认为这些问题是无谓的抱怨。这种态度导致一些大学生陷入单一的生活世界和狭隘的人生意义观念中，无法体验到活着的幸福，反而感到空虚、迷茫和痛苦，因为他们失去了比生存本身更有意义的指引。

（二）对道德、法律、政治于人与人生之意义的关怀缺位影响大学生道德、法律和政治素质的形成与发展

目前的高校德育中，道德、法律、政治教育被认为是重要内容，但教师在这方面存在一些问题。思想道德修养与法律基础课教师在道德教育方面，只关注规范层面，教授学生记忆《公民道德建设实施纲要》的内容，缺乏引导学生思考道德的必要性和与人生的联系。在法律教育中，教师往往沉溺于学科内的专业术语、法律条文和案例，少有引导学生思考法律与人及人生的意义。其他思想政治理论课的教师也局限于从政治学科视角解释政治的内涵，侧重于让学生记忆抽象的政党理论，鲜有引导学生思考政治对于人和人生的意义，即使引导学生思考原因，也多集中在维护国家秩序、政党领导和社会稳定等宏观角度。

由于高校德育与学生的生活和意义世界之间的脱节，部分大学生未能将道德、法律和政治视为内在精神需求和人生意义的重要组成部分。相反，他们将道德和法律视为束缚和限制，经常在学习、社交、恋爱、就业和公共生活中违反规范，违背道德和法律。他们也无法将政治视为社会主义社会中公民权益的维护和人生意义的制度保障，而将其视为国家和政党控制和限制人民自由和权利的工具。因此，他们对思想政治理论课抱有怀疑、抵触和反感的态度。这种现象使得高校德育与大学生的生活实际脱节，阻碍了其在道德、法律和政治方面的正确理解和实践。

三、引导大学生觉解、澄明、创造与提升意义

高校德育需要回归本职，即引导大学生不断地觉悟、体悟、明确和提升意义，帮助他们找到人生发展的动力和归宿。同时，德育也应该引导学生理解道德、法律和政治与个人及人生的意义联系，为他们寻找精神家园和成长的道路。只有这样，高校德育才能赢得学生和社会的尊重，并对学生的成长和社会的进步产生积极而深远的影响。

(一)引导大学生觉解、探寻、澄明与创造和提升人生意义

"意义世界所表征的并非人的'是其所是',而是'应其所是'",反映的是人的应然存在方式,人生意义的生成总在"途"中;"人于何处对自己的存在有所作为、有所领悟,他就于何处实际存在",人生意义在觉解、探寻、创造与提升中生成。

1.觉解人追求意义的根据

尼采说:"人唯有找到生存的理由,才能承受任何境遇",大学生需要深刻理解人追求意义的根据,以始终自觉地追求人生意义。理性教育可以帮助他们实现这一点。思想政治理论课可以通过讲授、讨论、对话等方式,引导大学生从人与其他动物在智慧、自我意识等方面的巨大差异视角去理解人追求意义的根据:强烈的自我意识使人能够反思自己的思想和行为,理性地认识自己与他人和社会的关系;高超的智慧使人能够珍惜生命、超越生命的有限性,追求生命存在的丰富性、理想性、价值性。

2.探寻人生意义的本质

人生意义与人生价值的内涵不同,因为"人的'意义',与'价值',并不等同。价值固然是属人的,而以价值为人的尺度也有一定的历史合理性,但人的生命及其人格毕竟是无价的。且人生意义虽然发生于人对其价值创造活动的体验,却并不等于价值本身。价值总是为他的社会客观概念,意义则是自为的社会主观概念,它更属于社会的个人,因为归根到底意义是人的生命在其活动中的自我确证感和自我实现感。人在生活中从追求价值到寻求意义的变化,正反映了人在更高程度上的自我生成和自我觉解";"人生价值的涵义主要是从实用的角度谈人生意义,如人们常说人生的价值在于奉献而不在于索取,等等;而人生意义的涵义在很大程度上涉及兴趣、追求、动机、愿望、目的、意图、信念等属于主观心理领域里的内容,表达着自我的主观精神感受",人生意义是个体对于什么样的人生是值得过的一种主观认识和体验,人生价值是个体人生对他人和社会产生的实际影响。尽管如此,但人生价值与人生意义之间有密切关系,人生价值是人生意义生成的根源,人生意义的本质在于奉献和给予,因为"对自己来说,人是不充分的,如果生命

不为自我以外的目的服务，如果生命对别人没有价值，那么生命对人就没有意义""幸福可以被定义为确信被别人所需要""实存的真正意义只有在于奉献，在给予"。

3.澄明人生意义的误区

高校德育旨在帮助大学生认识人生的意义，并应对他们在现实生活中遇到的困惑和误区。思想政治理论课教学、辅导员和班主任的工作以及学科教学都应该在这方面发挥作用。对于那些在面对人生挫折时感到无意义、可能放纵或放弃生命的部分大学生，高校德育应当加强珍惜生命、敬畏生命的教育。引导大学生深刻认识到生命是意义存在的媒介，意味着热情地、愉快地接受自身存在。我们必须认识到任何人类历史的前提都是个体有生命存在。

此外，高校德育还应加强对逆境和挫折对人生意义的教育。引导大学生深刻体会迎接挑战、克服困难是一个人自我超越、发展和确认自我本质力量的重要方式，也是有意义存在的真正途径。

针对部分大学生因为物质主义、消费主义、享乐主义思潮影响产生地追求物质消费、感官享乐等褊狭人生意义取向，高校德育要善于引导大学生从人存在的丰富性及创造性去反思人生意义的真谛。"有意义的存在包括满足需要和欲望，包括一个人的能力的实现以及对超越这些能力的渴望，包括获得真、善、美、爱、友谊以及使人意识到困惑而不是自我满足的避风港的感受"；有意义的人生离不开物质和享乐，但丰富的人生绝不仅仅意味着物质的满足和感官的享乐，因为尽管"按照生理的逻辑，'吃、喝、玩、乐'是绝对必要的。但是完全醉心于满足这些要求的生活，最终会使人的存在丧失做人的全部本质""对动物来说，世界就是它现在的样子；对人来说，这是一个正在被创造的世界，而做人就意味着处在旅途中，意味着奋斗、等待、盼望"。

高校德育应当引导大学生超越个人主义的短视取向，通过探索人与他人、人与社会的多重关系来寻找和理解人生的意义。我们应该善于引导大学生认识到人是存在于共同体中的存在，受到共同体的照料，并面向共同体的存在。对于一个人来说，存在意味着与他人一同存在，他的实存是与他人共处的。离开他人和社会，个体将失去存在的基础，意义也将失去其依附的载体。正如霍尔巴哈所说:"为了使自己幸福,就必须为自己的幸福所需要的别人的幸福而工作;它将向他证明,在所有的东西中间,人最需要的东西乃是人"。

4.创造和提升人生意义

"人生的意义全是每个人自己寻出来的、造出来的:高尚、卑劣、清贫、污浊、有用、无用……全靠自己的作为……你若情愿把这六尺身躯葬送在白日做梦上,那就是你一生的意义。如果,发奋振作起来,决心去寻求生命的意义,去创造自己的生命意义,那么,你活一日,便有一日的意义,做一事,便添一事的意义。生命无穷,生命的意义也就无穷了"。高校德育要帮助大学生在学习、生活中不断树立确立奋斗目标,在目标的达成过程中创造人生意义;要引导学生关注社会需要,在为社会的服务过程中创造人生意义。

高校德育的职责之一是为大学生提升其人生意义的境界,创造条件、提供方向和方法指引。根据冯友兰先生的观点,人生的境界可以分为自然境界、功利境界、道德境界和天地境界。在思想政治理论课中,可以采用对话教学或情景教学等方式,为大学生提供一个平台,促使他们通过与他人的人生体验和意义世界的对话,直接接触并比较,从而反思和审视自己的意义世界的局限。这样的碰撞和比较可以帮助大学生实现"视域融合"或生成"新视域",提升他们原有的意义世界。此外,通过组织实践活动,可以帮助大学生在真实的生活场景中验证、体悟、践行和改铸人生的意义。这种实践经验可以帮助大学生更好地理解和应用人生的意义,并逐步提升他们对意义的认知。同时,引导大学生阅读相关的人生理论、撰写学习体会、不断省察自我等方式也可以帮助他们提升人生意义的境界。这些自主的学习方式可以激发大学生的思考和思维深度,使他们对人生的意义有更加全面和深入的理解。

(二)引导大学生觉解道德、法律、政治于人及人生之意义

人最根本的需要是存在及存在意义的需要,觉解道德、法律、政治于人及人生之意义是激发大学生学习、认同、遵循道德、法律、政治要求的根本动力。

思想政治理论课教师,尤其是思想道德修养与法律基础课教师以及辅导员、班主任在面对大学生对道德和人生意义联系的知识欠缺以及为了个人私

利而忽视道德的现象时，可以采用多种方式引导大学生。通过讲授、对话、讨论等方式，教师可以帮助大学生从规范的角度去理解和体悟道德的内涵、要求以及道德对于家庭生活、职业生活和社会公共生活秩序的维护作用。这种教学方法可以让学生认识到道德规范对于个人生存的重要性，并提供了一种保证。教师可以从精神层面引导大学生觉解、体悟道德的本质，认识到道德为人的存在提供了立法，保障了人类向善的功能。通过实践、生活指导等方式，教师可以帮助学生深入思考道德的意义，使他们从内心深处认识到道德的重要性，并为其提供精神支持。此外，教师还应引导大学生从道德作为人的精神家园的角度去觉解、体悟道德的深刻内涵。教师可以帮助学生意识到道德是"人为的又是为人的"，并将道德视为心灵法则和人生信仰。这样的引导可以让学生将道德作为人生的核心内容，认识到道德在实现有意义存在方面的重要性。

思想道德修养与法律基础课教师和辅导员、班主任可以采用多种方式来引导大学生正确认识法律与人及人生之间的意义联系，以避免他们轻视法律或为了满足个人欲望而违反法律的现象。教师可以通过理论讲授，向学生传授法律的基本概念、原则和法律体系的构建，使学生了解法律是社会生活中不可或缺的规范和制度，同时强调法律对于维护统治阶级统治的核心职能。这样的讲授可以帮助学生认识到法律与政治、经济因素之间的联系，以及法律在社会中的重要地位。

为了帮助大学生认识政治的重要性，思想政治理论课教育教学和辅导员、班主任工作可以采用讨论、对话等方式。这些方法可以帮助大学生理解社会主义政治理论和政治制度的内涵以及其存在的原因。同时，引导大学生认识到政治不仅是阶级斗争的工具，更是人们自主管理社会事务、建立和谐生存环境、实现意义存在的方式和保障。通过这样的引导，可以促使大学生对政治产生兴趣，积极参与政治，并对政治持有信仰。

第三节 道德信仰：高校境界德育的价值取向

在当今社会，由于社会思想变迁的加速和信息的爆炸性增长，人们面对各种道德观和信息的涌入，对道德的正当性和合理性不再完全信任，也失去了道德责任感和对善和人生价值的追求。高校教育者在传授知识符号的同时，也面临着道德的滞后。因此，总体而言，中国社会目前的道德力量并不强大，而是相对薄弱。在这种背景下，高校德育需要借助一种特殊的心智品质来唤醒人们的道德情感，以达到对周围世界和自我的清醒认识。《左传》中有一句名言："国之大事，在祀与戎。"虽然我们今天可以将其理解为宗教和战争，但这种理解略显狭隘。在我们看来，这是同时注重信仰和技术的原则。高校德育的重要内容之一是传授和学习道德规范的技术层面，此外，培养道德信仰也是另一个重要内容。因此，当代高校德育应该以道德信仰和道德规范并重，既注重道德规范的传授和学习，又注重培养学生的道德信仰。选择道德信仰还是道德规范作为高校德育的价值取向，不仅关乎高校德育内容，也关乎高校德育的价值目标。

一、高校境界德育的重要性

冯友兰先生指出，人之所以为人，关键在于对正在做的事情有觉解。他将人生境界分为自然境界、功利境界、道德境界和天地境界，这些境界取决于人对事物的觉解程度。境界的高低反映了人格的完善程度。在中国传统文化中，"境界"是一个重要的概念，它强调了人在思想、道德和精神层面的成长和提升。中国儒家的"格物致知"，讲求学习，在实践中练就待人处事的工夫，达到"众物之表里精粗无不到，吾心之全体大用无不明"（大学章句）的境界，诚中形外，君子慎其独，勿自欺，最终形成表里如一的信仰与行为。传统道家老子因"天道"立"人道"，以天证人，首次把"道"提升为一个哲学境界，即天道是对人道的提升，用超脱、消极或者卑弱处下的否定性手段，反观内心"涤除玄览"（老子·第八章）、"致虚极、守静笃"

（老子·第十六章），以达到积极性的目的。

柯尔伯格和黄富峰的观点提供了对道德境界的不同理解和诠释。柯尔伯格认为，在"无律""他律"和"自律"阶段之后，还存在一个"普遍性伦理学原则"的阶段。在这个阶段，道德主体清醒地认识到普遍性的道德性质，将他人视为目的本身，并对待他人抱有重视和关怀，达到人我自觉相处的境界。这种境界强调了道德主体的自觉和对他人存在的重视。而黄富峰认为，这个阶段的德育内容应着重培养德育主体的道德境界，即"境界性德育"。他强调了境界性德育应该强调社会使命感和人间情怀，而不是简单地遵循道德规范。境界性德育关注人的存在和生活的价值，提供给人生活的意义。

高校德育应注重培养境界道德，即德育主体在追求他律与自律有机融合的过程中充满信心，并通过参与和经验的印证，将社会思想和道德知识转化为个体的道德觉解。高校境界德育是学校德育的最高阶段，追求人与道德、人与社会、人与自我相互依存的精神追求，强化个体的道德信仰。它不仅体现在行为上的道德和谐，还包括深刻的道德意义体悟。高校德育的目标是培养具有系统的道德知识、社会使命感和人文关怀的大学生，创造高尚的人格。如果高校德育长期忽视境界德育，大学生的道德意识和觉悟可能会受到影响，导致道德冷漠等现代困境。因此，实施境界德育对于高校德育的成功至关重要。

二、高校境界德育的失落与反思

长久以来，我国学校德育存在层次模糊和倒挂现象。小学和中学注重共产主义信念教育，而大学则侧重基础道德知识教育和常规行为训练。高校教育者倾向于将德育思想领域视为对客体的认知建构，渐渐脱离了德性生活本身，使大学生成为道德符号的填充物。我们内心常感到自己只是通过行为训练而失去了道德行为的动力。此外，高校中的"Q版"德育流行起来，选择性地解构和拆除了原有的正面道德和伦理观。

高校德育变成维护大学秩序、解决社会问题和追求学术标新立异的实用工具。这样的高校德育不会有精神的高度，只有境界的失落。

在现代社会中,道德被普遍认为是维持人际关系的行为规范,它通过社会舆论、传统习俗和个体内心的信念来维持。保障行为规范的方式主要包括社会舆论和传统习俗,以及个体内心的道德动机。在高校德育中,道德信仰是不可回避的,并且在实际中也是默认存在的。因为要求人们践行一个自己并不信仰的道德理论是徒劳的。关于高校境界德育所需的道德信仰层次,这是一个值得探讨的问题。黑格尔说:"道德之所以是道德,全在于具有知道自己履行了责任这样一种意识。"即人的道德品质完全是个体的意志自由、品性和觉悟,而只有保持坚定的道德信仰并长期付诸实践才是道德,关于这一点,康德在《纯粹理性批判》中指出:"我不得不悬置知识,以便给信仰腾出位置。"信仰在一定程度上可以弥补科学证明的不足。康德意识到人类认识能力的局限性后,将理性置于信仰的地位,用信仰来确保整个道德体系的存在,呼唤人们对道德的信仰。因此,道德信仰是感性与理性的结合,是道德的内在要求,也是人类在现实世界中立足并对未来抱有憧憬的核心文化价值之一。

这与我们通常的理解相反。道德信仰是指对于道德价值理想、目标和理论的坚定信仰和崇拜,它赋予人们确定性,使他们感到归属和目标明确。基于道德信仰做出的选择并不需要经过理性解释,就像热恋中的人不需要解释对方是自己目前唯一的爱一样。这种信仰给予人们热情,但并不意味着缺乏深度和境界。

三、道德信仰的重塑

道德是人类超越物质生活限制的标准和境界,主要通过境界德育的实施来实现。为了达到这个目标,重要的是引导主体在道德原则和规范面前展现积极性。此外,主体还需要运用道德信仰来享受境界德育的光芒,从而达到一种境界状态。在科学技术相对明晰的生存环境中,道德主体通过独特的道德信仰来审视和确保境界德育,领悟境界德育的价值,并产生强大的道德内在推动力。这使得高校的境界德育具有真正的价值导向。

（一）道德信仰的危机与路径

在 20 世纪初，随着工具理性的发展和扩张，世界上原有的终极意义和最高尊贵的人生价值逐渐消失。人类进入了感官主义和消费主义的享乐时代，精神世界变得空虚。在现代科学技术的主导下，传统的道德信仰体系逐渐动摇和被遗忘，转化为具体行为规范和物质享受的信仰。同时，社会提供的道德资源难以满足人们内在的道德需求，精神生活逐渐丧失了宗教性质，特别是在权力阶层衰落时，"信仰行为逐渐减弱，世俗道德行为开始发挥作用。"举个例子，教师只关注如何使用教学技术来教育学生，即使课堂变成了"心灵的屠宰场"，学生感到痛苦，教师仍然只关心教学方法，而不考虑为什么要教学、人们通过学习是否有价值，以及这种做法是否有意义。道德的失范显露出来，而新的信仰体系尚未确立。

人们对工具理性的批评中也包含对道德信仰的反思和批评。在许多人看来，道德信仰危机意味着人们在"精神的废墟"中生活，主要表现为道德冷漠、人格缺陷和道德的工具化。然而，正确的批评和反思方法是：科学技术的发展容易瓦解所谓的道德信仰，这是人们对道德信仰本身的遗忘，还是对道德信仰的遗忘？如果将道德信仰仅仅理解为"信仰一种道德"或者"道德即信仰"，那么在科学技术的浪潮中，那些取得了一定成就却身心俱疲的人们往往渴望将自己的道德动机神圣化，然后将自己的"作品"神圣化，最终将自己也神圣化。这样，道德信仰很容易变成时尚法则。

因此，较低层次的道德信仰是指对道德的服从。然而，一个更根本的问题是，道德如何能够使人信仰它，以及它能为我们提供什么。这离不开人的理性批判精神。换句话说，最高层次的道德信仰是指对道德理由的追问，对时代的追问。正如哈维尔所说，它能够与生活中隐藏的层面对话，将潜藏在生活中的东西带到阳光下，形成一种思想和精神上的结构性存在。就像当恋爱的热情渐渐冷却时，恋人会在心中回忆对方的优点，作为自己始终不变地爱对方的理由。另一方面，它也指向人生的最高价值取向和存在意义的追求。这种终极境界必然是现实而崇高的，具有终身性，超越了工具主义的物质满足，高于人的直观快乐。

显然，如果抛弃了对道德原理和规范的信仰，道德就变成了没有根基的、脱离人的纯粹摆设，只能成为一种虚假的道德，失去了对生活的激励、指引和提升的作用。然而，一旦道德信仰走向极端，每个人都不敢稍微偏离道德规则，就会失去道德信仰本身所具有的理性批判精神，变成一种僵化的束缚，限制人的发展。这种过度理性的束缚必然表现出对生活、他人甚至自身的极端不宽容，其残酷性也会显现出来。

（二）高校境界德育与道德信仰的契合

高校境界德育的实践确实培养了道德信仰的现实性。高校境界德育关注的是丰富的生活世界。它要求大学生不仅在利益面前能够忠诚正直，而且在关键时刻能够展现人道主义关怀和无限的爱心；不仅要求大学生不以自我为中心，还要培养团队精神；不仅要求大学生认同社会主义核心价值观，还要以"修身齐家治国平天下"的标准来提升自己，完善自我。显然，实现这些目标的关键是培养道德信仰，而不仅仅是对道德规范的认识和理解。因此，高校境界德育必然要求并促进其价值取向的精神形态具备本真性和导向性，即能够觉悟和超越世俗现实中的道德观念。然而，现实生活中的道德信仰也有指向超俗的宗教生活的可能，但恩格斯就道德的本质曾指出："人们自觉地或不自觉地，归根到底总是他们阶级地位所依据的实际关系中——从他们进行生产和交换的经济关系中，吸取自己的道德观念。"确实，道德观虽然以某种道德信仰作为其精神支柱，但归根结底，道德信仰是对真实生活的内化。不论建立在哪种道德观念的精神理由上，道德信仰都应该能够从现实生活中找到充分的根据。因此，高校境界德育为道德信仰的形成和发展奠定了基础。通过关注真实生活的各个方面，高校境界德育帮助学生将道德信仰融入实际行动中，并在实践中逐渐加深和发展道德信仰的理解和体验。这种实践性的培养有助于使道德信仰不再停留在理论层面，而成为学生内心深处的一种指引和准则。

高校境界德育的民主性要求与道德信仰的"理由追问性"要求是相一致的。高校德育以"人格健全发展"为目标，旨在确保每个大学生都能享受平等的德育资源。高校德育的形式和内容可以多样化，但高校教育者必须承认大学生健全人格的塑造标准是一致的。因此，高校境界德育的民主性要求与道德信仰必须基于充足理由的观点是密切相关的。"道德首要的是向理性咨询的问题。在任何条件下，道德上正当的事都是有最充分的理由去做的事。"何以解释？正是通过"道德信仰"这一范畴才可能深刻地领会。诚如康德所言："道德信仰需要我们，在道德行动之前，就应把其追求和期望的'效果'以信仰的态度溶化于道德活动的'动机'之中。为此，具有"民主性"的高校境界德育就暗合了道德主体对道德信仰内涵的理解，加强了主体道德信仰的坚定性。"

高校境界德育的终身性推动了道德信仰的终极性。它是一个长期的过程，从规范性和理解性转向享受性和终身性，这是高校德育道德信仰的路径选择和使命要求。夸美纽斯是捷克著名教育家，他提出了终身教育的三个目标：博学、品德和虔诚，这三者缺一不可。在21世纪的知识经济背景下，道德信仰并非与生俱来，而是在适当的道德文化熏陶和德育激励下不断发展。道德信仰赋予短暂人生以永恒的意义，它是高校境界德育的出发点和归宿。因此，高校境界德育的终身性为道德信仰的发挥提供了有效路径，展现了道德信仰的终极性。

3.重塑道德信仰

首先，中国高校长期以知性的方法进行德育，通常采用灌输的方式，这可能导致人的知识、情感、信仰、意愿和行为等道德结构的统一性被割裂，同时与人的现实生活脱节。叶澜教授提出了让课堂焕发生命活力的呼吁，将课堂还给学生。高校德育者应该站在生活的角度，超越生活本身，以引导学生的思潮和心灵交流。让理想与现实相结合，艺术与科学相融，哲学、伦理、法律与数理化等学科相互交融，道德思考在各个学科中发出明亮的光芒。这也符合夸美纽斯对大学中各种知识和谐性的强调，避免思想的孤立。通过潜移默化、耳濡目染的方式，在大学生感知无意识德育的过程中实现有意识的教育。在自由而生动的高校境界德育中，德育主体借助学识和学养，根据道德经验、道德情感和理解构建自己的信仰模式。在当前多元价值背景下，大学生最终培养独立的道德判断能力，否则将成为一个缺乏独立思考的"不完整"人。

其次，高校德育主体应公平地关注每个人格和利益，特别是在个人利益与道德要求的冲突中，应考虑是否满足一时的利益还是坚守信仰的承诺。这个问题的解答在于是否损害他人或社会集体利益。孔子曾说："自行束脩以上，吾未尝无诲焉。"孔子践行自己的思想，即君子应具备仁义、道德和博爱而不偏私的品质。高校是德育的最后一站，在这里应尽可能弥补之前的不公平，而不是进一步加剧不公。关键是高校教育者是否能降低声调，建立一种"道德对话"的德育精神和原则，即自己提出建议，也接受别人的建议，最好是大家互相交流。自己要进步，也让别人进步，最好是共同进步。因此，高校德育主体应对社会的现状和未来充满信任，建立平等、坦诚的道德信仰观。

再次，高校德育应关注学习者和教育者的信仰，特别是教育者从教学技术层面转向自我欣赏和认同。长期以来，我国高校德育中存在的价值权威削弱了大学生对道德价值的反思，导致了大学生的行为与言论不一致。因此，评判一个人的道德信仰不仅要看他说什么，更重要的是看他的行为和方式。教育者首先要相信并实践德育的享受性和终身性，引导和激励学生，鼓励他们追求卓越和自信心，以实现最高境界的学习——享受学习。大学课堂应引入科研、网络和休闲中的实际问题，重视对道德信仰的理论证明，使道德信仰在理论上具有说服力，激发学生的学习动力。因此，学习应该成为一种探究式的需求，一种能够促进个人发展的习得过程，同时也是身心双重的享受。只有这样，才能真正吸引学习者相信德育能够引导他们达到人生的精神幸福，让生活产生新的质变，每日不断进步。因此，在大学阶段培养起来的自信，将在学生的内心深处留下深刻的印记并储存起来，在人生的长途旅程中时不时闪现，帮助我们审时度势、始终如一，教会我们如何做人，塑造我们的心灵。

周国平先生认为"现代的西绪弗斯可以不相信柏拉图的理念、基督教的上帝或者奥伊肯的宇宙生命，然而，只要他相信自己推巨石上山的苦役具有一种精神意义，藉此而忍受了巨石重新滚下山的世俗结果，则他就已经是在向他心中的上帝祈祷了。"

高校境界德育的核心在于激励大学生超越个人利益的狭隘观念，承担社会责任。道德信仰的境界德育取向旨在鼓励德育主体从内心深处，真诚地希望理解道德的真谛，获得更大的精神自由。只有这样，你才能意识到"境界德育"的内在价值，并将道德的坚持和追求提升为一种永久的精神寄托。

第四节 专业化发展下的教师专业伦理与道德建设

一、专业化发展视域下师范生专业伦理培养困境与对策研究

（一）师范生教师专业伦理培养面临的困境

教师专业伦理培养对于师范生专业化发展而言极其重要。但是，在目前的师范生培养过程中，教师专业伦理的培养却面临多种困境。

1.专业化发展理念中的片面的技术主义倾向

自20世纪60年代以来，西方国家兴起了教师专业化运动。20世纪90年代初，我国也提出了教师专业化的概念。然而，教师专业化的推行过程似乎更注重技术层面，而忽视了对师范生培养中一系列潜在问题的深入思考和批判性分析。这导致师范生的专业化发展陷入了"技术化"的误区。我们应更全面地思考教师专业化的含义和影响，而不仅仅将师范生的专业化视为一种追求目标。

实际上，师范生的专业化发展不仅仅涉及技术水平，还包括教师教育教学能力的培养和教育专业伦理精神的提升。哈蒙德指出，教师专业的基本要素包括专门知识、特殊技能以及高度的使命感和责任感。这种专业特性决定了教师工作具有独特的人文向度和精神建构使命。因此，教师专业化不仅是一种外在的技术性职业，更是一种内在的理念性专业。

此外，教学本身就是一种道德实践。教育的本质是引导和劝善的活动，本身具有道德性。教育教学的根本目标是引导学生过上道德的生活，并在其中成长为真正的人。因此，专业伦理是师范生专业化发展的核心，师范生的专业化在某种程度上即是其教师伦理的专业化。正如古德森指出的那样，"教

学首先是一种道德和伦理的专业,新的专业精神需要以此作为指导原则"。

长期以来,人们过于关注师范生的教学水平和技能,而忽视了教师伦理与专业化之间的内在联系。社会对师范生的评价和期望往往只集中在他们的教学能力和应试指导能力上。因此,我国在过去的一段时间里,师范生的专业化培养只停留在技能层面,导致他们面临着伦理困境。这种片面的技术专业化倾向与师范生教育的实质背道而驰,更强调专业化实际上使其离专业化的本质越来越远。

2.专业伦理培养在实践中的知行断裂

实践是评估师范生专业水平和促进其自我发展和完善的重要手段。通过教学实践,他们不仅能够掌握基本的教学技能,更重要的是能够在实践中巩固专业精神和专业责任感,并培养良好的专业伦理素养。长期以来,知性德育在师范生培养中占主导地位。师范生的道德伦理教育大多局限于课堂内的理论讲授,实践教学体系中也存在着过于关注专业技能培养而忽视专业伦理融入的现象。随着师范生专业化发展的深入,这种知性德育的局限性日益凸显。知性德育偏重解决认知问题而忽视行为问题,偏重品德的形式结构而忽略丰富的文化内容,远离实际生活,在虚构的道德应用题中学习道德。知性德育割裂了师范生与未来专业生活的联系,割裂的结果是真正的德育能力的丧失和异化,而不是真正意义上的德性培养。这种孤立的德育教育状态也无法为师范生的道德认知能力提供健康发展的环境。此外,在师范生教育内容中存在的去道德化倾向导致培养方式更关注传授如何教的知识和技能,而忽视了师范生应遵守的伦理规范,以及教师职业本身所承载的伦理责任。这些问题的存在导致他们进入专业教师队伍后对自身伦理责任的意识不足或缺乏自觉,对工作中涉及的各种关系和矛盾缺乏深入了解,从而在处理专业生活中的问题时暴露出专业伦理素养不足的问题。

3.专业伦理教育中的方法缺失

目前,师范生专业伦理的培养方法注重理论灌输,而忽视对专业伦理思维能力的培养。这种单一的灌输式教育方式将教师与学生区分为专业伦理上高低不同的两类人,会压抑学生专业伦理发展的积极性,影响专业伦理培养的效果。此外,忽视学习者的情感体验和道德主体性也违背了专业伦理形成的一般规律。专业伦理的形成需要通过全方位的教育和个体深切体验，而灌输式教育则违背了这一点。因此，对师范生专业伦理的培养应该采用多样化的教学方式，关注学生的情感体验和道德主体性，以提高专业伦理思维能力。这不仅符合人类最基本的道德准则，也符合专业伦理培养本身的意义。

（二）师范生教师专业伦理培养的对策

师范生专业伦理的培养面临多种困境，严重阻碍了其专业化发展和未来教师队伍的稳定性。为了改善这一情况，我们应该重点关注课程设置、实践训练环节以及师范生专业伦理教学方式的改进，切实加强师范生教师专业伦理教育。这样的改进将有助于提升师范生的专业伦理水平，并为他们未来成为优秀教师打下坚实的基础。

1.以专业伦理课程提升专业自主性与自律性

康德指出："人，总之一切理性动物，是作为目的本身而存在的，并不是仅仅作为手段给某个意志任意使用的，我们必须在他的一切行动中，不管这行动是对他自己的，还是对其他理性动物的，永远把他当做目的看待。"每个人都应该成为自己的主人，自己的行为应该受到自己意识的支配，而不是被外界完全支配和影响。师范生教师专业伦理的培养需要系统的伦理价值观念的逐步建构。通过专业伦理课程设置和教学，可以使师范生确立自己的专业伦理准则，并逐步将其内化为内心的准则，从而增强其伦理自律性。师范生伦理课程应该以提高专业伦理自主性和自律性为目的。在课程内容的选择上，应该坚持教师的专业特殊性，强化专业意识和精神，同时也应该贯穿和渗透有关教育责任和适当行为等价值目标，强化师范生在未来专业活动中所承载的社会责任。师范生培养单位应当加强开发校级和院系级教师专业伦理课程。

2.以实践训练加强师范生专业体验

"人，永远是自己也只能是自己才能体验所发生的事情以及产生危机的那些生活环境和变化。谁也不可能代替他这样做，就像最有经验的老师也不可能代替自己的学生去理解所讲的内容一样"。只有重视体验活动，才能真正影响并逐步塑造个体的心理品质。师范生的专业伦理素养只有在实践中才能真正形成。因此，师范生教育应该注重强化专业伦理，促使知识、能力和态度的协同发展。除了在专业知识和技能方面培养实践性特征外，师范生的专业伦理教育也应加强实践性。师范生培养单位应超越传统师范教育的理论重于实践、认识重于实践的倾向，将问题教学和情景教学方式纳入师范生专业伦理教学的设计和实施中。通过自身的实践体验，师范生能够产生感悟和思考，自然而然地形成良好的专业伦理素养，解决专业伦理理论学习与实践脱节的问题，并加深对专业伦理理论知识的理解。首先，师范生培养单位应综合考虑学校、未来从教单位和师范生个体发展的需求，制定适合专业知识、技能和专业伦理协同发展的培养规划。其次，培养方案应在传承优良的基础教育服务传统的基础上，探索新途径，重点注重师范生在农村教育和基础教育方面的实践训练，即侧重于从教体验。这既可以弥补传统师范教育中理论重于实践培养模式的不足，也可以缩短专业发展的适应期。在实践中，师范生通过专业生活和个人实践经验，激发出明确而强烈的社会责任感、义务感、同情感和正义感等专业情感。基于这些情感，他们能够追求真理和正义，积极进取和创新，并不断完善个人道德素质。师范生参与"顶岗支教"活动具有良好的专业体验意义。在支教过程中，师范生通过教育、感受和熏陶，逐渐形成强烈的社会责任感。这种责任感反映了他们对专业规范和理想的态度，使他们自觉地将教师工作的目标、愿望、计划与教师专业伦理规范相结合，从而使专业伦理素养得到真正的提升。

3.以渗透式教学内化专业伦理

杜威认为："道德的目的是各科教学共同的和首要的目的。"因此，在师范生的培养过程中利用课堂教学与实践教学环节，以"渗透"的教学方式内化教师专业伦理，是师范生教师专业伦理培养的重要途径。

师范生教师专业伦理渗透式教学是一种通过课堂教学与实践环节的相互作用来提高师范生专业伦理素养的教学方式。它通过课程内容、教学组织形式和教师教学艺术等方面的实施，潜移默化地将教师专业伦理内化到师范生的知识和品德结构中。为了实现专业伦理教育在师范生培养中的渗透，可以根据各学科的特点，采用教师讲授、学生讨论、交流和实践训练等教学方法，使师范生掌握必要的价值观、行为规范和基本师德。同时，渗透教育应注重融合和合理,即将无意识教育与有意识教育相结合,非学术性内容与学术性内容相结合,陈述内容与情境内容相结合。这样的教学方式可以有效提升师范生的专业伦理素养。"融"是通过各种教学手段让师范生真正感知到教师专业伦理的内在因素,产生思想的共鸣,并将其内化为专业伦理情感和行为。而"合"则是通过仔细梳理各类教材中的显性和隐性教育内容,寻找与专业伦理的融合点,以自然而然的方式对师范生进行专业伦理的培养。教学应该注重培养师范生的专业伦理,因为只有在教育中同时关注心智和心灵,才能真正实施教育。如果我们不提供专业伦理教育的机会,师范生的培养就没有意义。

二、专业化视域下的教师专业道德发展与建设

以育人为本,强调以道德为先。作为一种旨在塑造人们"善良"的社会活动,教育自然具有道德属性。在专业化的时代,教师的行为必须具备道德品质。教师专业道德不仅是教师专业发展的核心内容,也是检验教师专业化程度的重要标志。因此,理解教师专业道德的内涵特征,审视现存的问题,探寻有效途径,对于我国教师专业化至关重要。

(一)教师专业道德的内涵与特征

教师从"教师职业道德"转向"教师专业道德",是为了适应教师专业化的要求。理解教师专业道德的内涵和特征,引导传统师德向教师专业道德的过渡,既是我国当前专业化背景下教师队伍建设中不可忽视的问题,也是实现教师专业化的必经之路。

1.教师专业道德的内涵

自1966年国际劳工组织和联合国教科文组织首次确立了教师专业地位后,西方发达国家兴起了教师专业化运动。这一运动影响下,世界各国开始更加注重提升教师的专业知识水平和培养教师队伍的道德素质。全球教师教育的发展方向已朝着实现和提升教师专业发展的轨道迈进。

教师专业化运动旨在提升教师队伍素质和教育质量,使教师从普通职业

转变为更专业的职业。其中，教师的专业化不仅仅是技术层面的，更强调教师道德的专业化。教育本身具有道德性，因此教师的角色不仅仅是传授知识和解答问题，更重要的是引导学生过上善良的生活，成为真正的人。在当今教育中，教师的任务不仅限于教学，更重要的是通过自身的知识、智慧和人格魅力来培养学生。因此，教师的工作不仅是技术性的职业，更应该是具有内在理念的专业。在教师专业化中，专业道德是核心内容之一。

对于教师而言，专业道德与一般职业道德有所区别。教师从事的教学工作具有独特性，被视为一种高尚的道德使命。因此，教师的道德标准超越了一般职业道德的范畴。尽管目前对于教师专业道德并无统一的概念，但综合各种定义，我们可以认为教师专业道德是在从事教育教学工作时，教师所遵循的道德规范和行为准则，体现了教师专业特性、教师道德价值和教师人格品质。它是教师作为专业群体的道德标志，包含了专业责任、专业精神和专业良心三个基本要素，并贯穿于教师的专业活动的各个环节和全过程。顾明远先生曾明确指出："教师的专业性不仅要有较高的专门（所教学科）知识和技能，还应有较高的职业道德。"

教师专业道德是在教师专业化背景下提出的概念，其发展和完善也需要在教师专业化的环境中进行。随着人们对教师专业特性的理解不断提高，从一般意义上的教师职业道德向专业道德的转变是历史的必然。"从最初的一般性的德性要求，到具有道德法典意义的专业道德规范教育，从重视知识、技能教育的技术性培养，逐步过渡到专业精神与专业知识、技能水平提升的兼顾，是教师专业化历史发展的一个重要侧面。"

2.教师专业道德的特征

教师专业道德是指作为一种专门职业的教师所需遵循的特殊道德要求和准则。在教师专业化不断推进的背景下，一般性的道德要求无法准确反映教师职业的内在特点，也无法满足教师专业发展的需要。因此，教师的专业特殊性决定了教师专业道德的独特性，同时也使其具有更强的示范力和深远的影响。

（1）教师专业道德的不可替性：教师专业是一个基于专业道德、专业知识技能和专业自主性的领域，具有鲜明的专业特性。教师道德的独特性是由教师职业的内在特点决定的，同时也是教师专业化进程的内在需求。

第一，教师专业道德的独特性源于教师劳动的道德性。教育的责任在于培养人，所有教育的最终目标都是培养完善的人格，因此教育必然包含善意或道德目的。教学如果没有进行道德教育，就只是一种没有目标的手段。在教师专业化的要求下，教师的角色不再局限于知识传递，更需要对受教育者进行品德的塑造；教师的专业化意味着对社会和教育事业承担更大的道德责任和社会责任。教师专业道德作为规范教师专业行为的准则，与教师的专业行为紧密相关，而不是与专业行为无关的一种表面修饰。"对人类的热爱和博大的胸怀，对学生成长的关怀和敬业奉献的崇高精神，良好的文化素养，复合知识结构，有富有时代精神和科学性的教育理念指导下的教育能力和研究能力，在实践中凝聚生成的教育智慧是未来理想的教师所必须具备的条件。"

第二，教师专业道德的独特性还源于教师劳动关系的复杂性。随着教师专业化的发展，教师逐渐成为社会中角色关系最为复杂的群体之一。教师在专业活动中需要处理与受教育者、家长、其他教师成员以及各种社会利益相关者的关系，这些关系异常特殊且复杂，导致教师在专业活动中必须面临多种利益的权衡和取舍。教师不仅需要提升自身内在的价值和尊严，还需要有效地协调教育利益相关者之间的关系和矛盾。因此，教师专业道德作为调节这些关系和矛盾的工具，已经超越了一般道德在教育行业中的简单应用，其作用无法被任何其他普通职业道德所替代。

（2）教师专业道德的示范性："教学不仅是一项技术，它更是一项道德的事业"，教师必须承担起崇高的道德责任，这对于教育教学的顺利进行至关重要。教师专业道德的水平不仅影响着教育工作的质量，而且是其不可或缺的组成部分。教师的道德水平应当高于其他职业中的任何人。因此，教师专业道德具有显著的示范作用。

对受教育者而言，教师的良好道德修养具有潜移默化的影响力，因为他们在受教育者的内心世界中具有一定的权威性。随着社会的不断发展，受教育者呈现出多样和复杂的发展趋势。在受教育者面临各种选择、困惑和价值倾向时，教师有责任为其提供正确的引导。因此，人们对教师的专业道德水准抱有期望，希望教师能以更高的专业道德水准来示范和引导受教育者。"教师个人的范例,对于青年人的心灵,是任何东西都不可能代替的最有用的阳光"。

教师在社会中承担着维护最高道德标准的重要责任。随着人们对教师专业特性的认识与强调,人们期望教师不仅在自己的专业领域履行职责和使命,而且在引领整个社会向善方面发挥作用。如今,教师专业道德的影响已超越教育领域,被社会各行各业视为道德标杆。教师不仅是育人的园丁,更是整个社会的道德典范。

(3)教师专业道德影响的深远性:随着现代教育生活的不断更新和教师角色的多样化,教师的专业发展面临更高的要求。教师的专业活动不仅仅是知识传递的过程,更是传播人类至善精神的过程。如今,教师的道德影响已不再局限于学校这样相对单一的社会关系,而是扩展到整个社会范围。

具备较高专业道德水准的教师,不再单一地影响受教育者,更为重要的是通过塑造受教育者良好的道德品质改善全民道德水平,进而影响整个社会的前途和未来。从某种程度上讲,教师就是整个社会的道德引领者。"国家和人民把儿童托付给教师们,要他们来教育这些年龄上最容易受影响的人,也就是说,把自己的希望和自己的未来完全托付给他们。这是把伟大的责任加在教师身上的一种重托。"因此,教师的专业道德水准不仅从微观上影响受教育者的发展,更从宏观上影响教育事业的兴衰以及整个社会、国家、民族的前途与命运。"教师致力于教育和培养工作,这不但关系到家庭和个人的幸福,同时也关系到整个国家的兴衰"。

(二)教师专业道德建设的路径探索

自我国提出教师专业化以来,教师专业道德建设取得的成效不尽如人意,外界对目前的教师专业道德水平存在质疑和指责。我们要正视问题,但不应仅依靠"严打"来改善教师专业道德。应该激发教师的道德需求,尊重教师的正当利益,促进教师奉献精神与功利精神的统一,并建立教师专业道德奖惩机制,以给予教师应有的道德回报。否则,教师专业道德建设将持续缺乏实质性效果。

1.师德内化:激发教师的道德需要

我国的教师专业道德建设常常采用强制性的外在约束,导致教师的道德认知与行为脱节，难以有效应对专业生活中的利益关系。因此，在教师专业道德建设中，应注重道德内化，使教师在内心深处与专业道德真正融合。这不仅取决于合理的师德观，也取决于教师个体的道德需求。

教师的道德需要是他们认可和接纳专业道德规范，并自觉地遵守这些规范的动力和源泉。只有激发教师的道德需求，才能真正促使他们在精神深处与专业道德相融合。

教师的道德需要是教师在对专业道德的价值性认识的基础上，产生的遵守专业道德原则和规范的心理倾向。它反映了作为道德主体的教师和专业道德之间的一种内在联系。换而言之，教师的道德需要也是教师对专业道德的一种倾向性和依赖性。"主体的道德积极性和创造性总是在满足自我道德需要的过程中产生和发展的""个体也只有在对高尚道德生活的追求过程中，才会有实现价值的充实感和满足感，才能强化个体对自己生命意义的关注、向往和追寻"。因此，激发教师道德需要就成为推动教师道德的发展的重要因素。

教师专业道德的形成不仅仅取决于外在的塑造，而更依赖于个人行为的获得。教师对于道德的理解、领悟和追求，决定了他们是否真正具备道德品质以及是否能够持之以恒地实践。为了推进教师专业道德建设，我们需要激发教师内心的善良意愿，而不仅仅停留在劝导上。更进一步地，我们应该引导教师在了解道德的基础上，通过体验和领悟来逐渐将其转化为自我修养的乐趣和追求。教师专业道德应该成为教师内在生命力的一部分，而不仅仅是外部的束缚力。为了使教师在专业道德实践和认识中合理地统一权力和责任，我们必须确立教师的主体地位，充分发挥他们的主动性，而不仅仅把教师视为专业道德的规范对象。确立教师的个人主体地位不仅可以使他们自觉地培养独立和自律的能力，还能激发他们产生自我教育和自我发展的内在动力。正如马克思所指出的，"人们行动的一切动力，都一定要通过他的头脑，一定要转化为他的愿望的动机，才能使他行动起来"。确立教师的主体地位，加强其道德意识和道德品质的自我培养、自我磨炼和自我教育，并能促使教师养成道德修养的自觉性，把外在的专业道德要求内化为自我的道德需要，从而实现教师的专业道德从他律转变为自律。教师不再是机械地遵守专业道德的"道德机器人",而是发自内心地去实现其道德目标。

2.回归现实:倡导奉献精神与功利精神的统一

道德观念已经发生变化,不再局限于柏拉图和黑格尔的理性规定,也不再只是康德的先天行为道德律令,而更多地包容了情感、本能和激情。教师专业道德的建设需要打破对教师的过度理想化,回归到现实。树立正确的利益观是教师专业道德建设的首要任务。排斥教师利益的道德本身就缺乏道德性。我们应该承认教师追求自身利益的合理性,允许他们正当地追求自身利益,并克服传统教师评价中的过于笼统的观点。只有这样,才能更有效地促进教师的道德行为。如果只有为他人行为才被视为道德,那就不会有任何道德行为存在。然而,如果教师完全以功利为出发点,追求物质享受,就难以把握自身专业发展的尺度,将教学活动变成单纯的职业生存方式,无法体验到教学工作的价值和带来的幸福感。因此,在教师专业道德的建设中,我们应追求奉献精神和功利精神的统一。

教师要实现自我和社会的价值,功利是基础和前提。个人利益的追求与获取是功利的本质,而个体满足他人需求的首要条件是先满足自身的生存和发展需求。通过自主和创造性的劳动以追求物质利益来满足自身需求,才能实现某种意义上的社会价值,而实现人的自我价值是先决条件。如果教师无法获得正当的个人利益满足,就难以有积极性和创造性地为社会利益奋斗。同时,教师的社会价值应充分展现奉献精神,这是教师必备的精神特质。

教师追求自我价值是合理且必要的,但过度追求个人实现可能导致狭隘的唯利主义和过度功利主义。我们应引导教师自觉超越功利,以奉献来约束和规范功利。只有实现自身的社会价值,教师个人自我价值的实现才具有真正的意义。

3.道德回报:建立师德奖惩机制保障教师利益

利益是思想的基础,"思想一旦离开利益,就一定会使自己出丑"。人之所以愿意讲道德、做好事,有两个条件:一是个体对以道德解决利益冲突的正确认识,二是社会对道德行为者的切实保障。在过去,我们不愿意承认这一点。道德的核心和基础应是公平。在教师专业道德建设中,我们要加强教师道德与教师利益的内在一致性的理论认识,并从现实角度给予教师道德回报，实现教师的德福一致，从而实现真正的公正与公平。

教师的道德回报是根据评价教师行为动机和效果的善恶来进行物质和精神奖惩，以利益为纽带，评价和调节教师的行为和道德品质。我们通过给予守德教师奖励和褒扬来保障其道德行为，促进更多教师自愿奉献。同时，对失德行为的教师进行物质处罚和精神贬损，即道德惩罚，以启发其自主分析、判断和选择，培养正确的道德思维和选择能力。当道德的回报大于不讲道德的收益时，道德才是追求的目标。在教师专业道德建设中，通过惩罚提高失德成本，培养教师的道德心理和经验，并以此为基础感受、理解和遵循专业道德。教师个体的道德心理和经验转化为内在驱动力，实现教师的他律和自律的统一。

构建教师道德回报机制的关键是：建立具体可操作的评价标准体系，确定多元评价方式，以及建立保障制度。评价标准体系应具体化且可操作，为评价活动提供前提。教师道德评价方式应多样化，包括学生评定、机构评定、教师自评和社会评价，综合运用灵活。建立保障制度是实现教师道德回报的关键，通过制度化措施实现扬善罚恶的目的，让失德教师受到物质和精神损失，而具有良好专业道德的教师能够获得实质回报。另外，要完善教师道德回报的反馈制度。这有助于教师深入理解和支持道德回报，同时也促进道德回报制度的完善和创新。通过反馈过程和结果，教师对道德回报的实际价值有更深的理解，形成共识。这将得到教师群体更广泛的支持，有利于营造鼓励善行、抛弃恶行的教师道德外部环境，激发更多教师在专业活动中以道德为准则。

第五节　生存论视域下的大学职业道德教育

职业的历史比大学悠久，近代大学最初几百年对职业没有特别关注，而科学的引入改变了古典大学的本质。随着职业种类的增加，职业对技术的需求越来越强，职业需要大学提供科学基础来支持技术发展。

大学作为一种教育机构，目的是进行高等教育，"高等教育包含了专业教育和科学研究两部分内容"。前者指培养从事具体工作的专业工作者，后者指培养从事纯科学的研究工作者。大学的一个重要使命"是利用人类智慧所发明的最经济、最直接和最有效的方法，把普通人培养成为优秀的专业人员"。大学既要培养为社会服务的专业人才，同时也面临就业形势的挑战。为了帮助学生找到好的工作，大学开始注重实用性和功利性，导致人才培养方面的误导。为此，大学采取了与其他高等教育机构相似的做法，包括职业道德教育，但这种模式的直接应用并不完全适用于大学环境。因此，大学职业教育的快速发展面临一些问题。

一、无差别的大学职业道德教育

职业道德教育旨在教育从业者和即将从业者遵守职业道德规范，培养职业道德意识，促使他们采取符合规范的行为。然而，目前的职业道德教育更注重规范的灌输，而较少关注规范背后的原因和理由。随着职业功能的专业化，每个职业对从业人员的职业道德要求不同。职业道德具有专业性和自足性的特点，例如医生需遵守医德，教师需遵守师德。因此，职业道德教育根据不同专业或工种进行分类。职业道德教育的核心目标是使人们习得规范并遵守规范，这是衡量职业道德教育有效性的关键标志。

僵化的教学模式、生硬的道德灌输和枯燥的规范条文教育使职业道德教育失去了活力。职业道德教育只注重规范的灌输，而忽视了规范背后的精神和意义，导致道德主体难以真正认同规范，只是机械地遵循规定。大学职业道德教育同样面临着现代综合征,被边缘化、外在化和知识化,很容易被忽视。重视规范灌输,但缺乏道德主体的内化,导致道德主体对底线伦理的遵从仅限于外在和他律,容易出现职业道德失范的问题。此外,高等教育的功利化加剧了对工作技能的关注,却忽视了做人的教育。大学生在择业、就业和职场生活中出现的职业道德问题,如违约行为等,凸显了大学职业道德教育的实效性问题。因此,需要重新审视大学职业道德教育,思考是否需要进行职业道德教育,以及如何进行职业道德教育。

二、无个性的大学职业道德教育

(一)大学职业道德教育存在之必然

大学作为外部社会教育链条中的一环,在人的教育历程中起着重要的作用。除了将人的发展作为基本目标之外,大学还应扮演特殊的角色。从实用角度来看,大学通过开设职业道德课程,进行就业适应性教育,使学生形成符合职业行为规范和准则的职业道德,并培养具备职业理想的学生,以便他们在从业中发挥各自的作用、履行职责、坚守道德。因此,开设职业道德教育课程是大学的必然选择。

(二)大学职业道德教育之应然

大学生作为经历完整中学教育的特殊群体,他们的生理发展已经基本成熟,开始具备社会或群体角色意识。针对他们的生理和心理特点,大学德育不仅提供实用的生活目的的知识,还承担着对他们中学时期形成的品德结构进行调整的责任。这包括加强道德意识、培养道德情感、完善道德品质结构以及提升大学生的道德素养。

"大学的生命全在于教师传授给学生新颖的、合乎自身境遇的思想来唤起他们的自我意识",并使其成为道德高尚,个体精神永不衰竭和才华横溢的精神贵族,"而芸芸众生则在对精神贵族的憧憬中看到了自身的价值"。因此,大学育人的最高准则或境界不仅仅局限于工具性的"实用"教育,即

"做事"的培养，更应关注"做人"的教育。这是一个以人为本、关注人的发展、引导人的发展的过程，大学德育应承担这一系统赋予的责任。从这个角度来看，大学职业道德教育应与其他教育阶段的职业道德教育有所区别。

"大学的基本作用是非职业性的，它追求的是纯研究和纯学术，虽然大多数学生也在为以后的职业作准备，但是专业准备传统上被看作大学的第二等事务"。与其他高等教育机构不同，大学不把就业作为直接目标，但却能在总体上更好地解决就业问题。一方面由于大学有崭新的观念，"把实用知识收纳在整体的知识范围之内"。大学课程"抱着知识一体化的想法，希望深入知识的根源，以使每一个个别的职业在整体的科学之中找到它的根"。尽管职业在不断发展和演变，大学的专才、英才不仅能专业"对口"，更有对职业的广泛适应性。以外，大学还把提升人的生命质量作为教育宗旨，大学所培养的人不但能适应社会、服务社会、更能批判社会改造社会，由此"我们不能欣然看着大学的基本活力为一波又一波的职业教育主义所淹没，职业教育主义不仅有害于大学，也有害于专业职业"。大学教育的特点决定了大学职业道德教育必须具有独特之处，需要对传统教育进行改革。大学的职业道德教育不能仅限于规范约束的生存教育，它应该同时涵盖"做事"的培养和"做人"的培养，既强调"必须遵守"，又强调"为什么必须遵守"。当职业道德教育与生命相融合时，它将唤醒"准职业人"的生命意识，使道德主体将履行责任、完成义务视为满足内心需求的一部分。个体道德的发展也从依赖他人的规范逐渐转向自我约束，从仅仅谋生转变为生活的享受。因此，在生存论视域下，职业道德教育的重要性凸显。

三、生存论视域下的大学职业道德教育构建

（一）生存的"意义"追问

人生存的意义结构存在两个向度：一是实存方面；二是意义方面。赫舍尔特别强调"探索有意义的存在是实存的核心"。生命本身就含有奋勉意义，"当生命踏上可使自己跃动的跳板末端时，其他生物看到网罗高张，就会退

下来，只有人类跃过了障碍。"因为"意义"的引领，人升华生命的气韵。

"意义"主要指精神层面，是人生存的一种指向。生命哲学创始人狄尔泰认为理解生命，就是理解生命的意义。他从生命整体性出发理解"意义"，"意义是一个从生命本身获得的范畴，是生命各部分构成的整体和个别部分价值的统一……最能体现部分与整体关系的就是意义。"狄尔泰认为个体生命的意义在于与无限生成和开放的生命整体相联系。个体生活在世界中，只有将生命的意义寓于整体中才有真正的意义，并能与最高价值的终极整体相呼应。卡西尔认为人之所以能体现人性和力量，在于人能够发明和运用符号。符号是人类意义世界的一部分，它们承载着意义。尽管意义的表达需要符号，但意义本身并不被符号所局限。符号只有在意义存在的前提下，才能成为一个代表通常物质对象、性质或过程的符号。意义是深刻的，它指向人所不知道的实在，但并非无法理解。海德格尔在胡塞尔的现象学基础上，将对意义的研究引向本体论，认为存在论的基本任务是澄清存在的意义。意义是某个事物可被理解的归属。我们称将事物连接到理解中的展开活动为意义。在这个展开活动中，意义的概念涵盖了构成其形式框架的东西。先行具有、先行视见和先行掌握构成了筹划的方向。意义即是这个筹划的方向，通过从筹划的方向出发，某个事物被理解为某个事物。海德格尔认为理解意义不仅是关于存在如何被理解的问题，更重要的是如何理解存在本身。在与各种事物互动时，人们领悟并筹划着自己的目标，并朝着这些目标前进。这个现实的展开活动，即赋予和释放意义的活动，是个体生命自我证明和提升的形式。

生存论视域下的"意义"是对存在本体的理解和把握。对于存在来说，作为理解自身存在的生存者，已经处于"意义"的形式框架中，具有意义的可能性。然而，"意义"虽然预先存在于人身上，还需要人们朝向未来或可能的生命目标进行筹划和实现。"意义"决定了教育对人的关注不仅是实质性的，而且是终极性的。基于"意义"引导的职业道德教育理念应该是：职业首先是一种生活方式，然后才能成为一种职业。每一天从事职业的人，不仅仅是履行职责的一天，更是他们生命中的一天，因为他们选择的是一种有"意义"的生活方式。

（二）大学职业道德教育的转型

在市场经济体制下，劳动关系发生了变化，劳动者从固定的身份工变成合同工，用人单位与劳动者之间建立了契约劳动关系。在这种契约劳动关系中，从业者的职业义务不仅是应该遵守的，而且是必须遵守的。这种义务的执行方式既是外部强制的，也是内心的自律。内心的自觉比外部规范更为重要。涂尔干认为，从业者情不自禁地与整个群体联系在一起，与其共同经历喜怒哀乐，用实际行动回报它。这种对超越个体的事物的依附，对个体所属的群体利益的依附，是所有道德行为的根源。

在受到利益驱动的影响下，人们可能会将全部精力投入劳动中，形成一种职业精神。然而，从人的本性来看，当人只追求物质上的东西时，物质成果与内心需求之间就会产生矛盾。心灵不满足于单纯的成果，而是需要回归内心，并探究内心生活的收获。相比之下，物质需求可以驱使人依附于组织或群体以实现愿望，而对精神需求的满足则更加迫切、强烈地产生归属感。马克斯·韦伯认为，人们自愿承担职业义务，将世俗的职业义务视为神圣的生命责任，将职业视为一种"天职"。这种职业伦理的精神根源可以追溯到基督教禁欲传统。基督教禁欲主义传统使人不单把职业当作谋生的手段，在根本上成为一种信仰，"为了信仰劳动，就生活中没有其他谋生机会的人而言，尽管所得的报酬甚低，也是最能博得上帝欢心的……劳动是一种天职。"韦伯认为，新教的苦行主义职业伦理将世俗职业伦理与宗教救赎原则和系统相结合，使"天职"在二者之间保持一致，未受到破坏。与西方社会相比，我们没有基督教传统，但这并不意味着职业精神和职业责任感的消失。人们劳动和创造，因为他们知道自己的活动是有意义的。对"意义"的追求和驱动使道德主体对规范产生认同感，形成强大的动力，并将遵守规范视为理所当然的事情。虽然对规范的认同有多种途径，可以是基于行动者的利益一致，也可以是基于行动者对规范的普遍认可或规范所传递的意义的认同。然而，相对而言，意义的认同是规范合法性的高级形式。意义的认同为规范的确立和运行提供了自明的理由。因此，从规范约束到意义引领是大学职业道德教育所应具备的意境。

(三)大学职业道德教育对意义的引领

在古希腊语中,教育意味着"引出",即引导一个人的成长。陈桂生认为,这个词的本义与我国现今所称的"德育"相近。"教育"的本义旨在对学生的内心产生影响,其含义不仅仅局限于道德影响,还包括人格的各个方面和行为表现,其中道德影响是核心。道德教育旨在通过明确人作为人的意义,引导人们认识人生的意义,并唤醒他们实现这种"意义"的生命力量。

1.澄明"意义"

"意义的发展包含两方面的含义:一是作为人类共有的意义和作为个人所把握的意义,它是基于人类的文化创造而不断推进的;二是作为个人所把握的意义的发展,它有一个个人向社会的融合问题。"

人生存在于世界中,每个人都是独立而完整的个体。然而,人并非孤立地生活,而是以与他人共同存在的方式。因此,在个人融入社会的过程中,我们需要超越个人主义对"意义"的狭隘理解。人的生命具有开放性和创造性,内含超越自身有限性的本质,不断追求生命意义的无限性。职业道德教育应该在明确生命和存在的意义的基础上,强调解释个人劳动的意义,使人们在主张不同意义时具有正确的价值取向,学会尊重他人和劳动,欣赏各种形式的劳动,承认它们对个人理想、社会进步和发展的贡献。只有这样,个体才能区别狭隘的生活和广阔的生活,并促进道德认同和社会角色的培养。

2.领悟"意义"

为了理解职业道德的意义,需要进行澄明。与职业道德教育不同,职前职业道德教育需要帮助学生领悟职业道德的意义。在这个过程中,教育需要避免职业道德的异化,使个体从偏见和惶恐中走出来,并在生与死的角度中寻找生命的更高远和更深刻的意义。然而,教育者需要面对的难题是如何引导学生理解这种死的视角,因为对于个体生命而言,死是不可试验的。教育者应该引导学生理解生命的意义,采用微格教学、角色承担、教育实习等方式来促进学生的体验和自爱感,从而让他们勇于承担社会角色的义务并享受权利,从而转变为社会责任感。

大学职业道德教育通过规范约束和引领意义,使人们从控制生命走向激扬生命。它充分履行了大学赋予的使命。当人们以对生命意义的领悟和理解去探索不同的职业道路时，这些道路也将清晰地勾勒出个人的人生轨迹。

第六节 道德的误读：对当代大学生道德评价标准的反思

一、大学生道德评价中的两种矛盾倾向

在大学由精英教育向大众化教育转型的过程中，大学生作为一个特殊的知识群体，其道德水平备受关注。对当代大学生的道德状况进行调查和研究成为教育界的热点问题。人们从多个角度和层面展开了全面的调查研究。然而，研究结果却呈现出截然不同的两种结论：一方面认为大学生的道德水平呈下降趋势，另一方面认为大学生的道德发展趋势良好。具体如下。

（一）大学生道德呈现出下降趋势

回顾自1999年以来对大学生道德的研究和分析，我们可以看到揭示了许多大学生道德问题。中国青年政治学院青年发展研究院的"当代中国大学生公众形象调查"项目组在"和谐社会视野下的大学生"高端论坛上发布的调查结果显示，大学生在公众中的形象已经降至近20年来的最低点。其他调查也指出，当代青年存在责任摇摆、学而不正、功利竞争意识等问题。与过去相比，当代大学生群体的社会美誉度和社会期望值不断下降。

（二）大学生道德呈现出良好的发展趋势

研究结果显示，大学生的道德状况有良好的发展趋势。在浙江省14所不同类型高校的全日制在校大学生中，高比例的学生同意"人生的价值在于奉献""个人利益应该服从国家利益"以及"弘扬培育民族精神十分必要"。他们对社会上存在的道德失范现象反应强烈，反对唯利是图、坑蒙拐骗、假冒伪劣、钱权交易、环境污染等社会丑恶现象。此外，一些大学生通过实际行动表现出高尚的道德情操和强烈的社会责任感，如将签满名字的横幅寄到

联合国总部表达对日本政府篡改历史和成为联合国安理会常任理事国的反对，凑钱打公益官司规范行政行为，呼吁公民增强法律意识。这些事实证明大学生具有高的道德素养、爱国热情，并积极引领社会进步。

二、对大学生道德误读的原因分析

当前，道德规范的判断权威已不再固定，人们的行为已超越社会主流价值观的固定模式，呈现多元发展趋势。评价大学生的道德时，难免受到高校"道德教育"概念的泛化影响，传统道德价值观的社会影响以及研究者个人道德价值观的影响。

（一）高校"道德教育"概念界定的泛化

学术理论界对于"道德教育"的定义一直存在争议，主要可以归纳为广义德育和狭义德育两种观点。广义德育指所有能够影响学生品德发展的教育，而狭义德育则专指学校的道德教育。因此，在评价大学生的道德时，会受到不同概念内涵的影响。缺乏统一标准使得人们很难达成一致对道德的理解，这也导致人们在评判大学生行为是否符合道德时存在偏颇，尤其是在将大学生的心理健康问题纳入德育范畴后，道德评价变得更加复杂。有学者指出心理教育与道德教育有密切关系，可以吸取心理教育的研究成果来促进德育学科建设。在教育实践中，道德教育与心理教育常常结合在一起，但两者并非同一学科，不应将心理教育视为德育学科的研究对象，研究心理教育并非德育学科的任务。

因此，大学生道德教育似乎成为一个广泛适用的范畴，将大学生出现的各种问题都归于道德失范，这可能导致道德评价的公正性受到严重影响。过于倚重道德来评判行为，会使道德显得虚无缥缈，凡事都以道德标准来衡量，任何人都能找到理由指责大学生的行为是否符合道德。这样的评判方式存在一定问题。

（二）传统道德价值观的根深蒂固

道德作为传统文化的核心，在我国经历了多次洗礼。在这个过程中，一些传统道德被否定和抛弃，同时也发生了对传统道德的曲解。传承已久的道德价值体系在很大程度上被破坏，而新的社会道德体系尚未建立。这种道德体系的断裂导致人们在善恶、美丑、对错等道德观念上产生了模糊不清的现象。这也意味着道德观念的多样性和相对性在当代社会中得以显现。

在现实生活中，现代道德依然继承了传统道德的基因，人们在本质上仍未完全摆脱传统道德的束缚。现代道德的理论基础仍需求助于传统道德，传统的道德规范在很大程度上成为现代道德的衡量标准。高校德育的课程、教材、教法都遵循中国儒家伦理思想为核心的传统文化，但在传统的德育评价标准中，过分强调顺从与服从，这实际上是一种顺从教育。在这种教育过程中，大学生被期望绝对服从所谓的道德权威，如家庭规矩、学校制度、社会规范等，不能逾越雷池半步。这里所谓的传统并非儒家思想的精华，而是对中国传统道德精神的误读。

毫无疑问，当代中国社会正处于转型期，道德生活也在经历着一种"精神阵痛"。传统的道德价值观已无法满足青少年道德需求，而现代社会多元混杂的价值体系也导致人们的道德情感失衡。特别是对于处于多元化时代的大学生而言，他们的行为无法再仅仅按照过去的标准进行评价。例如，过去对大学生同居现象的排斥，在现今法律允许大学生结婚后，人们仍然停留在较为保守的评价层面，这可能导致对大学生道德评价产生误解。

（三）研究者个人所持道德价值观的影响

道德价值观是人们判断事物是否具有道德价值时所依据的内在标准和尺度，它涉及价值判断的道德意义。在对道德进行总结和价值判断时，研究者和社会成员个人对道德的理解和立场也不可避免地影响其个人道德价值取向。因此，在评价当代大学生的道德时，涌现出许多不同的道德标准。每个人内心都存在着一个标准，但缺乏统一合理的道德标准。斯密（AdamSmith）也认为，所谓道德标准是在后天的经验习惯中产生的："我们对他人行为不断的观察会不知不觉地引导我们为自己订立了关于什么事情适宜和应该做或什么事情不适宜或不应该做的某些一般准则。"

然而,不同的社会发展阶段有着不同的道德判断,"当不同社会的道德准则有那么多差异时,我们怎能认为我们自己的,或任何其他人的是正常的或标准的思想方式呢?"人们的道德观念在随着时代发展而发生转变,过去一贯坚持的怀有"道德的"事物和行为正在被批判,过去被否定或不齿的行为也渐渐被接受。在当前没有一个统一的价值标准的前提下,如果研究者对道德没有一个体现时代性的把握,只是守护在丛林中的"卫道士",其研究成果和评价的可信度以及客观、公正性便需要受到质疑。

三、构建合理的道德评价标准的方式

道德是通过社会舆论和个人良心来维持并协调人际关系、达成共识的行为规范。然而,在中国的高校中,大学生的行为常被衡量是否符合确定的道德规范,学校德育也局限于这种道德规范的教育,实施一种顺从式的教育。有学者从中国传统道德哲学出发,对"道"和"德"的本义进行了研究,并认为将道德误解为层次单一的道德规范是不正确的。"这一方面使原本层次丰富、内涵深刻的道德停留在低层次的规范上面,成为一种外在于人的东西,造成了人与道德的悖逆与异化。另一方面使学校德育在目的、方法、途径上发生偏向,影响了道德教育的实际效果,丧失了道德教育强大的生命力"。而"在道德的原初意义上,具有丰富的层次性",且"中国传统道德哲学中的'道'与'德'原本并不是一个平行的、并列的概念,中国传统文化中的'道'与'德'有着自身的特殊的逻辑关系"。

道德具有丰富的内涵,不仅局限于道德规范的范围。相应的道德标准应该是一个内容丰富、多层次的体系,而不应仅仅是单一标准来评判道德行为。因此,"凡是符合大学生身心发展的行为都应该是道德的"这一判断应成为评价大学生行为是否道德的根本标准。预先设定一个既定目标来衡量大学生道德行为的不当行为本身就是不道德的。

道德的内容会随着时代的发展而变化,因此道德标准也应该具有时代性。

我们不能将传统体制下形成的道德标准作为不变的尺度来评价当代大学生的道德实践。现代大学生更加注重实际，在河北大学青年发展研究中心发布的《大学生生活质量调研报告》中，约66.1%的大学生选择了"实用主义"作为他们的人生信仰，43.8%的大学生认为他们的学习动力是为了"将来找到一份好工作"。这显示出在新时代下，当代大学生的思想取向发生了变化，他们对空洞的教训感到厌倦，反对脱离实际的陈词滥调和虚伪言辞。

总的来说，对于当前高校德育所面临的困境，我们不应只对大学生的道德问题进行不断的审判，而是应该努力寻求一个适应时代要求和大学生身心特点的道德标准来评价他们的实际行为。只有这样，才能更有针对性地引导某些大学生改正不道德的行为，让他们内心真正接受道德教育。如果我们只是一味地批评大学生的道德问题，不仅会妨碍他们的正常身心发展，也难以真正提升学校道德教育的有效性。

第四章 大学生德育的实践研究

第一节 大学生德育的目的

根据中央关于加强和改进德育的一系列指导精神，分析当前德育的总体情况和存在的薄弱环节，我们要实现德育创新的目标，关键要增强德育的针对性、实效性。

一、提升大学生德育的针对性

当代大学生是在我国改革开放、经济体制转轨、社会转型的过程中成长起来的一代。他们是在全球化浪潮、互联网普及和大众文化迅速兴起的背景下成长起来的一代。高校德育理论课教师需要认真把握这一代学生的成长特点，因材施教。

在新的历史条件下，德育工作者需要避免大话、空话、套话和形式主义的现象。为此，他们应该努力学习，扩大知识面，加强对社会环境和社会变化的研究，与时俱进。只有这样，才能实现德育的针对性和有效性。

首先，针对大学生的自主性特点，高校德育应强调个性化。大学生的积极性、主动性和创造性来源于他们的自主性。因此，高校德育应积极帮助大学生树立自主意识，让他们珍惜自身权利，尊重他人权利，遵守社会规则，实现自立、自强和自主。

其次，针对大学生的思想独立性特点，德育应更加主动。高校德育应重视大学生的独立人格，倡导思维创新、思路创新和方法创新，充分调动大学生的学习积极性和创造性。

最后，针对人们趋利性的特点，高校德育应更加务实。在新的社会发展阶段，我们要正确理解和处理物质与精神的辩证关系，充分认识物质利益原则在德育中的地位和作用。面对社会发展中人们对物质利益追求的现实情况，我们应加强和改进德育，增强德育的务实性。在坚持物质利益原则的同时，德育要具有引导性，讲求全面、辩证和客观，注重公平、合理和合法，坚持社会主义义利观。德育应引导广大青年学子正确处理国家、集体和个人利益之间的关系，正确处理个人利益与社会利益的关系。

二、强化大学生德育的实效性

高校德育的实效性问题突出，德育工作表面化、形式主义、脱离实际、不切合大学生需求，难以取得预期效果。提高实效性需从以下几个方面入手：一是帮助大学生解决实际问题，将解决实际问题与思想教育紧密结合，升华思想、提高觉悟。二是教师应起表率作用，身教胜于言教，做出德育工作的表率。三是充分发挥文化建设在德育中的作用，利用社会文化、企业文化、校园文化、网络文化等手段，增强德育实效性。利用这些文化阵地和活动，将高校德育任务落到实处。

第二节 大学生德育的内容

德育的核心内容是社会主义主流意识形态教育，包括理想信念教育、爱国教育、思想道德建设和人的全面发展。高校德育要创新内容，根据社会和时代发展需求，对内容体系的某些方面和环节提出更新要求，避免形式主义。德育内容应紧密围绕社会需求和大学生实际思想，涵盖热点、难点和疑点问题，实现实效。在开展德育时，要以科学的知识体系启发大学生的思维，同时加强党的理论、路线、方针、政策和法律法规的正面教育，批判错误思潮和腐朽愚昧的思想。我们要引导广大青年学子树立正确的价值观，实现人的全面发展。

一、以理想信念教育为核心，进行三观教育

理想信念是个人在奋斗中表达政治信仰和世界观的具体体现。共产主义的理想和信念是一种全新的、科学的世界观、人生观和价值观，为人类提供了无与伦比的信仰。坚定正确的理想信念是德育的核心。

（一）建立在正确认识社会深刻变革时期的时代特点上

在改革开放实践中，我们需要教育大学生正确认识各种复杂的社会现象，包括消极腐败现象。改革开放对我国社会的积极影响和伟大意义应从长远的角度来看。然而，改革开放作为中国的第二次革命，存在探索性和风险性，主要表现为体制的不成熟和消极社会现象的滋生。我们必须认识到这些消极方面在一定时期内是难以避免的，同时也要看到它们是我们党和国家努力克服和解决的问题。我们应相信随着改革的深入、新体制的完善，消极腐败现象必将得到有效治理。这样，大学生就不会被特定历史时期的消极现象所迷惑，也不会动摇或失去理想信念。

（二）建立在科学的世界观基础上

高校德育的关键是培养学生的正确理想信念，而这需要建立在科学的世界观之上。科学的世界观是对自然界和人类社会的科学认识。因此，高校德育应该注重对大学生进行马克思主义的唯物论和辩证法教育，帮助他们通过学习和掌握科学知识、科学思想、科学精神和科学方法，真正认识唯物论与唯心论、科学与反科学、伪科学、宗教信仰和封建迷信之间的界限。此外，历史唯物主义教育也是必要的，使大学生认识到社会主义代替资本主义是人类社会发展的必然规律，这需要坚定信念并有足够的耐心和毅力去迎接曲折的历史发展。最后，我们应该让大学生坚信：马克思主义是科学，运用历史唯物主义揭示了人类社会发展的规律，社会主义代替资本主义是历史发展的必然趋势，虽然道路是曲折的，但其方向是不可逆转的。

二、以爱国主义教育为重点，进行弘扬和培育民族精神的教育

爱国是每个公民应尽的责任和义务，也是社会主义道德对个人最基本的要求，代表了社会主义社会人们的经济关系中根深蒂固的道德观念。在多层次的道德关系中，正确处理与祖国、人民和社会主义制度的关系是最基本的。爱国主义是我们思想道德建设的底线，也是社会主义基本道德观的核心。

（一）热爱祖国是中华民族的传统美德

在社会主义社会，爱国表达了公民与祖国之间的关系，调节个人利益与国家民族利益之间的重要因素。它是我国各族人民团结互助、共同繁荣的道德和政治基础，也是每个公民的神圣职责和义务。爱国主义是对祖国最浓厚的感情，体现了民族的自尊心、自信心以及为祖国独立富强而奋斗的精神。作为一种社会产物，爱国主义与人们共同生活的地域、国度、生活方式、语言等紧密联系。作为社会意识形态的内容，爱国主义是国家出现后产生的，成为国家和民族生存、巩固和发展的精神力量，是具有凝聚力和号召力的旗帜。在我国历史上，爱国主义始终是鼓舞人民团结奋斗的旗帜，是各族人民

共同的精神支柱，在维护祖国统一、民族团结，抵御外来侵略和推动社会进步中发挥了重要作用。在爱国主义精神的激励下，我国具有伟大的凝聚力和生命力，不断自强不息。

在我国，爱国主义、集体主义和社会主义教育是相互促进的三位一体。对于全民族和全体人民来说，首要任务是加强爱国主义教育。全世界任何国家都高度重视对人民进行爱国主义教育，而我们作为一个人口众多的社会主义国家更应该如此。我国进行爱国主义教育的目的是振兴民族精神，增强民族凝聚力，培养民族自尊心和自豪感，巩固和发展广泛的爱国统一战线，将人民群众的爱国热情引导和凝聚到建设中国特色社会主义伟大事业上，引导和凝聚到为祖国的统一、繁荣和富强做出贡献上。我们要培养理想、道德、文化和纪律的社会主义公民，为实现四个现代化、实现21世纪的宏伟目标和振兴中华的共同理想而团结奋斗。因此，加强爱国主义教育作为思想道德建设的重要内容，应贯穿社会主义现代化建设的整个过程。

爱国主义是一个历史范畴，在社会发展的不同阶段和时期，具有不同的具体内容和时代特征。它随着时代的进步和历史的发展而不断丰富，对人民提出新的要求。当今之时，我们要讲的爱国主义是指热爱伟大的社会主义祖国，在党的领导下为祖国的繁荣富强贡献智慧和力量，将个人理想和事业融入祖国的社会主义现代化建设中。因此，在当代，爱国主义的基本内容和要求包括以下几个方面。

首先，要正确认识祖国的历史和现状，增强对祖国的热爱之情。其次，要将热爱祖国的情感和信念转化为实际行动，为社会主义现代化建设事业做出努力和奉献。我们应该意识到祖国的生存和发展是个人生存和发展的前提，教育大学生将个人命运与国家、民族的命运紧密联系在一起。真正的爱国者应自觉与祖国同呼吸、共命运，始终把国家利益置于至高无上的位置，关心国家所关心，急国家所急，将个人的前途和发展融入祖国的前途和发展，为祖国的进步而努力奋斗。

在日常生活中，每个大学生都应努力学习科学文化知识，将自己未来的工作岗位视为报效祖国的阵地，将爱国之情、报国之志和建国之才转化为实际行动，为祖国的现代化建设贡献自己的力量。最后，要自觉维护民族团结和国家的统一。维护国家的独立和领土完整是每个公民应尽的责任和义务。我们要保护祖国的历史和文化遗产,坚决捍卫祖国的领土完整和主权独立。作为一个多民族国家,我们要反对民族分裂和国家分裂,维护多民族的团结和祖国的统一,这是中华民族爱国主义的优良传统。

(二)大学生爱国主义教育实践的内容与途径

高校德育理论课规定,爱国主义教育的目标包括:①教育学生了解我国现代化建设的伟大成就和宏伟目标;②教育学生了解中华民族悠久历史和中国近现代史,以了解中华民族的发展历程、对人类文明的贡献、历史事件和著名人物,以及中国共产党领导人民为建立新中国所作出的英勇奋斗和光辉业绩;③教育学生了解基本国情,包括了解我国的发展优势和不利因素,以增强人民的使命感和社会责任感;④教育学生了解中华民族优秀传统文化,包括哲学、社会科学、文学艺术、科学技术以及民族精神、民族气节和优良道德;⑤教育学生民族团结和祖国统一的重要性,强调维护民族团结和祖国统一的重要性,同时进行"和平统一、一国两制"方针的教育;⑥教育学生国防和安全教育,提高全民族抵御外敌入侵、维护国家主权和领土完整的自觉性。这些目标是进行爱国主义教育的重要内容,中华民族的优秀传统文化和中国近现代史是进行爱国主义教育的宝贵资源。

爱国主义是人们对个人和祖国关系的认识和对祖国的崇高感情的集中体现,既是一种思想觉悟,也体现在具体实践中。因此,长期的潜移默化的影响和教育是必要的。针对青少年,习近平总书记指出要进行深入、持久、生动的爱国主义宣传教育,让广大青少年培养爱国之情、砥砺强国之志、实践报国之行。爱国主义教育应注重发挥德育理论课堂的主渠道作用,利用重大节日和纪念日、社会实践、校园文化教育和舆论声势等方式进行教育宣传,让广大青年学生的民族自尊心和自豪感不断提高。

三、以道德规范为基础,进行思想道德教育创新

构建高校德育体系需要具备创新精神,这也是高校思想道德教育体系的

核心。自改革开放以来，社会主义思想道德教育在内容和形式上都经历了一系列变化。思想道德教育的创新和发展标志着我国社会主义精神文明达到了新的历史水平。

（一）社会主义道德体系的创新和发展

马克思主义认为，所有道德本质上都是社会经济状况的产物。我国当前的社会主义道德体系正在不断创新和发展。建立社会主义思想道德体系是一项巨大的历史任务。因此，我们需要具备全球历史的眼光，批判地借鉴资本主义市场经济发展过程中相应的道德体系。我国社会主义道德体系的理论基础是马克思主义、毛泽东思想和中国特色社会主义理论，坚持以为人民服务和集体主义为核心原则。因此，为人民服务和社会主义集体主义是整个社会主义道德体系的基石。社会主义道德体系基于我国现实的经济和政治关系基础，同时吸取人类文明发展的优秀成果，反映时代发展的道德需求。我们要建立和完善的社会主义道德体系应正确反映我国当前社会主义经济和政治关系的基本特征，促进社会主义市场经济健康发展，有利于解放和发展社会主义生产力；同时，也要适应社会主义政治体制改革，形成有利于推进社会主义民主政治发展的道德体系。换言之，我国当前的社会主义道德体系必然是具有活力、不断创新和发展的科学道德体系。

我国的社会主义道德体系是以为人民服务为核心、以集体主义为原则的。随着改革开放的深入，以社会主义改革为动力的社会主义道德体系有了创新和发展。

第一，竞争与协作需要相互统一。强调竞争与协作的统一是在市场经济活动中贯彻社会主义集体主义道德原则的重要方式。现代市场经济的发展证明了竞争是其最重要的机制。因此，我们应积极评价竞争机制，克服对竞争的道德偏见。然而，在自发状态下，竞争也可能产生负面影响，并影响人们的精神生活。为了确保社会主义市场经济的健康发展，除了加强社会主义法治建设，还需要加强社会主义道德建设。在建立和完善社会主义市场经济体系的过程中，加强社会主义道德建设要求我们积极倡导和发扬团结互助的精神，正确处理竞争与协作的关系，反对极端自私自利、以损人利己为目的的行为,并逐步形成与社会主义市场经济相适应、与团结协作相统一的社会主义竞争观念。

第二,我们应重视法治观念。可以说,现代市场经济是一种法制经济。市场经济的正常运行需要稳定而合理的法律秩序作为保障。因此,我们必须将法治观念纳入市场经济的道德要求之中,即要求每个市场经济参与者严格遵守法律。

第三,我们要重视社会主义的义利观。在现实生活中,义利问题实际上涉及社会整体利益与个人利益之间的关系,也可以称为公私关系。在中国传统道德观念中,古代儒家学派的重义轻利观念曾经产生了很大影响。然而,随着改革开放和特别是社会主义市场经济的发展,人们的义利观发生了变化,逐渐纠正了那种片面重视义而轻视利的观念。然而,一些人中仍然存在严重的唯利是图、见利忘义的思想倾向,对社会生活可能产生恶劣的腐蚀作用。义利问题是一个道德问题。在发展社会主义市场经济的过程中,每个人、每个市场经济主体都会面临如何正确处理国家利益、人民利益、集体利益和个人利益之间关系的问题。社会主义市场经济的本质要求人们抵制唯利是图、见利忘义的倾向,形成既把国家和人民利益放在首位又充分尊重公民个人合法利益的社会主义义利观,在努力发展社会主义生产力的前提下,发扬社会主义集体主义精神。因此,社会主义义利观的核心是社会主义集体主义道德原则。

综上所述,随着社会主义市场经济和社会主义民主政治的发展,社会主义道德体系在内容和形式上都将发生深刻的变化,展现出新的面貌,成为推动社会主义社会向更高历史阶段发展的重要精神因素。这种创新和发展正是社会主义道德体系的生命力所在。

(二)思想道德教育创新

党的十七大提出了一系列关于大学生德育的深刻理论创见,指出:"坚持育人为本、德育为先""切实把社会主义核心价值体系融入国民教育和精神文明建设全过程""注重人文关怀和心理疏导"。这是我党对大学生德育提出的时代要求,对于推进大学生德育的改革创新,具有十分重要的现实意义。

1. 实现德育的理念创新

大学生德育的目标是引导大学生塑造正确的政治理想、价值目标和道德品质，树立正确的世界观、人生观和价值观。中国共产党一直高度重视德育，在不同时期提出了德育重在育人的理念。2016年12月7～8日，全国高校德育工作会议在北京召开，习近平强调了高校德育工作的重要性。要把立德树人作为中心环节，贯穿教育教学全过程，实现全程育人、全方位育人，推动我国高等教育事业的发展。我们需要关注大学生的德育素质，将德育放在首位，以培养良好的思想道德素质为目标，促进大学生的全面发展，提升他们的思想道德素质、科学文化素质和健康素质。这样才能推动我国高校的发展，并培养出合格的大学生。

当前，世界正经历广泛而深刻的变化，而当代中国也正在经历广泛而深刻的变革。社会主义和资本主义在全球范围内的意识形态斗争和竞争是长期而复杂的过程。大学生德育面临着前所未有的有利条件，但同时也面临着前所未有的严峻挑战。为了实现大学生德育的理念创新，我们要坚持以育人为本、将德育放在首位。

2. 实现德育的内容创新

为适应新时代的要求，大学生德育工作需要注重培养学生的中国特色社会主义道路理想信念，推动学生积极践行社会主义核心价值观，促进学生的全面发展。这是党的十八大精神赋予大学生德育的新时代内涵，也是新时期大学生德育工作的重点内容。

党的十八大明确提出两个重要方面的任务：一是加强社会主义核心价值体系建设，通过深入开展社会主义核心价值体系学习教育，引领社会思潮、凝聚社会共识，推进马克思主义中国化、时代化、大众化，建设哲学社会科学创新体系，推动理论体系教材进课堂进头脑，广泛开展理想信念教育，弘扬民族和时代精神，培育社会主义核心价值观。二是全面提高公民道德素质，坚持依法治国和以德治国相结合，加强道德教育，推进公民道德建设工程，引导人们自觉履行法定义务、社会责任、家庭责任，营造良好社会氛围，加强政务诚信、商务诚信、社会诚信和司法公信建设，加强和改进德育工作，注重人文关怀和心理疏导,深化群众性精神文明创建活动,广泛开展志愿服务,常态化推动学雷锋活动和宣传道德模范。这是党在新时代背景下对德育工作提出的新要求,也是广大高校德育工作者的新工作指引。

四、推动高校德育理论与实践的创新

中国特色社会主义文化建设是凝聚全国各族人民的重要力量和综合国力的体现。社会主义文化建设在全面建成小康社会的宏伟蓝图中具有战略地位,为社会主义文化发展指明了方向。我们应从全局的高度认识文化建设在德育中的战略意义,采取切实有效的措施,推动中国特色社会主义文化的大发展大繁荣。

(一)深刻认识文化建设在高校德育中的战略意义

在当今世界,文化不仅深深熔铸在民族的生命力、创造力和凝聚力中,也越来越成为国家综合国力和国际竞争力的重要组成部分。国家的发展和强盛、民族的独立和振兴、人民的尊严和幸福,都离不开强大文化的支撑。作为世界上最大的发展中国家,我们必须彰显自己的文化理想,高举自己的文化旗帜,在全球文化交流和竞争中建设我国成为文化强国,使中国特色社会主义文化在中国人民和全世界人民中都具有强大的吸引力和影响力。

文化是民族的灵魂,也是维系国家统一和民族团结的精神纽带。每个成熟的民族都拥有独特的文化形态和个性,这种独特文化是民族亲和力和凝聚力的重要源泉。中国特色社会主义文化源于中华五千年的文明,扎根于当代伟大实践。它是中华民族身份的象征,是激励全国人民和全球华人团结奋进、实现民族复兴的强大精神支柱。当代高校德育的目标是不断增强中华民族的凝聚力和创造力,培养有理想、有道德、有文化、有纪律的大学生。为此,我们要紧密结合新的实践和时代发展的要求,大力发展社会主义文化,建设社会主义精神文明,使广大青年学生深深沉浸在中国特色社会主义文化的伟大旗帜下。

（二）推进高校德育的理论和方法创新

在当代中国，发展先进的文化是必要的，这种文化是面向现代化、面向世界、面向未来的民族科学大众社会主义文化。必须遵循马克思列宁主义、毛泽东思想和邓小平理论在意识形态领域的指导地位，用"三个代表"重要思想来引导社会主义文化建设。社会主义文化应该坚持为人民服务和为社会主义服务的方向，同时实行百花齐放、百家争鸣的方针。科学的理论可以武装人，正确的舆论可以引导人，高尚的精神可以塑造人，而优秀的作品可以鼓舞人。在改革开放和现代化建设的实践中，着眼于世界文化发展的前沿，我们应该发扬民族文化的优秀传统，借鉴世界各民族的长处，在内容和形式上积极创新，不断增强中国特色社会主义文化的吸引力和感召力，满足人们的精神文化需求，丰富人们的精神世界，增强人们的精神力量。

1.加强和谐校园建设

创造和谐、充满人文关怀的教育环境是高校德育工作的重要方向。这种环境可以给予大学生宽松、和谐和美感的人文氛围，它是一种无形的力量，具有明确的引导和规范作用，可以引导或者约束人们的行为。高校校园文化作为高校的一种文化现象，在培养大学生健全人格、提升文化修养、塑造学术品格和培养审美情趣等方面发挥着积极作用，对于培养高素质的人才具有特殊的意义。因此，高校应加强营造宽松、和谐的校园环境。

我们应充分发挥高校人才和技术优势，整合校内外各类资源，以社会主义核心价值体系引领校园文化建设，创造高雅的校园文化氛围，促进大学生的成长。通过校园网络、电视、广播、展览室、图书馆等多种传播途径，有机地融入政治思想和道德建设内容，积极探索参与式、体验式、互动式等新的教育方法，创新内容、形式和手段。组织丰富多样的文娱活动、体育活动、军训、社会调查、公益服务和社团活动，提高德育工作的针对性、实效性、吸引力和感染力。同时，加强校园传统文化的建设也是重要任务。高校应重视传统文化教育，将弘扬和培育民族精神纳入国民教育全过程。习近平指出，中华优秀传统文化是我们在世界文化激荡中站稳脚跟的根基。因此，高校不仅要注重大学生的专业能力培养，还要注重传统文化教育，提高大学生的传统文化素养和人文素养，增强民族自尊心和自信心，以适应新的社会建设需求。

2.更新教育理念

高校德育理论课教师需要更新观念。我们应坚持以大学生全面素质培养为目标，注重渗透性教育和养成性教育，关注受教育者的体验和内化过程，将素质教育贯穿到德育理论课教育教学的各个环节。特别要注重培养大学生的人文素质，推动科学教育与人文教育的相互融合。我们要牢固树立科学发展观，充分体现以人为本的要求，调动教师和学生的积极性，解决德育理论教育的针对性、有效性和吸引力问题。

高等教育作为培养人才的社会实践活动，要求受教育者主动参与教学，实现教与学的双向互动。德育理论课教师应通过各种手段消除师生之间的沟通障碍，减少彼此的距离感，使大学生能够与教师平等、真诚地交流，并乐于并善于与教师进行交流。这样，大学生能够通过自我表达和交流来提升思想道德素养。为实现这一目标，教师需要正确运用人文关怀的教育方法，采用对话式、启发式和互动型的教学方式，根据不同学生的情况采取不同的方式和方法进行教育引导。同时，德育素质应发挥对其他素质的指引作用，包括精神激励、价值导向、方法保障和人格塑造等方面。

3.创新教学方法和手段

大学生德育理论课的创新包括教学内容和教学方法的创新。教学方法和手段在教育活动中具有重要地位，既是教育基本理念的体现，也是贯彻教育基本理念的保证。教师应该丰富和发展高校德育理论课的教学方式，采用多种方式完成课程教育目标。为此，教师需要树立正确的指导思想，加强对教育教学理论的学习，并在实际教学过程中认真制定教学计划。同时，教师应不断总结和反思自己的教学过程，与学生建立和谐关系，促进良好的互动。通过教师和学生的共同努力，最终实现课程的教学目标。

教师在教学方法和手段创新上，要找准切入点，引发学生的期待。当前社会充满活力，不断变化，这导致德育从内容到方法、从对象到途径、从思路到规律都发生了变化，面临新任务。因此，德育理论课需要吸收最新的马克思主义成果，教学内容要体现时代特征。教师应关注学生面临的问题，将学生的思考和需求作为教学的切入点。要根据学生关注的问题重点回答和解决，因为研究表明，当思想理论与学生的主观需求相符时，接受程度最高。教育心理学研究也表明，受教育者的接受程度与个体需求成正比。因此，德育教育应从学生关心的重大问题入手，结合学生心理特点和社会热点，以提高吸引力和接受度，避免流于形式。教师要提升德育理论课的品位和趣味，使学生感到新鲜。在分析不断变化的社会环境、国际和国内形势、新问题和趋势以及社会思潮影响的基础上，适时采取正确的方式和方法引导大学生，培养健康积极的心态。德育应注重内容的现实针对性和新颖性，以增强吸引力和说服力。教师还应整理学生的生活经历、实践经验和集体智慧，将其作为教育资源，让学生感到真实可信。教学应围绕学生在学习、成才、健康、生活、交友、恋爱、求知、择业等方面遇到的实际问题和关心的问题，有针对性地开展，增强德育理论教育的实效性。

第三节 德育对大学生创新素质培养的实践研究

一、在德育理论课教学过程中推进创新素质培养

（一）大学生创新素质的内涵

大学生的创新素质涵盖了创造力、创造性才能、创造性思维、创新意识和创新精神等方面。根据综合国内外学者的研究成果，我们认为大学生的创新素质是指在先天禀赋的基础上，通过学习和实践等教育活动逐渐形成和发展的一种对大学生自身发展具有积极意义的、内在的、相对稳定的主体特性和品质。这种素质以创新思维为核心，构建了一个智能综合系统，具体包括以下几个方面。

创新思维是在一定的知识、经验和实践基础上，通过改变思维方式提出新的理论、观点和想法的思维过程。这种创造性思维能够带来前所未有的成果，推动人类文明的进步。创新思维是整个创新活动智力结构的关键，也是

创新素质的核心。

创新意识是一种推崇创新、追求创新并以创新为荣的观念和意识。它表现为思想活跃，不拘泥于传统，富有创造性和批判性，具有勇于突破常规、独具特色的精神和追求。

大学生的创新能力是指在产生新的思想、新的方法和创造新事物的过程中所需要的各种技能和技巧的综合。它是大学生心理活动在最高水平上的综合能力，包括各种能力和个性心理特征的有机结合，是保证大学生顺利实现创新过程的关键。目前，我国的大学生，特别是普通高校的学生，在创新能力方面还存在较大的提升空间。

（二）德育对培养大学生的创新素质的路径研究

第一，要营造创新氛围，增强学生的自主意识。在校园学习和生活中，建立和谐的师生关系至关重要。在教学过程中，师生之间应当真正实现民主和平等。教师应牢固确立学生的主体地位，要求学生具备自信、自主和自强的品质。培养学生在探索过程中敢于迎接挑战、积极进取、持之以恒的精神，克服自卑和依赖思维，培养喜爱深入研究的习惯，具备超越现有知识和答案的心理素质，以及在思考问题时追求深入、全面和严谨的能力。自主意识是发展创新能力的基础和前提。因此，教师应注重培养学生的自主学习和创新意识。鼓励学生不盲目依赖教材和教师，敢于独立思考，树立追求真理和推动真理发展的信心和勇气，激发学生的思维开放性，积极探索，合理怀疑，追求真知。通过师生和同学之间的相互尊重和激励，使学生成为教学的主体；对学生的创新成果给予适当奖励，即使是尚未成熟的创造性设想，也要积极鼓励，保护学生创新的积极性；学校还应在教室、图书馆、实验室等公共场所宣传创新精神，介绍有创新精神的名人事迹，营造激励创新的环境。

第二，要培养观察能力，鼓励大胆想象。观察是通向创造之门的第一步。目前，我们对科技的观察和科技方面的创新主要来源于实验室。参加社会实践是另一种有效的观察途径，通过这种方式可以了解我国科技水平在实际生产中的应用情况，认识科技创新对工农业发展的重要性。利用大学寒暑假进行社会实践活动也可以培养学生的观察能力，进行动态观察和比较研究，以增强大学生的创新意识，提高创新素质。创新的起点在于质疑。通常情况下，人们会通过实践或理论研究来发现问题、提出问题，并解决这些问题。在教学过程中，教师应根据学生的知识和能力水平，采用多种方法引导学生，使他们通过观察、分析、归纳、类比和联想产生好奇心，大胆想象，从而发现问题、提出问题，并进一步探究和解决问题。教师应该珍惜并鼓励学生的好奇心和想象力。当学生发现并提出带有创新因素的新奇问题时，教师不必急于自己解答，而应引导全体学生共同思考。这不仅鼓舞了提出问题的学生，还可以在学生中营造勇于大胆想象、热爱独立思考的良好氛围，并逐步培养学生发现问题和提出问题的能力。

第三，还要引导放射思维，注重个性发展。教师应当鼓励学生在面临问题时进行深入思考，引导他们打破常规，运用求异思维来解决问题。例如，可以启发学生运用逆向思维，从反面角度突破问题，寻找解决方法。改变思维的方向可以更容易地产生新的解决问题的方法和途径。总之，教师应提出开放性问题，促使学生养成充分思考、独立解疑、勇于打破旧框框、自主探究学习的习惯。在培养学生的创新能力方面，观念的转变至关重要。高校教师应力求不仅发现"优秀"学生的不足之处，还要发掘"普通"学生的优势，更要接受"特别聪明、特别奇怪、特别特殊和特别狂热"的存在。从社会对人才需求的多元化和多层次文化视角出发，科学培养和正确引导，使不同层次的学生在全面发展的基础上充分发挥个性和潜能。这是培养学生创新素质的有效途径，也是衡量高校教师的重要指标之一。

第四，夯实基础知识理论体系，培养实践能力。学生创新素质的培养是建立在扎实深厚的文化知识和专业理论知识基础之上的，这也是提高大学生综合素质的前提条件。因此，要避免学生好高骛远、急于求成，需要教师引导学生刻苦学习，努力掌握基础理论知识，认真学习文化课和专业课的相关知识体系。目前，许多大学生在科技文化课外活动中，显示了很强的组织创造力。我们提倡因人而异，就是希望在实践中让各种具有创新能力的人才不断涌现。高校如今普遍开设第二课堂，通过鼓励学生进行实验、发明以及各种科技文化创造活动，给学生提供更多的动手实践机会，推动学生创新素质的不断提高。

二、发展社团组织促进大学生创新素质的培养

校园文化以其内容的丰富性和开放性、主体的广泛性和形式的多样性成为当今大学教育的一个重要手段，在大学生创新素质培养方面有着不可替代的作用。以科技文化活动为龙头的校园文化建设，是大学生创新素质培养的主要载体。各高校应以战略的眼光和开阔的视野在校园文化建设中，通过高校第二课堂，大力加强大学生创新素质的培养。

（一）建设一支创新型高校团干部队伍，为大学生创新素质的培养提供人才保证

强化队伍建设，为大学生创新素质提供坚实后盾，需要建立一支高效精干的管理工作队伍。作为大学生创新活动的发起者和组织者，高校的团干部在制定规划、协调和组织督促方面起着关键作用，他们的素质直接影响创新活动的效果。因此，首先要提升团干部自身的创新能力，培养一支具备创新意识、高素质、合理结构、能力强、乐于奉献的团干部队伍。其次，团干部要充分发挥自身优势，加强素质和能力的培养，强化创新意识，提升创新能力，勇于实践，积极为培养大学生的创新能力搭建校园文化建设的平台。高校团干部可以通过广博的知识和人格魅力影响学生，用创新精神感染学生，在校园文化中产生潜移默化的影响。此外，在充分认识学生个性差异和兴趣多样性的基础上，根据不同的情况因材施教，积极开展有针对性的校园文化活动。重视实践环节，采取多种形式和手段，调动学生的主体能动性。

除此之外，还要建立一支高水平的科学技术工作队伍。大学生创新素质的提高，离不开各项创新活动的开展，更离不开专业教师的引导和带动。因此，必须选拔和培养一批既有丰富的理论知识，又有很强的实践技能，有耐心和责任心的高素质教师，充实到指导教师队伍中去，为大学生各类课外科技创新活动的开展提供技术支撑。

创新思维和能力的培养源于实践，因此，大学生要在实践中不断锻炼自己的创新能力和动手能力。高校应注重将校园文化建设与社会实践、勤工助学、择业就业、服务社会、创新创业相结合，特别是要在校园文化建设中重

视大学生创新活动的品牌建设。首先，高校应重视社团建设，发挥其组织活动方便、开展活动快捷的优势，并积极组建各类科技文化社团。其次，高校应建立大学生科技创新实践基地，提高校园文化活动的科技含量，不断创新实践的内容和形式，为大学生的创新素质培养提供广阔的空间。最后，高校应与相关实验室、实践基地进行结对，充分利用设备、场地和师资的优势，聘任具备创新素质的优秀教师，指导学生在校园文化建设中的实践活动。这样，高校可以为大学生的实践能力和创新能力提供更好的支持，帮助他们更好地应对未来的挑战。

（二）构建奖励和监督机制

建立一套行之有效的激励竞争机制。建立大学生创新专项基金，为大学生创新活动的开展提供必要的经费保障；定期举行各种形式的竞赛活动，鼓励学生参加各类机构组织的创新活动，对在创新方面成绩突出的学生进行表彰与奖励，将创新方面的成绩作为免试推荐研究生和颁发奖学金的重要依据；对获得国家级或省（部）级创新成果的学生，以及在校内外创新实践活动中做出成绩的学生，学校可允许其申请免修与之相关的课程学分、课程设计或毕业设计（论文）学分等。

建立公开、公平、公正的考核评估体系。校团委应加大对创新教育的重视力度。采取定性分析与定量考核相结合的办法，通过各级团组织的公开答辩来考核其创新教育的落实程度，并做到奖惩分明。

（三）营造高品位校园文化氛围

丰富的校园文化活动是高校共青团开展第二课堂教育的主要载体，高品位的校园文化不但能培养大学生锐意进取的心理素质，加强创造性思维方法的锻炼，还能激活大学生的创造潜能，因此高校共青团在培养大学生创新素质方面要积极利用好这一载体。

校园文化活动具有导向性、综合性、多样性、广泛性、开放性和实践性等特点，可以有效促进大学生的创新思维和创新能力的培养，培养他们的创新人格。在校园文化活动中，课外艺术活动和体育活动不仅为大学生提供了展示和发挥创新能力的平台，还弥补了专业教育的单一性和不足之处，为各学科之间的交叉提供了有力支持。这些活动的开展由学生自己参与和组织，使得大学生的创造性思维、想象力和学习经验相互融合，创新能力得到充分锻炼和发挥，同时激发了大学生的创造激情和参与意识，提升了他们的抗压能力。通过这样的校园文化活动，大学生将更好地发展他们的创新潜能，并为未来的个人发展和社会进步做出积极贡献。

各高校可开展寓教于乐的专业品牌活动，激发学生的创新意识及潜能。鼓励各基层团组织开展诸如科技文化节、服装艺术节、金融文化节等有专业特色的校园品牌文化活动，在每届品牌活动中设立"创意设计"环节，提高学生的创新素质。通过开展丰富多彩的科技创新活动，形成创新思维、创新方法和创造技能。定期举行各种学术讲座、学术沙龙和大学生科技报告会，出版大学生论文集，培养他们的创新思维；鼓励学生积极参加学校的大学生科研训练计划（SRT）项目、新苗计划、挑战杯全国大学生课外学术科技作品竞赛及创业设计大赛，提高学生的创新技能，从而培养大学生的创新素质。

（四）实施青年马克思主义者培养工程

通过开展团干部培训班，可以加强对大学生骨干的培养，并在培训课程中增加创新素质培养的内容。同时，鼓励大家进行思想与智力的交流、方法与经验的分享，从中产生新的创造性想法。另外，深入开展各类社会实践活动也是培养大学生创新素质的重要途径。高校共青团应不断完善青年志愿者活动管理机制，组织引导广大学生积极参与考察交流、志愿服务等实践活动。同时，鼓励各基层团组织充分利用现代教育资源，创建大学生创新实践基地，通过实践和探索中的创新，将先进知识应用于实际，提升学生的学习和实践能力。通过这些举措，可以有效培养大学生的创新意识和能力。

三、构建大学生德育的创新模式

（一）世界发达国家对大学生创新素质培养的比较研究

21世纪是创新教育的时代。衡量一个国家高等教育水平的一个重要标志是这个国家是否拥有高水平的大学，而衡量高水平大学的一个重要指标是这所大学是否能够培养出高水平的、具有创新意识和能力的创新人才。因此，发达国家非常重视大学生的创新素质培养，世界各国纷纷进行高等教育改革实验，不约而同地把构建创新教育模式体系放在探索的首位。西方发达国家针对校园文化进行创新型建构研究，对培养学生的创新素质进行探索，其主要途径是通过学科建设、课程改革以及教学管理改革等措施来探索创造性人才培养的"土壤"，并通过高新技术的开发与应用来提升高等教育的科技含量，寻求教育与服务社会的最佳结合点。我们以美国、英国和日本为样本，进行比较研究。

1.美国大学生创新教育模式

美国科学促进协会联合美国科学院、联邦教育部等12个机构，于1985年启动了"2061"计划，即到2061年要从本质上改革国家的教育模式体系，培养大批具有创新意识和科学涵养的青少年学生。几乎在每所美国高校都设有创新中心。美国各所高校均采用案例教学，问题教学、学生独立学习等方法，鼓励学生主动思考，自我创新。美国国家科学教育标准认为，要把教育的关注点放在批判性地提出问题和解决问题上，同时也要关注团队合作精神的培养。美国各高校也相继设立了一系列培养创新意识的课程，如创新方法的研究、创新能力的培养、创新实践的指导等。大学生不应只是在课堂上被动地接受知识，也不能全部以考试来评估学习成绩，而应将是否具有创新素质作为衡量学生的一个重要依据。创新教育不仅应使我们具有创造性，更应使我们加强对理想的追求和洞察能力，成为成熟的个体。

2.英国大学生创新教育模式

在英国，学生只要经过资格筛选和审查，就有机会进入高校深造。然而，在就读期间，高校实行严格的筛选淘汰制度，淘汰率高达30%。学位授予方面的要求也非常严格,实行"宽进严出"的原则,以确保学生的培养质量。此外,一些英国高校与社会组织合作开展教育培养,使学生在校期间有机会接触社会实践,有助于培养学生的思考和创新能力。

在英国牛津大学,下午四点后图书馆的学习人数减少,大部分学生会参与体育健身活动。这已成为牛津大学校园文化的一部分,也是一种"学中动,动中学"的创新教育模式。剑桥大学则在创新教育理念方面更具特色。他们注重对学生进行个别辅导,在许多课程中采用小组形式进行教学、讨论和研究。剑桥大学还投资建立了化学馆、天文馆、植物馆,以及音乐厅和戏剧厅,方便学生在实验和实践方面进行自主创新教育。此外,剑桥大学还建立了以现代科技为基础的科学园区,为提高学生的创新能力、培养创新意识以及进行科学研究提供了物质条件。

3.日本大学生创新教育模式

日本学者倡导要培养综合化人才,并强调只有综合化才有可能产生伟大的文化。日本的教育改革实践也一直强调创新与个性原则,日本早稻田大学校长奥岛孝康曾提到:早稻田大学办学的理念是培养学生独立的人格,提倡学生勇于实践。早稻田大学培养出来的学生,富于创新进取精神,勇于承担责任。早稻田大学的另一个教育特色是始终以亚洲为本,其创立者大限重信提倡"东方文明的调和"的观点就是要立足东方文化,面向世界,面向未来。这本身就是一种校园文化培养创新人才的新模式的体现。

(二)中国高校德育的创新实践

针对我国高校的具体情况,我们以课堂教学、第二课堂作为大学生创新素质培养的主要阵地,所以我们的实践也应在课堂教学和第二课堂中构建起创新教育的教学模式。

1.树立创新教育理念

中国大学生创新受阻的主要障碍是传统教育观念,其中学生过于听从、缺乏批判精神阻碍了他们的创新意识发展。因此,培养大学生的创新素质需要改变传统教育观念,建立全新的教育理念。中国传统文化注重集体、共性和服从思维,但这限制了自由、个性和创新思维的发展,制约了国家的创新能力。因此，高校应该营造一种学术氛围，鼓励学生尝试和勇于实践。要培养学生不仅仅重视书本知识，不只追求高分的学风，培养学生勇于领先的态度和行动。同时，建立制度化的校园文化来支持和鼓励创新，赋予大学生足够的自主权，培养独立和个性化思维的学生。

高校教师要以培养具有创新素质的大学生为目标，积极改革传统的教学思维，同时阐明学习的重点和难点，引导学生的思路，具体的学习内容则由学生根据自身情况自主安排，利用开放式的教学方法完成大部分学习内容，在课下通过查阅资料或师生交流来获得其他内容。在学习过程中，教师应启发大学生逐渐建立主动性思维，改"授鱼"为"授渔"。在进行创新教育的过程中，要坚持以人为本的理念，淡化教师的"权威"，使师生关系平等化、民主化，充分尊重学生的个性和兴趣，把学生的潜能激发和个性发展放在核心位置，最大限度地激发学生的主观能动性和创造性，实现创新能力和综合素质的全面、协调发展。

2.培养具备创新精神的教师团队

高校构建大学生创新教育模式的关键是拥有大量的创新型教师。创新型教师是指那些能够不断吸收新知识并在教学中积极应用知识、解决问题的教师。他们通过不断更新知识、深化教学研究来提高自身和学生的创新意识和能力。因此，大学教师应该具备渊博的学识和开阔的视野，通过循循善诱的方式激发学生的创新潜力，并在潜移默化中启发学生。特别是在德育理论课教学中，应该转变以学生考试分数为唯一评估标准的现状，而综合考虑学生的平时表现、发展潜力和问题解决能力等创新教育角度来评估学生和教师。

我国高校还可以借鉴国外高校的做法，例如聘请具有创新思维的校外名师。校外名师通常具有高瞻远瞩的前沿思想和深厚的学术底蕴，能够将科研思维融入教学中，有助于培养学生的创新思维能力。在创新教育模式中，高校应该调整教师工作量的考核方法，为师生提供足够的时间和空间进行创新研究。同时，还应对教师指导学生创新的情况进行必要的引导和奖励，只有这样才能真正实施创新教育模式。

第五章 校园文化与德育管理

第一节 身份认同视域下的教师道德发展

现代社会的认同危机导致许多教师失去了自身的意义感和价值感,进而出现了一些失德和失范现象。教师道德发展呈现出平庸化和低俗化的趋势,他们过分追求物质,缺乏足够的敬业精神,将自己与普通人等同对待,个别教师甚至突破道德底线、违法行为,给学生造成身心伤害。教师道德问题受到不良的社会环境和道德文化危机等外部因素的影响,但这些外部影响只是重要因素,而非根本原因,根本原因在于身份认同出现问题。

教师身份是通过获得教师职位而获得的一种社会地位和相应的社会属性,具有特定的权利、义务、责任、忠诚对象以及认同和行为规范。教师身份认同特指教师对自己所采纳的行为模式和价值观的认同。不同身份的人所遵循的道德标准是不同的。一旦教师身份确立,个体就会根据这一身份来界定自己与特定社会群体的关系。这种身份感作为一种稳定的心理状态,会长期维持下去,使个体内在地包含对教师角色的观念、态度和情感的体验,并通过这种身份特征来发展教师的知识、技能和道德素养。教师通过身份认同来发展自身的道德品质,确保自身的人格和尊严,对于当前的教师价值定位和价值选择具有重要的现实意义。

一、身份认同视域下教师道德发展的意蕴

教师在其职业生活中要处理3种主要关系,即教师与自我、教师与学生

及在学生身后的家长和社会的关系、教师与教师整个共同体的关系。依据这3个维度，教师身份认同包含了3个方面的内容：一是自我认同，是对"我"即教师的概念和意象的认同，是主观的理解，是内部生成的；二是他者认同，是身份的主体间性的特质，当教师的身份与他者眼中的身份一致时，教师身份认同才能形成；三是群体认同，是教师个体的我与教师群体之间的归属关系，是否与群体成员具有同一性。这3个方面的认同构成了教师职业生活的整体世界，教师的理想与信念，教师的自尊与自信，教师职业的情感纠结与行为表现都在这3种认同中得以体现。教师在身份认同中寻求自身的定位，进行价值选择，塑造自己实体性的形象和象征性地位，身份认同和教师道德发展相互依存，是一体两面的共生关系。

（一）自我认同是教师道德发展的内在根源

人类对自我的认识，从古希腊人的"认识你自己"，到笛卡尔的"我思故我在"，再到康德的"先验自我"，以致黑格尔的"绝对精神"，和现代理性主体，直到现代人提出的"成为你自己"，认同就是建立在对人的这样一系列理解基础之上的，自我认同问题成为现代社会生活中的人们必须面对和回答的问题。

就认同的哲学意义而言，认同是指人们对于自己的一种意义感或身份感，与现代性的意向性和外延性相对应。人的认同可以大致分为两个方面，即自我认同和社会（群体）认同。自我认同是一种内在的认同，它是一个内化过程和内在深度感的体现，个人根据自己的经历形成了对自我的反思和理解。自我认同主要关注个人对自身意义的思考。查尔斯·泰勒对自我性、道德视野、认同和善之间的联系进行了专门研究，认为我作为自我或我的认同是以这样的方式来确定的，即这些事情对我来说具有重要的意义。只有在我们进入某种问题空间的范围内，例如我们寻找和发现善的方向感的范围内，我们才能真正体验到自我存在的感觉。吉登斯认为，自我认同是个人根据自身经历进行反思性理解的自我，自我认同问题可能会引发道德问题。在晚期现代性的背景下，个人的无意义感成为一种根本性心理问题，即感受到生活没有提供任何有价值的东西。当个体的本体性安全受到威胁时，存在性焦虑会出现，自我认同受到影响，导致人们无法把握命运，产生焦虑和道德困境。不同的哲学观点对于道德根源有不同的定位：柏拉图将其定位于思想领域，笛卡尔将其置于内心，强调反省和我思的重要性，康德将其定位于内在动机和内心的道德律令，而在宗教信仰盛行的时代，道德根源来自个人心目中的上帝。教师道德的根源则来自教师身份的认同，教师道德是建立在教师身份之上的，没有教师身份就没有教师道德。教师的存在以身份的方式存在，并被认知。教师身份的获得并不意味着教师道德的生成，还需要经过身份认同的过程。认同是对自我身份的确认，回答和解决关于自我是谁、想成为谁的问题。了解自我是谁，就在道德空间中获得方向感。在道德空间中出现的问题，包括什么是好的或坏的，什么值得做和什么不值得做，什么对你来说是有意义和重要的，以及什么是浅薄和次要的，都与个人的空间方向感相关联，这些迹象存在于人类内心深处。个人的身份认同是自我核心，教师身份为自我认同提供了框架和视角，自我认同也成为教师道德的内在根源。

（二）他者认同是教师道德发展的生存图式

哲学上从他者的视角来认识事物早已有之，柏拉图就认为，只有在不是自己的理念中，人才能认识自己。在一个外在于自身存在的事物之上认识自己，是一种他性逻辑。此后转隐为一种更深的神学指认和伦理学中的善恶双重他者，到费希特和黑格尔开始奠基了他者理论，大写他者在黑格尔那里称为绝对观念。存在主义的他人理论在莱维纳斯以前，他人无论是海德格尔的"常人"即"共在"之于此在还是萨特的别人，即不是我自己的那个自我，他者还都是作为另一个自我，或者是自我的参照，但最终与自我是同一的。莱维纳斯认为，"他者不能归约为另一个自我"，"他者"和"自我"之间是一种异质的关系，而且他者高于自我。莱维纳斯强调的是彻底的他者，或绝对的他者，其特点是他者，绝不能还原为自我或同一，强调其根本外在于任何自我，且抵御着自我自近代以来对万物的统摄。这样的他者，超越我的理解，是不可还原的陌生者，与我相遇的是完全不同于我的他者。他者认同意味着接纳他人，向他人的世界开放自身，开放自身就意味展现，个体生活意义的创造离不开他者，人在世界中生活，就必须与他人、社会发生种种关系，这就是人的社会性之所在。社会上没有抽象的个人，只有承担着各种社会角色的具体的个人。个人是以角色的名义与他人发生关系的，角色本身就意味着关系，身份具有角色性，一种身份可以通过多种角色来实现，他者存在中的他者，必然随着具体的言行场而变易。用他者理论作为关照教师道德的视角，可以发现身份认同不仅仅是自我认定，也要得到他者的认定，他者眼中的我与身份同一时，身份认同才形成。教师的身份与学生的身份相对应，没有学生就没有教师存在。作为身份的主体，教师与学生及其家长、社会等他者进行互动，从而形成自身的认同。学生作为教师的他者，在教师身份认同中扮演着不可或缺的角色。教师和学生是两个主体之间的关系，对他人的呼应实质上是道德关系，伦理意味着与他者的关系。只有在与他者的关系中，伦理存在才有基础。学生对教师的形象和教师自身的言行构成了教师道德的实体存在。

教师在确定自己特定身份的同时，也确定了他者相应的反角色，这种反角色赋予了教师身份的意义。教师在学生面前扮演的是角色，这个角色既体现共性，也体现个性。角色共性由职业规范和社会期望决定，而角色个性则展现了教师自身的人格魅力。角色个性的展示也是满足个体成就需求、体现个体价值的重要途径。因此，教师的角色扮演过程也是展示教师德性的过程。

教师道德与教师的职业生活密不可分，它体现在教师工作中的言行上，将教师道德转化为生活实践的语言。教师的工作对象是人而不是物，这本质上决定了教师工作的伦理性。在教师和学生的关系中，道德以个体之间的互动形式存在，他者的认同过程成为展示教师品性的生存状态。

（三）群体认同是教师道德发展的现实尺度

教师身份是教师个体的职业规定性，也是教师群体专业共同体，每一个专业群体都有自身的伦理规范，任何一个群体都有自身的内部相似性，群体的资格获得、制度规约和伦理规范是确立群体自认同的重要方式。群体的存在是因为群体成员把自身理解为群体中的一分子，并获得认同感和归属感，并且这种身份归属有基本的社会共识。教师群体资格是基于社会分工的后致职业群体。韦伯将这种职业群体称为身份群体，涂尔干称之为职业共同体，认为它们内部存在着实质性的社会互动，是有真实意义的社会群体。教师群体资格通过规则化的社会行为不断地展现出来。规则化的社会行为具有两个基本功能：一是通过外显的方式不断产生和再生产可知觉的教师群体标志，如言行模式、仪表仪态、职业素养和道德品行等。这些群体标志是评价教师群体资格和识别群体边界的基本线索；二是成为教师群体记忆和群体社会表征体系的承载者。规则化社会行为的结果是激活群体资格的显著性，群体社会认同和符号边界在行动中不断产生和再生产。

教师的规则化社会行为受到教师职业特性的制约，职业内部有明确的道德规范，社会对教师群体有明确的期望，如要求教师为人师表、学识渊博、尽心尽力等。涂尔干认为，任何职业活动都必须具备自己的伦理体系，道德体系通常是群体的事务，只有在群体通过权威保护下才能有效运转。道德是一系列行为规范或实践规范，其根本功能是帮助人们相互适应，从而保证群体的平衡和生存。作为群体的一员，个体在认同群体的同时也将这些制度和规范作为自己行为的准则，以保持与群体的一致性。违反这些制度和规范就意味着不认同该群体，可能会被群体排斥。因此，教师的群体认同标志是对这些活动的自觉遵守，对教师专业团体的伦理规范的认知和遵守。这些活动、制度、约定和规范构成了对教师在现实职场生活中评价的客观尺度。

二、身份认同视域下教师道德的建构

教师的身份认同最终指向教师道德发展的实践，教师身份认同以教师道德表现为目的，与教师道德发展同步，是教师主体在职场生活中进行的履行身份职责的一种行动。教师道德作为在个体道德基础上发展起来的职业道德，是教师对职业生活各种要求的认同，是从内心对教师身份的体认与自主建构。从这个角度说，身份认同是教师道德发展的内源性基础，是主体的自我建构。在这个建构过程中，主体面对的是开放性的生活世界，不仅有建构自我的意义世界、建构德性的现实世界还有建构自我归属的符号世界，教师道德发展就是在身份认同的框架下进行的自主建构。

（一）对意义世界的建构，确立教师的价值观和职业观

教师道德发展从根本上说是解决教师人生的目的和意义问题，领悟为师之道，增进教师人生的幸福，也就是教师给自己一个意义世界。意义世界是支撑人在现实世界中安身立命、生活实践的价值理念系统，价值其实就是人的意义世界的生成与澄明，这个意义世界是教师所应把握的一种存在方式，是按照教师自身所认同的存在方式自己创造和建构起来的，表现为教师价值观和职业观的确立。

1.教师道德发展的价值观重塑

在社会转型时期，对生活于其中的每一个个体的自我认同的机制都提出了极大的挑战，教师也概莫能外，它需要每一个教师对自己在社会中的位置、对教师身份进行重新定位，需要对自己的观念和心理进行重组，需要教师不断地重新认识自己，重新塑造自我，对职业生

教师的意义和价值在教育中得到发现和肯定。传统框架中的教师认同被赋予了神圣的特点，教师被视为具有高尚道德人格的知识化身，在学生面前拥有无上的权威。与此相应，献身精神也被强调，将教育视为教师生命的目标。然而，超越传统认同的同时，也要克服现代性的弊端。现代化的进程导致人们追求标准化，普遍性取代了个性，权力消解了权利，模式压制了创新。教师逐渐失去了鲜活的个性和创造力，将自己放逐在自我之外，随波逐流，在集体无意识中迷失自我，放弃了对教师信仰和内心精神的追求。

2 教师道德发展的职业观确立

教师的身份认同是一个不断修正自我认知、不断发展自身的过程。在这个过程中，教师需要建立相应的教育知识和技能，培养应有的态度、情感和价值观，将个人的生命历程与教师职业生活结合起来，选择纯粹、高尚、有道德的职业生活方式。教师将教书育人视为自己的责任，提升专业水平，从职业生活中体验生命的意义和价值，追求教师人生的幸福和卓越，不断迈向教师道德发展的理想境界，通过职业实现自己的人生价值。

海德格尔认为人的存在即是生存，一个人应该以这样的方式生活，将生存看作不断生成、自我创造和自我实现的过程。教师以人的本真意义为根据，

依托对生命意义的理解,将教师身份与职业生活融为一体,从而将教师道德转化为实际生活中的实践语言。

(二)对现实世界的建构,达成角色认同和师生和谐

教师的现实世界是体现教师生命意义和价值的职场生活,职场生活是教师展现道德自我、涵化德性以及进行创造性活动的主要场域,是教师个人超越自身有限性的源泉。在职场生活中,学生作为教师得以存在的他者,是教师意义建构的主要参照系,教师角色和师生关系构成教师道德发展的重要内容。

1.教师道德发展通过角色认同的方式来完成

教师有多个角色,如教育者、榜样、引导者和朋友等,受到学生、家长和社会的期待,构成角色规范。当行为与期望不一致时,会产生角色冲突和他者认同危机,道德受到质疑;当行为一致时,得到认同,行为道德。

2.教师道德发展通过师生关系的和谐得以展现

教师成人世界和学生未成年世界不同,认同与义务的无常是同一个更大问题的一部分,即整个世界处于一个前所未有的局面之中,青少年和所有比他们年长的人隔着一条深沟在互相望着。在师生关系中,学生这个历史异质的他者经历了从不对等的师生关系到对等的师生关系的演变,从前教师是权威,处于绝对的主导地位,教师身份不需要学生的认同;现在人们对教师角色的要求在不断发生改变,强调教师是平等关系中的首席,这必然引起教师的观念、行为模式的调整和改变,教师的角色内涵也在不断丰富,学生对教师的认同对教师有重要影响,教师道德体现在与他者的互动之中,并受到教师专业规范的制约。

(三)对符号世界的建构,获得群体归属和文化认同

符号具有象征意义,教师群体认同核心是价值和意义认同,是教师将自身归为教师群体并与其他群体区别开来的主观意识。教师群体认同建立在行业习俗、集体记忆、专业伦理和教师文化等方面,它们表征了群体认同,职业道德要求和独特标志,对教师心理和行为有重要影响。教师群体认同带来

归属感，激发职业荣誉感和敬业精神，促进教师道德发展。

1.遵从教师群体的习俗与规约

习俗和规约都是群体中形成的对个体有制约作用的一些规定，个体对群体的认同除了感情上的归属，很重要的一个表现就是在意识和行为上对群体的习俗与规约的接纳和遵从。道德习俗实际上是历史地形成的主体在道德上的一种共识或契约。这一共识或契约虽然对群体而言具有主体性，但对特定的道德个体来说却具有客观环境的特质。

从事特定行业的人浸泡在特定行业的职业道德习俗之中。道德习俗的作用在于为教师们提供价值共识和群体道德凝聚力。除了道德习俗还有教师职业道德规范、法律法规和制度规范等作为教师群体的内自省，以此来作为群体内的自我约束，如教师法、教育法和教师职业伦理规范等。这些法律法规既标定教师群体的资格，也是与其他群体的边界划分，还是教师个体认同教师群体的参照依据。

2.强化教师的集体记忆

集体记忆是群体中有关过去事件和活动的记忆，具有传递性和连续性。它使我们认识到过去对现在的影响以及对社会生活的重要性。集体记忆是一个社会建构的概念，不是一个固定的概念。每个社会都有许多群体和机构，它们各自经历了很长时间才形成自己的记忆。在某种意义上，集体记忆是认同形成的核心基础。教师的集体记忆与群体和社会框架密不可分，个体通过将自己置于群体位置来回忆，群体的记忆通过个体记忆的实现而体现自身。

3.熟识教师群体的文化符号

构成教师身份认同的群体文化符号有时间符号和空间符号，共同时间符号赋予时间以另外的意义，如每年9月10日的教师节，一些典型的先进教师受到表彰和奖励，作为重要的事件，有助于强化教师的相关记忆，促进教师对群体的认同。所有文化形式都是符号形式。空间符号也是教师群体记忆不可缺少的内容，如学校、教室、办公室等，与时间符号一起构成身份确认的两个互相弥补、相得益彰的维度，成为教师身份的标志之一。

第二节 高等师范教育实践中的道德体悟教育论析

教育需要实践，学做教师，培育教师专业道德，终归要接触教育实践。教育实践打破了课堂教学的时空局限，促进未来教师增长知识，提升素质和能力，丰盈精神世界。教育实践是教师职前专业伦理教育中尤为重要的环节。

一、教育道德发展与道德体悟教育

教师道德伦理是教师专业性的具体表现，规范着教师的教育行为。然而，在职前教育实践中，教师道德伦理往往被忽视。随着师范大学的综合化和教师来源的多元化，教师职前道德伦理教育的理论研究和实践探索相对薄弱。有人认为，"良好的通识教育加上坚实的人文学科基础就足以完成道德培养的目标"，这种观点将通识教育简单地视为文化素质教育，导致教师道德教育过于泛化，而专业伦理的培养教育则被轻视。

我国目前存在定向和非定向两种教师职前培养体制。自 2007 年秋季开始，六所部属师范大学实施了面向优才和农村导向的免费教育。然而，免费师范生的文本契约和隐性心理契约之间存在矛盾，导致部分学生无法真正领悟教师职业的意义和价值，缺乏教师身份的认同。在非定向培养的情况下，虽然个别师范生自愿选择了教师职业，但他们并没有真正理解教师职业的意义。当这些"准教师"进入教育职场时，由于缺乏价值选择和判断能力，他们的教师道德伦理容易受到周围环境的影响。随着教师准入标准的不断提高，未来教师教育需要建立系统、完善的职前专业伦理教育体系，包括对"学士后"教育或教育学院的需求迫切。

2009 年对六所部属师范大学师范生的 3424 份问卷调查显示，师范生们见习、实习后观念的变化，"更加坚定从教念头"的占 27.1%，"由不想从教到想从教"的占 17.3%，"由想从教到不想从教"的占 3.1%，"以前不想从教，见习、实习后仍不想从教"的占 18.4%，"说不清"的占 34.1%。这组数据表明教育实践环节对成长初期的教师有着特殊意义。

(一)教师身份认同与教师道德伦理发展相辅相成

个体选择和进入教师职业,总会问"为什么当教师"这一问题。寻找这一问题的答案,需要个体在职业生涯各阶段审视自己的动机,增强身份认同,其实质就是个体对意义的不断体认的过程。"意义"包括教师职业的意义、所从事的教师职业领域的意义、教师教育人生的意义等。意义的现实基础是以实践为依托的主客体关系,人关于意义的意识和能力存在差异,不同的人或同一个人在人生的不同发展阶段对主客体关系的理解不同,创造的意义世界也会有所不同。教师个性化意义世界的创造不能游离于教育实践。学校是教师成长的天然实验室,教育实践中创设情境,旨在有意引导、启迪个体理解教师道德伦理,理解教师道德伦理蕴涵的伦理精神和价值意义。教师道德伦理精神的理解和感悟,能够激发教师个体的道德意愿和意志。道德的生长能够保障意义观的树立,促进教师意义世界的创造。

(二)道德体悟以意义证悟关照教师自我认同

张载在《经学理窟·义理》中提到了"学贵心悟,守旧无功",强调学习要有自己的体悟,通过"悟"来促进逻辑认知和心理共鸣,将知识的意义转化为个体的意义系统。这里的"体悟"指的是在特定情境下,个体的精神世界与认识对象进行互动,通过经历和觉悟达到新的精神境界的认识活动。强调"悟"是因为它注重经历和过程,并且更加强调内化的过程。道德体悟是一种包含价值判断的关系融通性体验,道德体悟教育关注个体的健康成长和发展,以理解意义为主要内容,将体验教育和心悟教育相结合,启发个体积极地理解道德存在的意义和道德精神的内涵,实现对知识的主观精神化。通过成为积极的道德自我,个体能够主动地追求理想的最优自我。与一般经验和认识相比,积极意义的体悟更加深刻、持久、神秘和热烈。

道德体悟教育的核心目标是让个体积极地理解意义。单纯地灌输或强制性地说服个体将道德超越视为构建意义世界的唯一途径只会适得其反。道德体悟教育作为教育实践的重要组成部分,要求指导教师将其融入教学过程中。

通过结合规范约束和价值引导,个体了解应该做什么、不应该做什么,以及如何去做、如何不做,明白做了不应该做的事会有什么后果。在实践中学习,在实践中认知逻辑和产生心理共鸣,通过领悟和逐渐体悟,理解教师专业伦理规范所蕴含的专业伦理精神和价值意义,道德的感召力将会显现出来。道德教育以过程渗透的方式能够消除学生对道德学习和实践的抵触和反感心理,对教师的自我认同具有积极的影响,而教师的自我认同又会促进教师专业道德的自主发展,两者相辅相成。教育实践中的道德体悟教育比课堂教学更直接、更深刻,而获得的体悟将具有更持久的感召力。

二、高师教育实践环节的道德体悟教育策略

教育实践是整体性学习过程,关照实践教学的整体性及学生学习的主动性,在促进职业行动能力提高的同时,将道德体悟教育的过程渗透于"师导生创"实践性教学模式,依托见习、研习、实习、教育叙事等实践性学习领域,让学生获得道德情感体验。

(一)在参与性教育实践中"以境表道"

教育实践的首要环节是参与性实践。参与性实践的教育目的,是让高师生从教育者的角度感受、了解和思考学校的教育教学实际,使他们在学习各门类课程时能以亲身体验为基础,增强学习的目的和动机。参与性实践强调以意境开阔学生的意义视域,增强学生的认识和情感体验,矫正并强化学生的意义意识。置身于意义场,个体获得整体直觉生命体验,将感悟到的东西转化为内心需要,不但了解教师专业伦理规范及相关法律要求和责任,而且感悟教师的道德境界,促逼其逐渐抛却经验的狭隘性和主观性。

实践是个体发展的聚集点,受内外因素的影响。参与性实践需要创造意义教育情境,通过价值发现和引导等手段激发个体的体悟能力,并提高学生的意义意识和能力,促进内外因素的相互作用和融合,激发学生的主动感悟。个体在实践中的自主程度取决于意义教育情境的感召力,而创造意义教育情境的关键在于选择和利用德育资源。在生活德育中,有许多可供选择的德育

资源，教师作为德育资源的搜索者，应有意识地向学生展示教育生活中美好的一面，引导他们寻找意义和滋养，以境表道、以境怡情、移情化性。以境表道意味着让学生进入课堂教学的意义世界，感受教育生活的完美、自由的意境；让学生了解优秀教师、教育家的日常教育和教学生活，在相遇的时刻体悟意义型教师的诗性教育人生的意义；让学生进入意义型学校，体验可能的意义世界的宁静。通过置身于教师的意义世界，学生可以听到其声音、在心中领悟其意义。当个体与情境进行道德审美的沟通并产生共鸣时，道德体悟学习将从认识层面进入审美层面，个体将获得美的享受和精神上的满足，而审美对象将唤起个体对诗性教育人生的向往。"信念通向信仰的途径如下：遇到了某种非常真实的事物——某个真实的人、某个故事中的人、自然的某个部分、某本艺术著作或某件艺术作品、自己的存在的某个部分；这种事物通过成为神灵自身拥有的品质的形成，具有暗示神灵存在的超常品质；这些超常品质使人深感触动，开启人的心灵，从而使人觉得自己接触到神灵的特殊显现，其原因在于它在很大程度上具有某种神圣品质的形式。"审美是个体对完美的体验，虽然这种体验短暂且可能是虚幻的，但通过对道德美的领悟，个体可以展现可能的世界，内心的信念推动个体创造美丽、成为美的人的需求和动力。从被动地参与实践、适应学习生活，到主动与审美对象进行沟通、积极地塑造理想的自我，美是一个巨大的教育者。通过参与性实践的道德审美体验，个体能够理解生活的广阔，并勇敢地创造意义世界。正如《大学·一章》所曰："知止而后有定；定而后能静；静而后能安；安而后能虑；虑而后能得。"

（二）在模拟性教育实践中"体道参悟"

模拟性教育实践是利用现代信息和教学手段，使师生在模拟教育场景中进行教育实践，它是高师实践教学的重要环节，是学校检验学生是否胜任教师教育专业的有力举措。现阶段，中小学、特别是重点学校大多不愿意接受高师生到校实习，担心教育实习会影响正常的教育教学秩序和教学质量。要提高人才的培养质量，高师院校就必须解决教师教育的资源性难题。除本着"双方互惠"的原则，建立稳定的实习基地外，还应高度重视，真正落实模拟性教育实践的研究、开发工作，加快学校信息化和教育、教学手段现代化的建设，丰富模拟实习的内容和形式，提高其质量。

教师道德智慧是通过不断向他人和未来的开放过程中逐渐领悟而形成的，而这个开放过程也是一种互动合作的过程。个体在模拟性教育实践中通过"参悟"来体悟道德智慧，其中"参"表示研究和学习的过程，"悟"表示通过研究和学习产生内心的感悟。模拟性教育实践过程中，学生经历教学、评价、再教学、再评价的循环锻炼。师生利用多媒体手段模拟再现教育场景，在教法、学法等问题上，与校外的教育专家、优秀教师、中小学生、校内教师和同学进行互动合作和交流，扮演教师、学生、学习者、评审者和被评审者等不同角色。在模拟实践中，需要真实地扮演角色，并进行坦诚、全面和合理的自我评价和互相评价。只有积极的互动合作才能提高模拟性教育实践的有效性。狄尔泰认为，生命不是一个坐在世界舞台面前的观察者的行为，而体现为作用与反作用的关系，个体对各种善和价值的持续不断的创造来源于各种个体、共同体和文化系统的互动合作，"这些互动合作是由下列事实决定的，即为了实现各种价值，这些个体都服从各种规则，并且为他们自己确定各种意图。这样一来，任何一种合作形式，就都是建立在以某些存在于人性之中的、把这些个体结合起来的性质基础之上的"。通过直接或间接合作，师生、生生积极互动，提高个体对周围关系世界的融通领悟力，个体获得成事、成己、成人的体悟，领悟相互尊重、公正、关怀的意义，在互动合作中获得顿悟、渐悟，增长道德智慧。

模拟性教育实践与其他教育实践不同之处在于，它允许学生在尝试中犯错误，而不必为可能的错误承担过大的代价。外界的压力、羞耻感和良知的发现等因素促使个体进行批判性反思，通过积极的道德体悟学会处理教师专业生活中的各种关系。在试误中，指导教师能够运用教育智慧引导学生主动发现道德问题，提高专业道德意识和道德智慧，有意识地培养学生的对话美德，通过积极的对话氛围促进个体的内外协调和统一。

（三）在研究性教育实践中"入境自悟"

研究性教育实践不是简单地将学生放在实习学校中像牧羊一样放逐，而是采取开放式的师导生创实践性教育模式，以便指导教师有更多机会指导和影响学生。实习生在指导教师的指导下，在实习学校中既扮演教师角色，又进行研究，实现理论与实践的相互融合。在个体与他者的互动交流体验中，从个人的体验逐渐转变为与他人的体验，并最终升华为自我体验，这是一个漫长的过程。在意义探索的过程中，未来教师可能会遇到挫折，陷入迷茫状态，此时需要善于并乐于进行意义关怀的指导教师来开启他们的领悟，增强他们对教师职业的认同，并明确他们的教师职业目标。

在研究性实践中，指导教师有着重要的使命，即进行价值引领。这要求关注指导教师的个人品质。高等师范院校应该建立多元结构的指导教师队伍，包括学科专业教师、教育学院教师和中小学的优秀教师等。大学与中小学之间，以及指导教师团队内部应该建立真正的合作伙伴关系，以便在指导过程中分工合理、职责明确。同时，师范院校应该建立评价激励机制，加强过程性考核，将道德体悟教育作为实践教学的重要组成部分纳入评价体系中，从制度上确保道德体悟教育的实施。师范院校应尽可能让学生在不同学校环境和学生群体中进行专业实践，以研究性问题为纽带，促进学生与实践专家的积极互动，建立基于意义关怀的师生关系。杜威认为，"指导是一个比较中性的词，表明把被指引的人的主动趋势引导到某一连续的道路，而不是无目的地分散注意力。"在研究性教育实践中，自由与指导之间存在一定的张力，指导并非简单的规训或形式化的慰问，而是对学生的关怀、促进。指导教师扮演着引导者、启发者、协作者、精神关怀者、守望者的角色，师生、生生以行动研究为媒介，通过亲身实践、研讨等形式互动交流，引导、启迪高师生发现价值、澄清道德困惑，促进逻辑认知与心悟共鸣、共振。

（四）在教育叙事中"反思领悟"

叙事性陈述是人们理解、揭示生命意义的一种方式。教育叙事是叙事的一种形式，它是叙事者从真实的教育生活中采撷出的意义事件，在叙事过程中，叙事者按照自己的意义需要和体悟，有意识、有目的地对体验进行加工、润色，抽象、普遍的意义在教育叙事中被鲜活地、个性化地表现出来。叙事者在教育生活过程中发现、探究、澄明意义，教育叙事是提高叙事者意义意识和能力的一种学习方式。布鲁纳认为，人类具有惊人的叙述天赋，人类在叙述中对体验进行润色的能力不仅是儿童的游戏，还是人类构造意义的工具。世纪末以来，人们逐渐重视叙事教育方式。对叙事者来说，"体验到自己作为一个具有个性的存在而带给周围世界与他人的欢乐，因自己的存在而丰富大自然之生物多样性的安宁感、和谐感、满足感和幸福感。这时，你的存在时空获得了巨大的、无限的延伸，对自己的存在意义获得了空前的领悟，体验到自己是作为自己而存在的"。教育叙事帮助叙事者整理自己的专业经历，展示教师的多样性、潜力和必要性，其个性特质引导他人产生共情体验，改变他们的教育和工作方式。通过教育叙事，个体可以理解教育的意义、教师教育人生的意义以及教师专业伦理精神。作为反思性学习的一种形式，教育叙事包含了反思、对话和参与的有意义互动过程，具有教育性质。

高师生在各种教育实践活动中都有自己独特的经历。他们总是有意无意的影响高师生对教师教育人生意义的理解，记忆总是挑选那些具有重要意义的时刻。闲暇时反思教育事件，产生以叙事性陈述方式表达的冲动，教育叙事触及个体精神世界的建构，拓展了理论学习与实践的深度。"实践活动的深度关键不在于单纯数量的增加，而在于实际质量的提高；不在于表面的外显行为，而在于能够转化为内在的精神生活。"教育叙事是高师生反思教育经验、探索教育原理、叩问和诠释教师教育人生意义、引导他们迈向教师意义世界的一种方式。"当叙事成为教师日常教育生活的一部分，意味着教师对自身教育生活的不断探问、反思和对意义的关照成为教师教育生活的基本姿态，实际上就意味着叙事成了教师改变自身日常教育生存状态的契机，成为教师不断走向美好教育生活的可能路径。"教育叙事助反思、获幸福感、揭学生意义领悟、师德教育，提升学生个性、学校德育。

真实是教育叙事基石，自愿表达才启迪、感染、启示他人，珍视教师身份，学校应以优秀教师故事感染学生，通过座谈会、讨论会引导批判性反思，强化道德价值，选择道德榜样宣传，激发移情体验，教师应发现道德两难问题，引导体悟道德修养。

第三节　组织文化下的大学章程建设

大学章程作为大学的"基本法",是彰显大学办学理念、引领大学组织文化、凝聚大学组织力量的基本保障,也是大学依法治校、理顺内外关系、建立现代大学制度的法律依据。故此,《国家中长期教育改革和发展规划纲要》(2010—2020年)明确提出了建立现代大学章程。本研究试图以组织文化学的角度解读大学组织及其章程的文化特性,剖析大学章程缺失的危害,对我国大学章程的建设提出相应的建议与对策,并求教于方家。

一、大学组织文化的内涵及其特性

社会组织作为人类协调活动的集合,需要将其活动和任务有机地连接成一个整体,并逐步实现成员和系统活动的统一。组织成员基于对组织目标的认同,在活动中形成强大的力量。组织文化是通过影响成员的价值信念系统,深刻地影响成员的态度和行为。它根植于组织成员的特定基本信念和价值观,形成特定的行为准则,指导成员的组织活动和行为方式。组织文化还通过影响成员的价值观和行为方式,进而影响组织的运作,使成员的行为朝着有利于实现组织目标的方向发展,从而有效地整合组织。

组织文化在一个组织中扮演着重要的角色,包括标识、规范、约束、凝聚和适应等功能。研究发现,组织文化通过影响知识分享来影响组织创新,进而间接影响组织绩效。组织文化为成员提供了言行举止的标准,引导和塑造他们的态度和行为,从而促进有效的沟通和合作。这套价值体系决定了组织内部人们的相互关系,包括沟通方式、鼓励的行为、不可接受的行为以及权利和地位的分配。组织文化被视为不同层面之间知识交流的媒介,创造了一种社会互动环境,最终决定组织如何有效地创造、分享和应用知识。

大学是一种特殊的社会组织,也是特殊的文化组织,其组织主体、组织内容、组织活动及其形式都具有鲜明的文化特性。大学组织文化包括以下六个因素：环境、使命、社会化、信息、战略和领导。环境指组织对环境的定义和成员对环境的态度。使命指组织对使命的定义以及成员对使命的认同程度。社会化指社会化对成员的意义、方式和成员对自身社会化程度的认知。信息指组织的信息组成和信息分享程度。战略指组织战略制定的主体和程序。领导指组织领导的构成和形式，以及成员对领导的期待。由于大学的目标、结构、专业和学科属性多样，而成员的思想自由和思辨活跃，科恩和马奇在《领导与模糊性》中将大学的组织形式描述为"有组织的无政府状态"。大学作为一种特殊的社会组织，通过组织文化将看似松散的结构联系紧密，并形成不同的学科和专业群体。虽然看起来像是"无政府状态"，但实际上是有序的，尽管看起来有序，但实际上又是相对松散的。大学的组织文化具有鲜明的特点，决定了大学制度的文化方向，与其他社会组织存在明显差异。我们认为，作为文化组织，大学的使命得以展示在其文化和正式章程中。使命是大学坚守的精神所在，规定了大学作为组织的价值，并规范了其发展方向。大学组织成员通过组织章程共同构建组织的价值理念，培养组织认同感，营造组织文化氛围，在无序中实现有序的创造和分享，更有效地展现大学的使命和核心精神。

二、大学组织文化的制度保证——大学章程

亨廷顿认为，作为一种规范性文化，制度"不过是稳定的、受到尊重的和不断重复的行为模式"，"社会规范和制度对人们行为指出一定的方法，形成一定的样式"。大学制度就是大学的"制度性文化"，也就是说大学必须遵循这样的规范体系及其组织文化心理制度。组织成员自觉地按照组织的价值理念与制度文化来规范自己行为的力量，在社会学家埃茨奥尼（Amitai Etzioni）看来是一种"规范权力"。埃茨奥尼指出，个人对组织的服从主要有两个原因。个人对组织的服从基于组织的控制结构，即通过组织的权力和权威结构确保个人服从组织，这称为结构方面的服从。组织成员服从组织是因为他们愿意致力于实现组织目标。大学是由专业人员构成的"价值理性"组织（Value Rational Organization），其成员对价值具有绝对的信念。通过组织

的价值和信念，个人的活动与大学组织的目标统一，实现大学组织成员的整合。大学章程的建立和推行在引导成员的目标导向、价值观引领和利益调整方面发挥着重要作用，对于大学组织文化的成员至关重要。

从大学章程建立的目的来看，其目标是达成举办者对大学设立的基本问题的一致意见，体现了举办者的意愿。大学章程的主要目标在于明确举办者在大学设立中的权利义务关系，明确大学的内部机构设置和运行机制等内部关系。这种关系的确立与明确是大学制度的重要文化特征。

从大学章程的价值与功能来看，大学章程具有以下功能：一是维护大学教育的合理秩序；二是提高大学的运行效率；三是实现大学管理的民主化；四是保障大学主体之间的公平性。

从大学章程所调整的关系角度来看，大学章程是连接高等教育法和大学规章制度的纽带，形成内外衔接、和谐一致的大学运行规则体系，是建设现代大学制度的必然趋势。

虽然大学章程是一种在国家法律之外的行为规范，由大学自身实施，其效力仅限于特定大学的成员和相关主体，不具有普遍约束力。然而，大学章程是大学自主管理和依法治校的法律基础，也满足了大学举办者和管理者对大学监督和管理的需求。

大学章程是一份以条文形式对学校重大事项进行全面规定的规范性文件。其内容形式包括绝对必要记载条款、相对必要记载条款和任意记载条款。

绝对必要记载条款是指在章程中必须记载的事项，缺少其中任何一项将导致章程无效。相对必要记载条款是依法应该在章程中规定的事项，制定者可根据具体情况自行决定是否记载于章程，但这些条款的缺失不影响章程整体的效力。任意记载条款是指大学举办者认为有必要记载的事项，法律没有明确规定其形成与否，但一旦条款形成并经核准，就具有法律效力，举办者和办学者都必须遵守。

可以认为，章程的绝对必要记载条款体现了高等教育法对大学章程内容的统一要求，而相对必要记载条款和任意记载条款主要反映了举办者的意愿，使举办者能够将自己的意图体现在大学章程的规定中，有利于学校按照举办者的意愿进行办学，形成独特的风格和特色。

三、我国大学章程

德国拉伦茨认为"章程是在法律规定的范围内对其成员有约束力的内部规范，它仅对加入社团从而自愿服从这些规则的人有效。"组织章程对于法人组织是不可缺少的，作为社会组织的大学同样如此。大学是具有法人资格的独立自主的民事主体，所以必须有自己的章程。从组织文化学的法理角度来看，大学章程不仅是对大学自身组织结构和行为能力的基本定位，也是对其组织内外关系运转的基本规定。这种章程制度一经确立，理应体现大学举办者的意志和利益，为形成正常有序的大学教育秩序提供制度保障。

近代中国大学在建立和发展初期，几乎每所大学都有自己的章程作为主要规章制度。然而，新中国成立后，大学管理采取了政府高度集权的模式，大学逐渐成为政府的附属机构，政府成为社会与大学之间的中介，大学的办学自主权在政府的计划下几乎消失。长时间以来，大学的规章制度只是将政府的相关政策、条令和教育规章具体化而已。在这种情况下，大学制定章程的必要性和可能性几乎为零。《教育法》明确规定：设立学校及其他教育机构，必须具备某些基本条件，包括相关章程。《教育部关于实施〈中华人民共和国高等教育法〉若干问题的意见》指出："根据《高等教育法》第二十七条和第二十八条的规定，今后申请设立高等学校者，必须向审批机关提交章程。在《高等教育法》施行前设立的高等学校，未制定章程的，其章程补报备案工作由其教育主管部门制定规定逐步进行。"《国家中长期教育改革和发展规划纲要》（2010—2020年）第四十条明确提出"完善中国特色现代大学制度，加强章程建设，各类高校应依法制定章程，依照章程规定管理学校"。但是今日之中国大学，悉数制定大学章程的要求远未实现。当前我国大学章程的缺位与缺失突出表现在于大学章程"无章可依、有章难循"的现象。

目前，我国大学办学中的非理性现象与缺乏或不遵守章程有关。例如，政府作为公立大学的举办者应按法提供经费，但目前拨款随意；此外，不良贷款、无序扩校、盲目升格和扩招等问题与缺乏有效监督和规范有关。实际上，很多大学仅将制定章程视为设立的必要条件，而在实际工作中未按章程执行，大学章程的法律地位成为名存实亡。

作为具有法人地位的社会组织，中国大学章程建设为何举步维艰，抑或形同虚设？其作为组织文化的重要形式，为何不能发挥其明确组织目标、凝聚组织力量的文化功能？主要原因在于，作为组织文化的主体，大学对于其自身价值与法律地位认识的局限性。当下，组织文化的主体——大学，其价值观念牢牢地囿于计划经济思想的束缚，远远没有树立与现代大学制度相匹配的价值观念和法治观念。正如别敦荣在《大学章程价值研究》的序言所说："在当前大学章程还没有引起实际工作者，包括政府主管部门和学校领导、教职工高度重视的情况下，关于章程操作性问题的研究难以发挥实际作用。"由此看来，建立现代中国大学制度的艰巨性，与我们对大学所持的价值观念、组织文化地位不无关系。

原有的大学规章制度对大学章程的建立与推行造成消解。许多大学在发展过程中制定了各种具体措施和规章制度，但这些制度没有准确揭示大学作为文化组织的性质。长期以来，对这些规章制度的依赖形成了办学思维定式，进一步阻碍了大学章程的制定与运行。

大学章程制定程序与运行程序的缺失导致其法定地位的缺失。在我国，大部分大学是章程的实际制定者，教职员工代表大会是表决机构，校长是负责人，教育主管部门是审批者。然而，政府作为公立大学的举办者，并未在章程的制定者资格中体现其法定权利。章程制定主体在制定过程中的缺位，制定程序的不合法、不合理、无序，是我国当前大学章程制定中的主要问题。这可能导致大学教育主体错误地认为，章程只是大学成立的条件，并未意识到其重要性，从而忽视了大学章程的实际价值。

四、大学章程是建立现代大学制度的必然路径

大学必须制定章程作为其组织文化的载体，以实现科学研究、人才培养、社会服务等功能，因为大学拥有自主独立的法人实体地位。哈佛大学早在1650年就制定了章程（Harvard Charter of 1650），规定了学校性质、组织结构、权

利、印章、财务等方面的事项。正如前哈佛大学校长陆登庭所言,哈佛大学确立了明确的办学理念、一套系统的制度和运行机制,即使没有校长,仍能正常运转。制定大学章程符合世界高等教育发展趋势,也符合我国高等教育的发展趋势,以及我国大学组织文化理念制度化、大学制度改革和创新的必要要求。那么,如何实现大学章程在大学组织文化制度中的作用呢?

第一,要规范大学章程的制定和生效程序。重视大学章程制定主体的合法性,大学章程应综合反映学校意愿和国家意愿,以获得广泛认可并发挥有效作用。大学的各利益相关方应积极参与大学章程的建设全过程。大学章程制定主体应基于调研结果设立章程起草机构,征求广泛的大学利益相关方对章程草案的审议,通过教职工(代表)会议表决通过草案,提交主管部门审批并备案公布。一旦大学章程获得教育行政部门的核准,就具备法律效力。为了让公众更全面地了解大学章程,有必要通过各种形式进行公开。只有这样,大学章程才能内化为各利益相关方的自觉行动,更好地约束彼此行为,提升大学管理者按章办事的自觉性,增强师生员工对大学章程的认同和参与意识。一旦确立大学章程,学校依照《教育法》具备自主管理的权利,政府或其他机构对学校的过度行政干预就失去了法律依据。只有这样,才能实现组织文化的标志、凝聚、约束和导向功能。

第二,要注重大学章程制定的组织文化价值导向性。大学作为文化组织的主体目标是大学使命的具体体现,章程要明确大学的性质,规划其自身发展的目标,明确其组织法人的地位,确立大学制度性保障。为了使大学真正拥有办学的自主权,通过立法确立其自主地位,是现代西方发达国家的普遍做法。考察英、美、德、法、日等国大学章程,其章程的共性表现在:大学章程会同有关法律,廓清了大学和政府及其他社会组织的界线,明确了大学自治的空间和自治的范围,因而成为大学立校、运行的合法依据,确立了大学的基本管理运作体制。这样的大学章程使大学内的每个机构、每个成员都知晓未来的发展方向和目标,起到了一种潜移默化的价值指引作用。

第三,要注重大学章程内容符合大学的组织文化性。章程应明确大学的组织目标、决策机构、行政机构和学术机构的划定及权责分配,明确大学各项重要事务的运作程序,以确保办学效率和约束机制的制度性保障;同时,对大学章程的适用范围也要进行规定，解释和说明所使用的条款规定的适用范围，以避免产生争议；应完善解决争议的制度，建立诉讼和复议等措施，符合法律要求。此外，对于涉及使命、目标及相关具体内容的修改应慎重，如有修改，必须按照法定程序进行。只有这样，大学章程才能成为理顺内外关系、健全内部管理体制的典范。

第四，依据大学章程建立和完善学校制度体系。大学在制定章程后，需制定与章程相关的细则以增强其可操作性，使章程更有效地得到实施。应废除或修订过去发布的规章制度，以章程为依据。对于中国大学，需确定党委全委会、常委会、校长办公会和书记办公会的议事规则；规定各学部（学院）的组织规程，必要时修订学术委员会章程，并确定各级学术委员会的组成，以组织文化制度的形式有效保障行政权力与学术权力的平衡。

第五，作为组织文化的制度保障，大学章程必须适应依法治校、高等教育体制改革和学校事业发展的需要，进行适时的修订和完善，同时相应的规章制度也需与章程同步修订和完善。通过规范章程，使各项制度明文化，为高校的和谐提供完善的制度保障，实现章程的真正落实。

中国现代大学教育制度的建设任重道远，建立健全大学章程是其重中之重，完善大学章程的确立、运行程序，保障大学章程的有效实施，才能真正凸显大学章程作为组织文化的核心功能。

第四节　论高校德育实体的放逐与过程的拯救

改革开放以来，我国伦理道德发生了显著变化，其中最基本的特征是伦理与道德发展的不同步，伦理保持传统，道德朝向现代。当前中国高校面临着德育困境和德育效果不佳的双重挑战，其原因可以归结为高校德育实体的弱化、道德自由替代伦理认同、道德知识与行动的不一致、道德功利主义的盛行。中国高校道德教育的功能缺失和伦理退缩，表现为其道德哲学的"缺乏动力"。而"精神"对个体、组织及其生命来说，具有始源性和终极性的意义，因为它不仅"是一切个人及其组织行动的不可动摇和不可消除的根据地和出发点"而且"是一切个人及其组织的目的和目标"。培育大学及大学人的精神，需要道德作为大学的灵魂作为支撑，使得大学构建"有精神"的组织文化生命。

本节旨在通过对比中西方不同文化语境，对当前中国高校伦理道德的本质特征进行深入探讨，回归到文明史和现实生活中长期共存的"伦理"和"道德"，并基于道德的哲学本质和大学的使命，提出建立中国精神的高校德育新生态的设想。

一、中西不同文化语境对道德与伦理的殊异解读

在中国传统道德哲学的话语体系中，伦理道德的精神过程表现为："伦—理—道—德—得"的样态，并且呈现"伦—理""理—道""道—德""德—得"这样的递进序列。从实体的范畴来考量，"伦"即为伦理实体，它经由"精神"而建构"人"的生活共同体，作为伦理实体，"伦"既是个体行为的出发点与最终归宿，也是其现实性与合理性的表现。中国传统伦理观认为，对于"伦"的自觉体悟便是"理"，对"天伦"与"人伦"的把握便是"伦理"；而从过程范畴来看，"理"是"伦"的思维与认知形态，如果其转换为意志与冲动形态，那就成为"道"。客观实体存在的"伦"，经由"理"

与"道"的过程环节，在个体、群体中形成内在的普遍性，这就成为"德"。例如《孟子·滕文公上》曰："人之有道也，饱食、媛衣、逸居而无教，则近于禽兽。圣人有忧之，使契为司徒，教以人伦：父子有亲，君臣有义，夫妇有别，长幼有序，朋友有信。"从中我们可以看出，中国传统文化语境中的"德"的本质就是基于个体内在的伦理普遍性，"伦理"的内在普遍性在处理"道"的关系时才形成"得"的结果，只有现实的伦理准则、道德准则与道德实践产生关系时才能使伦理道德获得精神的现实性。由此我们认为，中国传统语境中的"伦"是客观的"天伦""人伦"实体存在，"理"是认知形态、意识形态实体的"伦"之实体表现，"伦"在向"理"的转换过程中，由"实体"转向"过程"，而"伦理"向"道"的转换就是意识向意志、思维向行动的过程转换。"德"便是经由"理"与"道"两个过程而实现"伦"的内化与体悟。当可能性的"德"外化为现实、内化为品质时便形成"得"的生活与生命秩序。由此看来，"伦—理—道—德—得"实体要素及其过程构成了中国传统伦理道德哲学的有机生态，任一要素的缺位与脱节，都会导致伦理道德合理性缺失及其内在的精神哲学风险。

在西方道德哲学史上，康德等思想家主张以道德取代伦理，强调个人的自由意志而非共同体的生活。这一理论对现代西方道德哲学和实际伦理生活产生了复杂影响。黑格尔对此提出了批评，并在《精神现象学》和《法哲学原理》中详细探讨了伦理道德发展的精神哲学过程，并试图实现伦理道德关系的辩证回归。黑格尔说："在考察伦理时永远只有两种观点可能：或者从实体出发，或者原子式地进行探讨，即以单个的人为基础而逐渐提高。后一种观点是没有精神的，因为它只能做到集合并列，但是精神不是单一的东西，而是单一物与普遍物的统一。"自黑格尔起，西方哲学界越来越多的人赞同"伦理本性上是普遍的东西，这种出自自然的关联本质上也同样是一种精神，而且它只有作为精神本质时才是伦理的。"西方现代道德哲学认为，伦理具有普遍性和精神本质两个基本要素。伦理通过实体的方式在个体与社会的同一性中构建精神。伦理的精神是如何产生的呢？当理性意识到自身即是世界，世界即是自身时，理性就变成了精神。在西方哲学语境下，伦理观认为，当理性将自身客观化为实体并创造出自身的世界时，理性便升华为精神。因此，道德精神既具备理论性质，也具备实践性质。精神不仅存在于概念或理念中，追求人的普遍性和价值，还通过实践行动将个体从个人存在不断扩展为普遍存在。

从以上伦理观解读中可以看出基于"精神"的道德教育强调以"单一物与普遍物的统一"，强调道德伦理的合理念性、合统一性而追寻道德实体的"精神家园"；与此相对，"没有精神"的"理性"道德教育的哲学特质表现为：以个体主义为核心"原子式地进行探讨"，个体是目的，伦理的共同体作为实体是工具而并不是道德的归宿。

二、中国高校德育实体的放逐与大学精神的异化

中国道德哲学和道德教育领域存在两个常见但并非真正了解的观点：将伦理和道德视为同义词，以及将道德等同于实践理性。至今，关于道德与实践理性的关系，我们仍然缺乏基本的共识。一方面，我们从康德的哲学中寻找关于道德与实践理性的讨论，另一方面从亚里士多德的哲学中探索这种传统认知的根源。然而，我们需要注意的是，作为"理性"的哲学起源于西方哲学话语体系和文化语境中。对于中国哲学，尤其是对中国传统道德哲学和道德教育而言，它是一种外来的话语体系，因此我们不能将道德哲学中的"理性"视为适用于所有道德和道德教育的普遍根源。否则，这只会导致道德文化的殖民化并引发道德价值异化。忽视中国传统道德教育内在逻辑的研究思路和"西方化"的研究范式，忽视了中国传统道德文化产生的社会和文化机制的独特性，以及多元道德传统文化影响的共存特点。此外，正如康德所指出的，虽然道德可以通过纯粹的理性实践并外化为现实，这是一种实践理性，但这并不能简单地证明道德就是一种实践理性，因为政治、经济、技术等也与道德一样属于实践理性。

尽管中国传统哲学没有专门表述"理性"一词，但这并不妨碍中国传统道德哲学和道德教育在基于伦理型文化的基础上对道德实践理性和道德精神进行探索。进一步说，通过充分的中西"对话"，道德哲学的理性精神可以成为"中国的"和"中国人的"。在中国当前的高校中，存在着广泛流行的"没有精神"的伦理观和道德"理性主义"。调查数据显示，这种"没有精

神"的伦理观、道德观和道德教育对现代中国产生了相当大的影响,特别是对社会群体,尤其是青少年和大学生的伦理方式、道德方式和道德世界观的转变。大学的使命是培养具有社会性、自然性和个体性的"存在人",然而,以"实体理性"来定位高校的道德教育导致现代道德哲学和道德教育走上了"没有精神"的错误道路。这种"实体理性"忽视了大学作为特殊社会组织和文化组织存在的精神特质,具体表现如下。

1.高校伦理实体与道德自由产生断裂

大量的调查发现,在我国当下高校德育中,道德过程要素的缺失导致了道德主体的缺场、缺位,高校德育追求游离于具体伦理情境的虚无,当代大学生缺乏对"个体至善"与"社会至善"的整体思考与判断,崇尚个体道德自由以牺牲社会道德伦理秩序为代价的现象大有市场。

2.高校道德精神隐退

大学作为社会组织和文化组织,其道德精神的发展应该合乎伦理性,同时也要表现出对社会的批判、反思和引领的特质。然而,当前高校的道德教育缺乏对德育主体进行社会批判精神的培养,既缺乏德育实体要素的学习,也缺乏道德批判意识引领者和建设者的培养。这使得大学作为社会精神家园的建设面临着困难。

3.道德知行的分离越来越严重

一方面,中国传统的道德理念被曲解、被盲目地怀疑,造成道德怀疑泛滥;另一方面,对马克思主义道德理念一知半解造成道德虚无,对西方道德哲学的囫囵吞枣造成道德理智"傻瓜"。更为严重的是,道之"理"与道之"行"相脱节,"伦—理—道"相分离。"德"的理性认知形态压制其道德行动,我们理性地分析道德行为对于个人的"得失"而致使"大学人"能明辨"道德"却"理智地不作为"。道德"理智地不作为",是我们的大学注重课堂"道德知识"灌输,少有道德情境、道德践履造成的恶果。

4.道德功利主义大行其道

"伦—理—道"相分离,必然使"德—得"不成。正如古人所说,"德者,得也。"何以"得道"?黑格尔说:"一个人必须做些什么,应该尽些什么义务,才能成为有德的人,这在伦理性的共同体中是容易谈出的:他只需做在他的环境中所已指出的、明确的和他所熟知的事就行了。"反观当下之高校德育，诸如"道德公交卡积分""道德银行"等让功利主义"理性"地侵蚀着伦理和道德。

高校德育正面临被边缘化的问题，即使在大学课堂上，道德教育要么被法律教育等所取代，要么变得过于学科化和知识化，与学生的生活经验疏离。这种做法从根本上剥夺了学生自由决定和自由创造的权利，也取消了道德责任的内在根据。灌输只能在一定程度上改变人们的行为，但不能从根本上改变人们的观念。道德教育在追求理论的科学性和合法性的同时，也失去了与鲜活的道德教育实践相联系的机会，失去了道德教育原本具有的感性力量，变得只是学者们传阅的手稿，或者是彼此解读和辩论的工具，显得有些虚幻和无奈。高校伦理精神的衰退和实体同一性的丧失正在削弱高校德育的有效性；对传统道德的无节制否定意味着我们失去了自己的道德记忆和道德传统；对马克思主义道德哲学的片面理解使我们无法把握未来高校道德的精神家园将建立在何种基础之上。在虚无的传统道德历史、缺失的现代道德理性和迷茫的道德精神家园中，我们的高校将游离其中，而我们的大学精神又如何能够引领和推动社会的发展呢？

三、组织伦理论域下的高校德育过程审思

组织是道德哲学研究的核心，组织伦理是其关键。组织的形成标志着组织目标、结构、文化和伦理的建立。组织伦理关注实现伦理实体和道德主体的过程，其中精神是组织成为实体的必要条件，即伦理精神是组织成为道德实体的要素。组织伦理的重点是解决组织道德问题和建设组织道德，通过构建组织的伦理实体，在社会和个体互动中有序有效地构建伦理世界。作为社会和文化组织的大学也是一个伦理组织，应具备道德品格，成为道德责任主体的要素。

过程哲学认为，事件是宇宙中流动的基本单位，道德教育及其事件是道德实体与时空关系的场所，因为空间和时间本身是事件的抽象。过程哲学提供了一个新的视角和研究范式，坚持"过程即实在"的观点，为我们静态的

高校德育提供了全新的视角。从过程的角度看待高校德育，德育的内容是在多种实体因素相互作用的过程中展开的，德育以"过程"和"关系"的形式存在。这种过程不仅涵盖了德育的"是什么"思考，也包括了德育的"为什么"思考，以及动态生成的实践中的"如何做"。在"是什么""为什么""怎么做"的关系性德育思维过程中，高校德育要求师生以网络思维方式思考、批判世界观、价值观和人生观。师生的德育生活经验需要在互动中建立内在联系，在道德事件的实践中体验道德生活的过去、现在和未来。

其一，过程思维的高校德育有助于克服实体思维将德育视为预设的单向规定过程的问题。因为德育是在多种实体因素相互作用中产生的，其网络结构使其不能被确定地预设和生成，而是在过程中不断生成。其次，过程思维强调德育的情境性，它不同于科学和技术课程那样以"知识+技能"的方式进行，而是需要考虑德育情境中的多种变量。对于思想活跃的大学生群体来说，不能以静态的德育现状推测德育的未来形态，不确定性是道德思辨和践行的必然存在。第三，过程思维不将道德教育中的师生视为"德育科学符号"或"道德知识容器"，而忽视人作为生命实体的丰富性和具体性。在实体思维中，德育被看作知识和工具，忽视了人作为存在者的本质。而过程思维的德育关注人在场的德育，关注人的道德意识、体验和情感，重视关系的丰富性和复杂性，注重德育过程中人的精神和道德本质。

对于高校德育而言，可以运用过程和实在这一哲学范畴来描述道德现实的具体事件。以高校德育的实体知识为基础，旨在建构大学精神和道德价值体系，超越道德教育虚无的实体主义和理智的过程不作为，从而实现对德育实体的超越。根据摄受理论，每个现实实体（包括物质实体）都应被视为为其自身达成目标而存在的。在组织伦理学中，德育情境和过程的实在存在是通过德育参与者的感知活动相互交融，并成为组织伦理的组成部分，这正是大学作为伦理组织的核心目标。

四、高校德育危机解决之思

在道德发生学意义上，道德来源于个体生活与组织生活的经验，个体的参与、组织的活动是道德养成的必经路径。这就要求现代高校德育必须直面社会、直面学生生活,必须把德育置于"关系"与"过程"之中从而超越简单化的德育"对象"性,在超越德育"符号"中走向人的"具体实在",在构建多维向立体化高校德育模式中实现大学德性精神的彰显。

(一)德育由实体走向过程,实现德育从单向度的"对象"走向"关系"

高校组织和组织成员都是关系性存在,道德的存在和发展都发生在这些关系之中。实体思维的高校德育将个人和大学组织看作独立的实体,忽视了通过关系和规范来调节人与人、人与组织、组织与组织之间的互动。道德教育在实体思维中变成了说教,成为以知识为主的教育方式。过程思维要求德育以培养学生的德性品质为目标,在道德学习、道德实践、道德关系中激发学生对道德的思辨和实践,既满足了学生的道德需求,也满足了大学作为组织的伦理需求。过程思维的德育不仅超越了个体的道德体验和需求,同时将社会道德作为规范,使学生处于社会关系之中。在大学组织内部,过程思维的德育也通过师生、师师和学生之间的关系性活动进行真实的交流,突破了将德育局限于"德育教学唯一性"的限制,构建了属于组织关系本身的德性。中国高校德育的改进方向包括以下几个方面:第一,将德育的重点由外部道德规范转向内在德性的实践活动过程;第二,在选择德育模式时,注重将高校德育与社会活动紧密结合,建立直面社会的高校德育模式,使其成为一个完整的系统;第三,将高校德育的定位从单向的教育者→受教者转变为教育者与受教者之间的互动;第四,将德育实施方式从理性控制型转变为自由体验型,充分考虑道德发展的基本规律,促使德育参与者在道德实践的情境中自主生成与发展德行;第五,在评价德育效果时,应从终结性评价方式转向过程性评价方式。评价应以德性为导向,综合考虑动态性、阶段性和主体性等因素。

(二)德育要由规训走向活动,从"德育符号"走向"人的具体"

简化的德育规训和单一的说教忽视了德育参与者的多样性和复杂性。实体思维模式导致忽视个体的精神、情感和主动意识,导致德育效果低下。在实体思维的指导下，德育变成了简单的"德育知识符号"，高校德育将个体德性的形成视为外部灌输的结果，德育的主要目标变成了掌握道德知识，这种方式容易陷入抽象和虚无的困境，导致德育效果低下。从过程的视角看待高校德育，德育不仅仅是简单的记忆道德知识，而是需要将道德存在与人的存在相结合，将个体的过程性和关系性与德育的整体性和创造性结合起来，使个体通过获得道德知识超越自然存在，实现德性的人的价值存在，这也是高校德育的组织伦理目标。同时，我们认为，德性发展源于个体内在的需求，德育必须成为个体创造性活动的一部分，使个体的道德生命得到自我发展的艺术。作为关系性存在的人，在德育过程中需要基于道德价值进行判断和选择，以建立自己与他人、环境和组织的关系，这也促进了道德智慧的生成过程。

（三）努力构建多维向立体化的高校德育模式

实体思维的德育过于简化，将德育单一维度平面化，在"高、大、空、远"的二元价值导向下无法培养大学的全面德性精神。如何构建多维立体的高校德育模式？我认为应包括多维度的道德标准、德育培养模式和途径、德育时空、道德评价，以构建面向社会、面向生活的高校德育模式。高校德育应始终坚持解决实际问题与提高思想觉悟相结合的基本原则，实现多维立体的道德标准。在道德标准方面，要立足于现实需求、社会需求和时代需求，确立新时期德育的主题和导向。这种主题和导向必须处理好大学生道德观念上的理想性与现实性的关系，树立爱国和爱家的辩证统一的理想观；处理好价值取向上的社会性与个体性的关系，树立个人价值和社会价值的辩证统一的价值观。只有这样，才能更好地解决大学生中存在的爱国主义、集体主义和个人主义的道德、价值冲突，促进公共理想和个人追求的价值实现。在道德培养模式和途径方面，需要基于道德对话和道德活动构建平等交流的德育关系，鼓励和引导大学生进行道德实践，在实践过程中注重培养道德意志、道德情感和道德习惯，力求使道德养成的知与行统一。在德育时空观上，需要突破课堂教学的单一性，整合课堂、学校、社团、家庭、社区和社会的道德空间；注重道德教育的时间上的连续性，将道德教育的因素在个体、大学组织、社会组织和媒体等环节进行协调，构建立体化的高校德育网络，以确保道德教育的连续性和有效性。

第五节 意蕴、境遇及诉求：大学班级文化的德性审视

当前的大学班级文化需要进行转变，以实现其承载道德的本质和培养文化人的目标。大学班级文化应该发挥其思想引导、组织规范、团结凝聚、思想激励和情感熏陶等基本功能，同时解决存在的异化问题。为了探求大学班级文化的道德价值，需要寻求改变大学班级文化构建方式，这是创新大学班级文化的救赎之道。

一、大学班级文化及其德性意蕴

文化作为于人类卓立于自然的独特的生存方式，学术界关于文化概念的解说也存在很大争论，美国人类学家克罗伯和克拉克洪认为人类对"文化"的概念的不同理解多达164种之多。目前学界关于文化的概念界定存在狭义与广义之分，克罗伯和克拉克洪从"泛文化观"出发，认为从广义上讲，"文化是指借助符号获得有关交流的各种明确的和模糊的行为模式，它构成了人类群体的各项成果，包括物化的成就；文化的基本核心是传统（即经过历史的演变和选择而保留下来的）观念，尤其是附属于观念的价值。文化系统一方面是行为产品；另一方面又是构成远期行为的必要条件"。最具权威的狭义文化是英国人类学家泰勒于1987年作出的，泰勒认为文化"是一个复杂的整体，它包括知识、信仰、艺术、道德、法律、风俗以及作为社会成员的人所具有的其他一切能力和习惯"。追溯文化一词的词源，"文"一词原指文字、文章、礼乐制度、鼓乐、曲调等，"化"则指人通过受教而发生变化，可以理解为"教行"。在道德教育中，人们能够接受某种道德教导并改变自身的品性，实现超越良善的目标，这证明了良好的教育能够产生实际的影响。"化"指的是人们接受各种真理追求、向善和美的改变。从中国传统文化的

角度来看，无论是文字、文章还是礼乐，都蕴含着明显的道德内涵，道德教化是中国文化的基石和核心。

学者对班级文化的定义存在多样性，不同学者从不同角度进行研究，因此得出的结论也不尽相同。这些观点有些是公开表明的，有些是私下认为的。班级文化指的是班级成员共同拥有的基本信念、价值标准、审美趋向、生活态度、思维方式和行为方式等。目前，对大学班级文化的研究主要将其视为大学文化中的一个亚文化进行研究。我们认为，大学班级文化是班级成员在相互交往的过程中培育形成并共同遵循的目标追求、价值标准、基本信念和行为准则。分析大学班级文化的特点，一般可以分为物质、行为、制度和精神四个层面。物质层面的大学班级文化主要基于班级成员个性化的文化形态，如消费方式、流行歌曲、时尚发型等。行为层面主要指班级教育、科研、学习、生活和娱乐活动中师生所展现的文化形态。制度层面的大学班级文化是指对班级成员具有普遍规范性和约束力的各种准则。大学班级文化的精神层面则包括班级成员共同坚守的基本信念、价值标准和精神风貌。相较于中小学班级文化，大学班级文化更加注重精神影响和人格塑造，体现出明显的教化特性。从本质上讲，大学班级文化是大学班级组织独特性的内心表达，包含班级成员的理想信念、价值取向、精神风貌、生活态度和行为方式，为大学生的个性建构提供了精神环境，展示了班级的组织特质，为班级的良好运作提供了保障，展示了大学班级的独特个性和特色。同时，大学班级文化与社会文化系统相互联系，受到历史传统、政治经济、社会思潮和舆论环境等外部因素的影响。它既受到社会正面积极主流文化的影响，也受到社会各种消极负面亚文化的影响，是社会各种欲望的投射。因此，大学班级文化应当展现其德性使命，真正展开与大学生精神和文化的对话，激发班级成员自我表达的冲动，以坚实的精神内涵回应学校的教育实践。

二、大学班级文化的德性境遇

作为大学生活的重要组成部分的大学班级文化的重要目的，就是发挥其精神境界，品行人格的塑造、熏陶、内化作用。然而，当前大学班级文化却被当做是获取外在利益的工具和手段,工具理性的宰制使大学班级文化呈现出不应有的"媚俗"与"沉沦",导致了大学班级文化的异化,这很值得我们反思。

(一)大学班级文化的工具化

当前的班级文化建设中,一些大学管理者长期以来坚持客观、被动、适应性的观点,导致班级文化偏离了自身的运行轨道。他们片面地强调班级文化的工具价值,将其视为实现学生道德教育和政治塑造的手段和工具,或者将班级文化转变为课堂知识教学的延伸。因此,班级文化无法形成独立的评价体系,也无法通过自我反思和外部批评实现自我调节和超越的机制。在一定程度上,班级文化变成了政治宣传的传声筒和知识灌输的扩音器。甚至有人以班风、学风建设为口号,随意运用纪律和制度来规范班级,试图通过文化内容和强度来影响组织的道德氛围和成员的道德行为。我们必须指出,当政治企图和知识内容成为主导班级文化的权威时,个人的精神和价值必然会被忽视,人就会变成政治和科学的客体,受到政治和知识的操控。正如在汤因比和池田大作的谈话中曾对这种教育进行过批评那样:"现代教育陷入了功利主义,这是可悲的事情。这种风气带来两个弊病:一是学问成了政治和经济的工具,失掉了本来应有的主动性,因而也失去了尊严性;另一个是认为唯有实利的知识与技术才有价值,所以做这种学问的人都成了知识和技术的奴隶。"

(二)大学班级文化的简单化

在当前的大学班级文化建设中,有些人忽视了班级文化要素的整合,没有清楚界定大学班级文化和建设的含义,也没有将班级的优势和特色作为基础。他们简单地将大学班级文化归结为物质层面的引导和制度层面的规范,或者将班级文化简单等同于各种符号。他们只停留在概念上,没有实质性的内涵,形成了空洞的班级文化。有些人甚至以传统的班级管理手段冠之以班级文化建设的名义,使大学生的真实生活完全丧失,脱离了学生真实的生活世界,没有为人们提供体现尊严和生命价值的理念信仰,无法成为生命意义的庇护所。一些冰冷机械的纪律和规章制度正在逐渐消磨大学生的个性，而大学班级文化越来越倾向于简单堆砌外部文化符号。我们认为，真实的社会生活和学生面临的成长困惑和价值冲突是大学班级道德教育和文化建设的重要资源。只有在学生的现实境遇和内心的价值冲突中，才真正存在宝贵的教育机遇，才能真正发掘出班级文化生成和确立的源泉。文化对人的塑造是在人们真实的生活世界中进行的，而学生的生活世界是大学班级文化的基础，是培养大学生真善美等多种优秀品质的滋养之所。大学班级文化的建设不仅强调自主构建价值基础，还特别强调学生生活世界的回归。

（三）大学班级文化的形式化

班级文化的形成与学校和年级组织的团队活动密不可分。活动对教育的意义在于提供了学生教育发展的情境，成为学生教育的有效平台。通过赋予这些活动独特的意义，班级文化得以展现。大学生可以通过大规模、有深远影响的活动如军训、运动会、艺术周等来培养班级成员的团队意识和团队精神，也可以通过多样化、新颖独特的主题班会和团日活动来展现独特个性和创新意识。然而，令人遗憾的是，在班级文化塑造中忽视了精神、情感、态度和价值观念在其中的独特地位。行为层面、物质层面、制度层面和精神层面的班级文化没有深度融合，导致大学班级活动中存在形式化、表演性的班级文化。这些文化活动往往忽视了学生的个性、爱好和兴趣，主题、内容和方式充满指令性和刻板印象。这种班级文化既无法更新学生的思维方式、展现学生独特个性，也不能拓宽学生的视野和完善学生的价值观念，常常被称为"没有灵魂的班级文化"。正如雅思贝尔斯所说的那样，"教育不只是获得知识、技能的活动，而是师生共同参与的精神生活。也就是说，教育过程首先是个体精神成长的过程，然后才成为科学获知过程的"。因为"科学中根本不存在作为立身之本和对终极价值叩问的东西，因此也就没有绝对价值可言。"

（四）大学班级文化的庸俗化

大学班级文化是社会的亚文化，深受所处社会环境的影响。当前的时代被科技进步、宗教减退和信仰危机所特征化,许多大学逐渐成为利益追逐的从属者,世俗文化和功利文化正在动摇和削弱大学高尚的文化品位和独特的品质。享乐主义、拜金主义、极端个人主义等不良思潮正在强烈冲击当代大学生的价值判断和生活准则,大学生班级文化在时代的喧嚣和动荡中出现了浮躁和叛逆的内心矛盾,逐渐抛弃对文化的追求,走向庸俗化。正如列奥·施特劳斯所指出的那样,"各种出于本性就是高贵的或令人钦佩的东西,本质上乃是人类高贵性之整体的组成部分,并与这一整体联系在一起;它们都指向秩序良好的灵魂,那是人类现象中无可比拟的最令人敬佩之物。对人类优异性的钦佩这一现象,除了凭借特别的假设外,无法从享乐主义或者功利主义立场加以解释。"大学的班级文化应拒绝现世社会的各种诱惑,不能失去自己的灵魂而沦为现实的附庸,而要让大学生在班级文化的熏陶下,常怀感恩之情、常思大学之责、常葆进取之心,常存敬畏之念,让大学超越现实的目标,保留社会的批判,秉持着独立的思考和精神诉求,坚守它对理性、自由、尊严、道德的操守,培养大学生追求正义的勇气、坚持公理的诉求,不为权贵折腰,不为金钱所累,努力塑造健全的人格,保持做人的清醒和尊严。

三、大学班级文化的德性诉求

(一)关照大学生的生命世界

大学班级文化的重要任务是促进大学生个性的和谐发展,重视内心的自由,追求生命的自由和成长,体现了对大学生的终极关怀。通过大学班级文化,生命的意识在班级中积极培养,寻求班级文化的生命意义,教育大学生认识、理解、实践和展示真正的生命。关注生命的发展,让学生在班级学习活动中探索生命的真谛,领悟生命的智慧,培养热爱生命、敬畏生命的态度,明确生命教育在时代中的价值诉求,发挥生命的力量,提升生命质量和生活质量。梁任公先生曾说过:"吾侪确信人之所以异于禽兽者,在有其精神生活……吾侪又确信人类之物质生活,应以不妨害精神生活之发展为限度,太丰妨焉,太觳妨焉,应使人人皆为不丰不觳的平均享用,以助成精神生活之自由而向上。"每位大学生都是独特的生命主体，拥有不可替代的成长需求和意志。大学班级文化作为大学文化的重要组成部分，反映了师生共同认同和维护的情感、价值观、理想信念和道德力量，对大学生的世界观、人生观和价值观产生了潜移默化的影响。同时，大学班级文化也需要改变大学精神缺乏的现状，注重培养和关注大学生丰富而均衡的精神生活。通过各种形式和传播媒介，大学班级文化具有情感交流、凝聚团结的功能，直接或间接地影响着大学生的精神状态。因此，大学班级文化的重要使命是让班级成为呵护大学生成长、探索大学生灵魂、展示大学生个性、关怀大学生生命的道德高地，并培养真正意义上的现代公民的精神基础。

（二）高扬大学生的主体价值

大学文化在理论上与大学精神和大学理想一样，具有明显的价值理性和工具理性。然而，在政治盲从和知识崇拜的背景下，大学文化的工具价值不断被夸大和渲染，而忽视了大学主体——人的价值。大学班级文化为学生提供了一个外在的世界，通过集体、交往、活动和文化，使他们认识所处的世界以及该如何行动。大学生追求学术、崇尚民主的特点决定了大学班级文化建设必须唤醒和培养学生的主体意识，在追求卓越的过程中对自身和生活世界有深刻的认知和觉悟。大学生在家庭和教师的监督和严格约束下，形成了自己的价值标准和行为模式。进入大学后，在追求个性和自由、大学精神和文化的引领下，随着知识的积累和眼界的拓宽，大学生开始渴望表达个人角色和突显"个性"。只有当个体得到自尊和价值的认可时，班级文化中倡导的班级目标和核心价值观才能成为班级成员内心深处的自觉行为准则。只有当大学生的个人主体意识觉醒并得到社会对个人利益的充分肯定时，班级成员才能摆脱"精神枷锁"，充分发挥个人权利的同时自觉承担起对班级文化建设的责任和义务，实现学生之间相互欣赏、相互影响和自我管理的班级文化目标。

（三）彰显大学生的民主意识

民主是大学的本质特征，它在大学精神和文化中得到充分展现。作为班级文化的主体,大学生具有各自独特的成长经历和多元的文化背景。当他们进入新的大学班级时,之前的文化符号和积淀必然会带入班级文化中,但这些先前的文化需要经过改造,才能与所属大学的传统文化和精神相融合。因此,大学创新文化的产生过程就是对每个大学班级成员原有文化的改造过程。正是通过这种改造,大学班级成员不断塑造自己的新文化个性。在当前的大学班级文化形成过程中,大学生渴望被理解和信任,希望班级组织承诺保护他们的合法权益,能够公正平等地参与班级民主生活,尊重自身的民主权利。然而,由于从小学到大学的线性班级管理模式,他们常常处于权利丧失的状态,在班级文化环境中对班级民主持漠视态度。我们都知道,人们加入组织的目的是感受组织的阳光和享受组织的权利,同时实现自己的期望。如果组织成员在其中失去了应有的权利和自由,他们更愿意放弃成为该组织的一员,选择退出。大学班级文化发挥作用的动力是为了营造平等和谐的育人环境。针对学生的思想实际和专业特点,我们需要精心安排和设计,以学生民主的认知方式对待他们,尊重学生的人格和独立平等的个性。同时,我们也要遵循民主的程序和平等公正透明的过程,使同学们在班级文化建设的过程中能够真正领悟和体验民主的思想和行为模式,扩展他们应该享有的真实民主和自由。

(四)培育大学生的批判思维

大学是产生新思想,包容新观念,崇尚学术,追求卓越的理性组织,大学高雅的文化品位和卓尔不凡的内涵孜孜以求于自己的学术理想,同时以科学的态度对待传统与现实,破除迷信与保守,分辨科学与伪科学,实现对社会现实的理性反思和价值构建。正如法兰克福学派创始人麦克斯·霍克海默的话,"无论科学概念还是生活方式,无论是流行的思维方式还是流行的原则,都不应盲目接受,更不能不加以批判地仿效"。作为大学文化重要组成部分的班级文化,需要充分理解大学学生精神并内化,以丰富大学批判的思想内涵。一个没有文化创新和批判精神的班级将是死水一潭,毫无生机。我们常见到班级文化创新的懒惰现象,如信仰虚无、逃避崇高、缺乏独立思考,喜欢简单和模仿等。同时,坚守传统、依附权威也成为当代学生文化中心不言而喻的行为准则。针对这一问题,我们需要审视当前的教育体制,并反思我们的思维和文化模式，正如"钱学森之问"所引发的。班级文化的批判思维旨在通过大学班级文化培养学生的好奇心、进取心和责任心，使其肩负起培养创新精神和批判人格的重要使命。因此，独立批判的精神和严谨审慎的思考态度是大学班级文化建设的核心，让批判之花常开、创新之树常绿是我们追求的目标。

总之，大学班级文化具有鲜明的德性价值，大学班级文化要基于对生命的关怀，通过一定的文化氛围和精神环境使生活在其中的大学生将文化与生命相遇，让文化触及心灵，从而实现班级文化对大学生精神生活的润泽和对大学生心灵、人格的塑造。

第六节　论多元文化背景下大学生文化主体意识构建

一般认为，多元文化指的是不同群体之间的价值规范、思想观念及由此表现出来的行为上的差异。"这种多元并不只是文化类型的多元，也是价值取向、道德趋向的多元，因而不可避免地导致人们价值观念、思想意识、道德规范上的分歧和冲突。"文化决定着道德，道德教育本质上也是文化的存在。多元文化作为社会现象在高校德育中扮演着重要角色，然而在这个价值取向空前多元的背景下，大学生群体面临前所未有的道德困境。原因在于，多元文化并非有序的多元，我们有时忽略了多元文化本身的混乱性。混乱的文化推翻了传统价值观的确定性，导致以传统文化价值为核心的道德教育无法为大学生在实际道德生活中提供有效的道德判断准则。道德的失去决定性后，大学生在道德生活中感到无所适从和无所归依，陷入道德困惑。他们缺乏明确的道德目标和标准，无法像以前那样明确判断"善恶"。这种宏观上的道德困境在大学生的日常生活中表现为各种道德问题，如个人主义、无价值观和无信仰主义等。也正是因为这种混乱，使得我们的高校德育面临着史无前例的窘迫而又尴尬的境地——"文化路向的迷失，文化传统的断裂，文化多元的挑战和文化殖民的压力"，在面对这些问题时，"学校道德教育能否作出合乎历史和逻辑的文化选择，将是制约未来道德教育改革成效的关键。"

多元文化背景下的道德困境本质上是一种文化困境。为了从根本上解决这个问题，需要从文化的角度进行理解和分析。随着多元文化现象的不断发展，出现了各种文化问题。中国的教育学者在长期的理论研究和实践探索中提出了文化主体意识的概念，希望通过这一概念来克服各种文化困境，尤其是当前的道德困境。由于文化主体意识与道德有着特殊的联系，构建大学生的文化主体意识成为在多元文化背景下引导大学生走出道德困境的必然选择。

一、文化主体意识与大学生道德困境

文化主体意识并非新概念。在多元文化社会中，由于各种文化之间的交流、碰撞和影响日益增多，人们对自身文化及其他文化有了更全面、深入的认识。正是在这种比较中，文化主体意识的概念逐渐引起人们的关注，成为思考现代社会文化问题的重要方向之一。

（一）文化主体意识

文化主体意识是在文化比较视野中形成的一种自觉意识，以本民族文化的地位、功能、价值为核心，同时兼顾对他者文化和新兴文化的认识。在多元文化背景下，文化主体意识涵盖了两个基本维度，即民族文化维度和外来文化维度。民族文化维度强调对传统文化的认知，继承了一元文化范畴内的文化主体意识概念；外来文化维度强调与西方文化的平等对话，将他者的优秀文化视为自身所用的基本原则，体现了多元文化背景下文化主体意识概念的发展。这两个维度的结合，可以对不同文化交融中涌现的新型文化进行价值分析。这种维度结合既反映了文化的民族性和时代性特征，也构成了当前多元文化背景下文化主体意识概念的基本内容。

（二）大学生道德困境的本质

文化与道德之间的天然联系决定了有着什么样的文化主体意识就会有什么样的道德观念，这决定了表面上的大学生道德评价困境和道德价值目标取向的紊乱其实都隐藏着深刻的文化问题。文化是构成并促进道德教育的精神资源和动因。道德和道德教育始终存在于一定的文化谱系之中，道德和道德教育的价值理想体现了文化的内在精神和价值理想，其具体的内容也反映了某种文化类型所要求的人伦规范，特定社会与时代的文化理想、文化追求与文化发展也势必从根本上规约和引导着人的道德追求和理想人格的塑造。道德和道德教育所秉持的核心价值观念，只能在一定的文化母体中找到根据。无论我们对道德的理解如何，都是建立在文化基础之上的。如果失去了文化基础，没有自己的文化支撑，我们所进行的道德教育将陷入困惑之中。在多元文化的时代背景下，不同文化内涵不同的价值观，因此产生了不同的道德观念、道德意识和道德行为方式。同时，道德和道德教育也以自己的方式对文化进行追问、延展、传承和开拓，从道德的角度来推动文化的发展。道德和道德教育通过改造社会个体和群体，实现文化的传承和再生，保持民族独有的精神特质。此外，道德也积极参与文化的变革和建构。因此，在多元文化背景下，大学生道德困境的本质问题在于缺乏文化主体意识。

1.大学生稳定的文化基础的缺失

从结构主义的角度来看，文化不仅是一种创造活动，而且本身也是一种意义结构。文化为人们提供了行为解释的意义框架，不同时代的人根据当时的文化进行生活解释。不同社会阶段有不同的纲领，如封建社会以儒家伦理为基准，革命战争时期以革命伦理或政治伦理为基准，改革开放后以社会主义市场经济伦理为思想基础。可以看出，文化是道德的基础，道德依赖于文化的存在和不断发展，特定的道德观念和行为只能在特定的文化环境中找到依据。在当前多元文化背景下，文化主体意识的内涵必须包括对外来文化和新兴文化的认识。道德是文化的一个子集，我们对文化的看法将对其中的道德产生相应的态度。因此，稳定而积极的文化主体意识不仅是认同文化中的道德价值观和行为的思想前提，还为这种道德观念和行为在相应环境中得到认可提供了坚实的文化基础。

在一元文化社会，道德一直有着稳定的文化基础。但是在多元文化的现代社会当中，多元的价值观共同作用于大学生群体，使他们对中国传统文化从外在的形式到内在的价值都表现出了各种怀疑——文化主体意识缺失愈演愈烈，导致了道德所赖以生存的文化基础在各种文化的相互冲击中已经是摇摇欲坠。在多元文化社会，大学生群体在面对纵横交错的文化现象时，已经无法用一个合理的理论甚至是信念依据来对这些文化现象作出自己的判断。而当这些文化现象涉及道德判断时，没有了稳定文化基础的大学生们在复杂的文化环境之中无法找到一条可以依靠的道德标准。另外，道德的文化基础缺失还削弱了大学生在实践道德行为时所需要的道德上的安全感——即使不计较道德行为是否会有回报，也很难判定自己在作出行为之时以及之后是否会引起他人的非议以及被帮助者的各种诘难。

2.大学生道德目标的迷失

对道德目标的分析可以从宏观和微观两个视角来进行。宏观的道德目标是指个体或者群体所在社会的文化的目标。对于中国这样一个"伦理型社会"而言，文化目标与道德目标是统一的，宏观的道德目标就是文化中人的成长目标。微观上的道德目标则是限定在道德范畴内部来分析，是整个道德体系的一部分。对于现在的中国来说，道德目标都是微观层面的。但是在这里，我们是要从宏观层面来对大学道德困境进行分析，所以在此处道德目标其实是指宏观上的文化目标。

（1）道德认知目标迷失：在多元文化的冲击下，大学生缺乏判断文化优劣的基本原则，导致对多元文化中的道德价值观缺乏清晰的认知，逐渐形成"什么都是合理的"的看法。由于多元文化带来的多元价值观影响，大学生失去了自身的文化主体意识，也就无法建立解释道德的意义框架。因此，他们所学的道德知识难以理解和应用，无法对传统文化进行反思和对外来文化进行批判借鉴，无法确立合理的道德目标。

（2）道德情感目标失落：道德情感是对道德理想和规范的强烈情感，包括敬重、忠诚、虔诚、向往等。缺乏文化基础的道德变成了单纯的外在规范，大学生对道德失去了喜好和愉悦的心理情感，对道德责任常常漠视忽略。此外，道德情感的缺失还表现在对他人的道德帮助的冷漠。大学生对道德的理解困难逐渐导致对道德的不信任，不论是实践道德行为还是接受他人帮助，都怀疑其中是否有"道德骗局"。道德的神圣感消失了，对原有道德价值体系的崇敬感逐渐减退，迷茫、困惑、焦虑、彷徨等消极情绪逐渐侵蚀了曾经激昂的道德情感。

（3）道德意志目标的动摇：清晰的文化主体意识为大学生提供了对自己、他人、社会乃至历史、当下和未来的基本解释框架，使他们能够在道德生活中做出理性选择。然而，由于文化主体意识的缺失，多元文化在中国当代社会中变得更加无序，传统道德的理性在多元文化的冲击下被打乱得支离破碎，导致大学生的道德意志趋向非理性。他们的行为选择不是基于道德义务感或责任心，而是基于个人利益的权衡。道德理性的丧失使得一部分大学生失去了对道德进行思考的能力和意愿。面对不断变化的生活潮流，这些失去价值追求的大学生们担心被落下。他们的行为变得无法解释，表面上热闹非凡，实际上却毫无意义。

（4）道德行为目标的退化：道德行为目标上的退化是诸多道德问题中最为普遍的一个现象，也是以上各种内在道德困境的外显形式。缺失了文化主体意识的大学生群体，面对各种外来的让人耳晕目眩的道德观念和传统的已经没有文化基础的道德体系，道德认知、道德情感、道德意志逐渐被瓦解，大学生道德行为上的不断退化也就势成必然。

3.大学生自我道德需要不足

所谓道德需要，是指"人们对道德所具有的价值、意义认识基础上产生的，制订并遵守道德原则和规范、践履道德要求的心理倾向。在日常生活中这种心理倾向表现在个体对于各种道德规范的敏锐觉察和感知，主动选择和向往，自觉践行与传播等方面"。道德在中国的道德教育学界不仅被视为道德教育的核心，也是大学生自我道德成长的决定性因素，同时与文化主体意识密切相关。拥有清晰的文化主体意识的人能够明确意识到自己在道德上应该成为何种人。在多元文化的环境中，由于存在不同文化系统的价值比较，具有清晰的文化主体意识的人不仅能够意识到自己在道德上的角色，还能够有效地融合他者文化的优秀成分，不断更新和发展自己的道德观念。当大学生缺乏文化主体意识，导致道德基础的丧失和道德目标的迷茫时，大学生群体对于道德规范的理解变得模糊不清。一方面他们认为道德是有价值的，但另一方面却不清楚道德的价值究竟是什么，它源自何处。道德需要的前提是理解，"理解是受教育者确立新的道德认识、解决认识矛盾的基础，不理解新思想和道德准则就谈不上树立新的道德观念,即不明理则无以立德。"所以这种对道德的把握始终都是一种似是而非的立场,是无法激起起一个人"想成为一个有道德的人的热切愿望",因此文化主体意识的缺失直接打击了大学生的道德需要。

二、大学生文化主体意识缺失的原因分析

大学生文化主体意识缺失的原因十分复杂,既与我们近代以来的文化变迁历史有深刻的关联,又与我们的教育密切相关。同时,大学生作为主体,其本身也有很多的因素导致了其文化主体意识的缺失。

(一)历史的因素

大学生文化主体意识缺失,虽然是发生在当下,但是并非偶然和个别的道德事件,而是与中国近代以来的文化变革有着深刻的历史联系。我国文化的历史变迁所造成的当今文化环境的尴尬局面,以及对现代社会的深刻影响,是造成大学生文化主体意识迷失,进而使大学生深陷道德困境的最根本因素。

1.1915—1923年的文化变革

1840年鸦片战争爆发后,中国迎来了向西方学习的浪潮,这成为近代中国"救亡图存"的主旋律,掀起了一系列的"西化运动"。从洋务运动到甲午战争,从戊戌运动到辛亥革命,一次次的失败逐渐让人们认识到单纯的表面改革是不够的,要实现"救亡图存"的目标,还需要从更深层次的制度进行思考和改革。

1919年,中国的改革最终深入思想意识形态的核心。当时人们认为,正是由于中国传统文化中根深蒂固的宗法、血缘和封建专制观念,才导致中国无法真正强大起来。于是,人们积极向西方学习,全面否定传统的思想意识形态,甚至对儒家思想作出极端偏激的批判。从那一刻起,中国文化的根基受到了重创,"西方=新""中国=旧""新=好""旧=不好"的思想观念深入人心。整个中国文化开始抛弃自身,拥抱他者,强大的文化主体意识也在对传统文化的激进否定中逐渐迷失。

2.改革开放之后的文化境况

改革开放之后,我国的经济制度从计划经济转型到社会主义市场经济,于是市场经济文化便成为影响20世纪80年代至今中国道德以及道德教育发展的文化基础。但是历史是延续的,改革开放之前中国传统文化所遭受到的巨大摧残,已经对此时中国人的精神世界产生诸多后遗症,在改革开放之后加剧了中国人文化主体意识的迷失。改革开放时期,"大家对马克思主义,在某种程度上失去了过去那种信仰的坚定性,产生了很多怀疑,很多人不知所措,于是当时就有些人认为出现了信仰真空、信仰危机。"甚至有学者认为自1966—1977年后,"当今中国人几乎已不存在任何的神圣,什么都不信,什么都不怕,无尊无卑、无大无小、无规无矩、无法无天……整个国民精神趋向痞子化"。正所谓"什么都不信者什么都敢做"。文化主体意识缺失,道德赖以生存的文化基础崩塌,道德问题是继经济问题之后成为当前亟须解决的国民问题。

对于中国文化主体意识迷失的历史脉络大致如此,正是因为我们自己的文化基础在这种非常规式的增长压迫下,逐渐变得不是那么确定,不是那么值得人们花时间去思考和追问。道德是一个天平,但是这个天平的底座却在多元文化环境中被冲得摇摇欲坠了。

(二)教育的因素

教育作为人类更新的唯一手段,肩负着推进人类整体发展的历史重任。大学生文化主体意识缺失造成的道德困境作为一种普遍现象,与教育本身有着千丝万缕的联系。从应试教育的教育体制到教育(学)者文化主体意识的缺失,使最有可能也最有责任培养大学生文化主体意识的主体——教育,没有担负起自己应当的责任。

1."无文化"的应试教育

文化源自生活、发展于生活、变化于生活,因此,正如梁漱溟所说的,"文化本身就是生活"。教育不仅涉及文化的内容,而且教育活动本身也是一种文化活动。因此,教育需要走进生活、反映生活,甚至在更高层次上改变生活。然而,应试教育完全脱离了生活,充满了"无生活"即"无文化"

的特征。应试教育体制导致科学教育过于强调,并忽视人文教育,造成工具理性和价值理性在教育中的失衡,学生在接受教育的过程中科学知识迅速增长,但人文精神的提升却十分有限。同时,应试教育体制所采用的以学生成绩为基准的评价体系和以灌输为核心的教育方式导致学生在对学习的认知上存在偏差,学习的目的仅在于回答问题,而教育成人的目标和学习本身的意义则被忽视。应试教育的"无文化"特征充分展现了对人文教育的忽视,从根本上无助于学生文化主体意识的建立。

2 教育者文化主体意识的缺失

第一,中国教育者过于重视外来文化。改革开放后,各种新的教育理论涌入中国教育界,对中国教育理论和实践的更新发展起到了积极的作用。然而,对外来教育理论的"过分"借鉴必然会带来问题。过度重视外来文化,尤其是西方文化,是中国教育者文化主体意识缺失的重要表现。教育者过分重视西方文化会通过书面论文和口头传授潜移默化地影响学生对中国文化和西方文化的价值判断,使大学生对外来文化的认知逐渐偏颇。

第二,当今教育者对传统文化重视不足。由于历史上的重大创伤对中国教育留下了许多后遗症,再加上多元文化社会带来的价值混乱,使得当今的教育者们在短时间内很难达到对中国传统文化的理想水平。尽管已经取得了很大进步,但教育者们仍然缺乏对传统文化的正确认识,缺乏对传统文化的深刻反思。费孝通先生提出了"文化自觉"的概念,强调生活在特定文化中的人应该对其文化有清晰的认识,了解其起源、形成过程、特点以及发展趋势。教育者对传统文化的不够重视正是其文化主体意识缺失的表现。缺乏文化主体意识的教育者们加剧了大学生文化主体意识的缺失。

(三)大学生自身因素

大学生文化主体意识的缺失与中国近代的文化变迁历史和教育环境有着深刻的关联。然而大学生作为文化主体意识缺失的主体,自身也存在着许多问题。尤其是大学生无论是对本土文化还是西方文化都不愿去主动学习,对这两者文化都不了解,因此无法树立其文化主体意识。

1.大学生对传统文化缺少主动的认同与反思

现代大学生对传统文化的认同逐渐减弱,表现为对传统文化的无意识、无认知和无选择。文化的传承与发展是教育的责任,同时每位大学生作为中华民族的继承者也有责任去积极认同我们的民族文化。认同我们的文化并非为了回归过去,而是为了在当今世界中找到我们作为中国人的价值基础,以及在多元文化社会中找到精神的支撑。大学生缺乏对文化的主动反思。文化反思是文化主体意识的体现,它需要结合时代特征对文化进行全新的梳理、批判和重建,以确立新的价值取向。文化反思必须基于对文化的充分了解,然而当前大学生对传统文化的了解程度不足,无法形成有效的文化反思。更令人担忧的是,大学生在文化方面表现出放任自流的态度,既无法主动反思历史,也无法在多元文化背景下主动反思传统文化在多元文化中的价值和地位。大学生缺乏对传统文化的积极了解和反思,导致他们在当代多元文化社会中迷失于各种文化价值观之中,最终陷入文化道德困境。

2.大学生对外来文化缺少主动地了解与批判

现代大学生应对中国传统文化保持认同,而对待西方文化、外来文化以及新兴文化则需要保持冷静的批判意识。文化批判意识是大学生正确审视、反思和选择纷繁复杂的外来文化的基础,也是构成大学生文化主体意识的重要组成部分。目前,大学生对西方文化的认知特点表现为典型的"感性强、理性弱"。"部分大学生往往在面对西方多元文化时,对文化更多地表现为茫然不知所措……造成部分大学生只注重享受或感知愉悦"。部分大学生对西方文化了解不深,却没有进一步追问的意愿。他们错误地认为美国大片、美式快餐和西方节日就代表了整个西方文化,只看到了其"开放"而忽视了"尊重",只看到了其"自由"而忽视了"责任",只知道其科技的奇迹而不知其哲学的深厚。尽管他们对西方文化只有皮毛的了解,却不愿意认真学习和了解其核心精髓。甘阳曾指出,"深入研究西方学问的人更容易形成自己的批判性观点,而那些对西方学问了解肤浅的人则更容易盲目崇拜"。由于缺乏对西方文化的了解和批判,希望大学生在多元文化时代拥有清晰的文化主体意识,以免被各种令人目眩的道德观所误导,并成为具有全球意识的中国人,这显然是不可能的。

三、文化主体意识构建

大学生文化主体意识的缺失是导致他们在多元文化时代陷入道德困境的根本原因。因此，构建大学生的文化主体意识是引导他们走出道德困境的必要选择。我们应该树立正确的文化观，坚持教育原则的合理性和有效性，并充分发挥校园环境对学生的育人作用。通过文化教育手段培养大学生对文化的认同、反思和批判意识，从而树立他们的文化主体意识，从根本上引导他们走出多元文化背景下的道德困境。大学生文化主体意识的构建是外部因素和内部因素相互作用的过程。针对高校特殊环境和大学生群体特点，以下是一些建议来具体实施构建大学生文化主体意识的举措。

（一）创建有助于学生文化主体意识成长的学校文化环境

"蓬生麻中不扶自直，白沙在涅与之俱黑"（《荀子·劝学》），通过对环境的改造来施加对学生的影响作为一种教育方法已经被看成是一种基本的教育研究的范式，并且在各种教育的实践过程中也能真正看到环境对学生所产生的巨大作用。更加重要的是，文化主体意识的构建核心在于对文化的理解，而文化就是来自生活，生活就是文化。在多元文化背景下，创建能够体现民族核心价值观的校园文化环境，无疑在学生加强对文化的理解，对道德的掌握以及在多元文化环境中对各种文化价值尤其是道德价值的判断方面，都有着十分重要的影响。

"校园文化是以学生为主体，以课外活动为主要手段，以校园精神为主要特征的群众文化，是一个学校的精神、传统、作风和文化追求的综合体现。"为了促进学生的文化主体意识成长，创造有利于此的校园环境，利用各种文化活动对学生产生影响是一种常用且有效的方法。然而，校园文化活动需要符合以下原则：具有深刻的思想文化内涵，与学生成长和成才相关的主题，具备可操作性和实践性。例如，西南大学每年举办"唱红歌"文化活动，通过歌曲艺术形式让学生们铭记中国革命的艰辛历程和杰出的革命传统。华中师范大学坚持25年举办"一二·九"诗歌邀请赛，覆盖湖北省所有大学的200多万学生，通过比赛方式引导学生从多个角度审视、阐释和解读社会上的新鲜话题，激发理想和责任感。南开大学开展"杰出南开人月"活动，以纪念先贤、激励学生立志。井冈山大学开展"井冈山的红色传说"活动，利用假期深入农村老区，记录革命先烈的生动事迹，同时培养学生的意志品质和情操。这些校园文化活动不仅丰富了学生的文化生活，更重要的是将中国优秀的民族核心价值触达新时代的大学生，使他们在面对多元文化和不同道德价值观时不再感到迷茫。

高校的教育者也应当自觉地提升自我的文化主体意识，"学高为师，身正为范"，教育者在高校对学生有着深刻且持久的影响，自己的一举一动都被学生看在眼里，记在心里。所以广大的教育工作者迫切需要提高自己的文化主体意识才能促进大学生文化主体意识的发展。这不仅是教育的需要，文化主体意识的不断发展也是教育者自我提升的关键途径。

（二）高校对大学生文化主体意识构建进行针对性教育引导

教育引导是大学生文化主体意识构建的主阵地。在对大学生构建文化主体意识的教育引导途径上，我们提出了以下建议。

1.加强传统文化教育，提升大学生对传统文化的认同意识

提升对传统文化的认同意识是构建大学生文化主体意识的前提和基础。为了加强传统文化教育，提高大学生的文化认同意识，有几点需要重视。首先，高校作为教育主体应该高度重视传统文化及其教育。传统文化中的优秀因素对大学生的人格理想、心理结构、风尚习俗和精神气质具有潜移默化的影响和建构作用。这种价值体系是文化主体意识的核心，也是大学生在多元文化社会中做出合理道德判断的价值依据。其次，加强传统文化教育和提升大学生的文化认同意识需要将传统文化教育作为每位大学生的必修课程，并将其纳入学校的课程体系和教学计划大纲中。同时，鼓励教师积极开设相关课程，如"中国传统文化概论"和"中华民族精神概论"等。通过这些课程的开设，为大学生系统地学习传统文化提供必要的教学平台，使他们能够了解中国传统文化、领悟传统文化精神，并培养民族情感，弘扬民族精神。最后，加强对大学生的传统文化教育还需要建立与课程体系相适应的评价体系。评价体系应以过程评价为主，结果评价为辅，两种评价方式相结合。学生的

评价结果应与学业奖惩挂钩,以激发学生的学习热情,并促进学生文化认同意识的发展。

2.结合时代需要,深化大学生对传统文化的反思意识

培养大学生对传统文化的认同意识是构建大学生文化主体意识的基础。但是并不是所有的传统文化都需要被认同、继承和弘扬。由于时代的变化的和发展,部分传统文化由于其自身的历史局限性决定了其不能适应当今的时代精神,所以文化主体意识的构建除了在对传统文化的基本态度上需要认同,对传统文化进行是理性的反思也是必不可少的。

要对传统文化进行反思,首先需要解决的问题是:我们依靠什么去反思中国的传统文化?这其实是一个反思的标准性问题,不确定标准,反思就会变成嘈杂的争论,无法获得真正的思想成果。关于反思的标准,鲁洁曾在讨论"道德文化承接的标准"时谈到"承接道德文化的标准应当是富于弹性的,不应当有什么先入为主地死板的框框,不应该用僵死的思维模式来裁剪丰富的道德文化……道德文化承接的最终目的是促进国家现代化事业,在道德文化承接得法问题上,最终的标准就是实践标准。"对传统文化进行反思的标准与道德文化的承接在本质上都是一种如何对待传统文化的问题,因此,实践的标准也就是反思中国传统文化的标准,它排除了主观断想和狭隘的民族情结,更是从实际的生活出发,用实践来检验我们的传统文化是否需要反思以及我们的反思是否合理。

要培养大学生的文化反思意识需要循序渐进的过程。首先,要进行价值澄清。教师在传统文化教育中不能主观地告诉学生哪些传统文化是"正确"的,哪些不适应时代需求。教师的任务是将相关内容所包含的价值充分呈现给学生,然后让学生根据自己的认知对这些价值进行排序,初步认识相关内容,并鼓励学生对这些内容和自己的认知进行反思。其次,要组织讨论。根据学生之前的排序,学生之间的差异是不可避免的。组织讨论的目的是让学生根据自己的实际经验(以排序为基础)对自己的道德立场和相应的价值观进行讨论甚至辩论。通过组织讨论,学生对传统文化的认知将更加深入,同时他们的文化和道德判断能力也会得到发展。最后,教师进行总结。在整个教学过程中,教师一直充当引导者的角色。根据实际经验,学生的讨论并不

总能得出理想的结论，往往会逐渐形成"两派"的分歧。当出现这种情况时，教师需要积极参与和引导，明确利弊，但不能以个人观点取代学生的反思。这对教师的知识水平和教学智慧是一种挑战。

3.坚持以本民族文化为中心，构建大学生对外来文化的批判意识

在构建大学生的文化主体意识时，需要在对中国传统文化的认同和反思基础上，处理好与各种外来文化的关系。尽管每种文化都有其独特的特色和内在的道德价值，但在多元文化的环境中，如果没有合理的处理方法，多元文化就会变成一场"诸神之战"，每种文化都按照自己的价值体系行事，这是大学生在多元文化背景下陷入道德困境的直接原因。因此，我们需要在多元文化社会中清晰地认识到：我们需要什么样的道德？其他文化拥有什么样的道德观？其他文化所提出的道德规范是否具有参考价值？费孝通在解释"文化自觉"时曾经提到"各美其美，美人之美，美美与共，天下大同"，其中的"美人之美"不仅是说要看到其他文化的优势与长处，更是意指在对待外来文化时要有一个理性的批判的文化态度：对其"美"者，要仔细思量是否也适合于"我"；对其不"美"之处，也要深刻反思，思考"我"是否也存在这样的弱点。所以，对外来文化的理性批判是在多元文化背景下处理各种文化关系的必要意识，更是构建大学生文化主体意识，清晰大学生道德认识和道德判断的基本要求。

对于构建大学生文化主体意识，对外来文化的理性批判意识是必要的。但什么样的文化批判才能算是理性的呢？这涉及文化批判标准的问题。理性的文化批判应以坚持本民族文化的民族性为中心。文化的发展和道德的进步离不开本民族核心价值观的支持，这是处理多元文化关系的基本原则，缺乏民族性的文化批判是没有意义的。此外，根据克鲁克洪的文化理论，没有民族性的文化批判也是不存在的。如果仅仅坚持本民族文化进行对外来文化的批判，就容易陷入狭隘的民族中心主义，阻碍本民族文化和道德的发展。"保持受教育者的民族性，不能只是强调以民族固有文化心理图式去同化外来文化，而且要强调文化心理图式在顺应时代精神和外来文化时实现结构性的转换，从而变革民族文化心理图式。"在对外来文化进行文化批判的时候，更需要以一种开放的心态来学习、内化、创新文化。只有这样文化才能不断超

越自己，道德才能不断进步，社会也才会最终走向幸福。大学生道德进步的最高层次就是"综合创新"，不仅在文化主体意识的作用下有着清晰的道德认知和道德判断，更能博采众长实现道德进步上质的飞跃。

（三）促进大学生自我教育，培养和完善文化主体意识

学生自我教育是在教育者的引导下，受教育者在自我意识的基础上积极进取，通过自觉的思想转化和行为控制来形成良好的思想品德。构建文化主体意识，摆脱道德困境，既涉及国家发展和民族未来，又与每位大学生密切相关，关系到个人的终极幸福。大学生通过自我教育实现文化主体意识的培养和提升，具体方法主要包括以下三个方面：首先，自我认识、自我体验和自我控制。自我认识是构建文化主体意识的前提，通过对自己的道德认知、文化思想的判断，以及相关原因的评价，实现对文化认同意识、反思意识和批判意识的培养。其次，是自我体验。道德体验是对自己思想、言论、行为和行为作出价值判断时产生的道德情感。通过提高道德认知和道德情感，引导学生体验文化认同、反思、批判以及与之相反的文化体验，让学生感受到文化主体意识在道德判断中的重要差异。最后，是自我控制。自我控制是自我教育过程中贯穿始终的调节机制，也是大学生是否成熟的标志。面对各种文化诱惑，能否抵制；面对各种道德问题，是否敢于挑战；在面对道德和文化挫折时，是否坚持信仰，持续前行。通过构建文化主体意识来解决多元文化中的道德困境，从长远来看，只有依靠大学生的自我教育才能真正实现道德教育的目标。

第六章　大学生法治文化建设的研究

第一节　大学生法治文化建设的内涵和重要性

党的十一届三中全会以来，我国高等教育领域发生了深刻的变化，高校作为传授科学文化知识的阵地和各类学科理论研究的前沿，其文化环境受到各种外来文化思想、文化信息和文化思潮的影响。高校的这种文化超前性及其对民族文化的引领作用，使高校整体文化建设面临着新的要求和挑战。法治文化作为文化建设的一个重要方面，关系到高校文化建设的水平，也是依法治校的重要环节。所以，高校应深刻理解法治文化的概念，准确把握高校法治文化的内涵，多途径、全方位地培育高校法治文化，这样才能切实提高依法治校的水平，推进高校文化的全面建设。

一、大学生法治文化建设的内涵

法治文化的含义有广义和狭义之分，广义的法治文化是指可以涵盖法治规范制度、法治精神意识，法治行为方式和法治物质载体四个方面。狭义的法治文化则往往突出地强调其法治精神意识这一内在主导方面。

大学生法治文化，是指高校的师生员工对大学生法律生活所持有的以价值观为核心的思维方式和行为方式。从本质上说，大学生法治文化是在高校教育教学领域里与高校法治相关的精神、理念、原则和制度，是与高校人治文化相对立的一种适应现代法治社会特点的、进步的文化形态。它以国家的文化传统为背景，是国家法治文化的重要组成部分。

大学生法治文化建设有广义和狭义两个主体定位。广义主体指的是以高等教育机构为管理对象的国家机关，其与学校之间的关系是基于"依法自主办学、独立责任、服务社会"的原则；狭义主体指的是高校本身，作为管理者和服务提供者与学校中的教师和学生之间的关系，以及教师和学生在学校章程规范下的权利和义务关系。这种关系的具体表现在学校的办学理念、制度设计和管理水平上。

大学生法治文化建设的基本内容是加强高校日常工作管理的法律运用，实现依法治教和依法治校，减少"人治"因素，维护社会主义法律的最高权威。建立完善的规章制度基于国家法律法规，确保在日常工作管理和纠纷解决等方面都遵循法治原则，并强调法治下的人人平等原则，对所有高校一视同仁。同时，师生应树立法治观念至上，既履行法定义务，也维护自身权利。因此，大学生法治文化建设的本质是各级高等院校管理者在教育教学和科研管理中体现法治精神，形成良好的法律秩序。

大学生法治文化建设是"依法治国"方略的必然要求和具体体现。党的十五大以来，我们国家全面实施"依法治国，建设社会主义法治国家"的治国方略，推动高等教育提出了"依法治校""依法治教""大学生法治文化"的理念，使大学生成为推动社会主义法治国家建设的重要力量，既不断培养大批社会主义建设的合格人才和具有良好法律意识与法律素养的合格公民，为建设法治国家奠定人才基础，又切实推进自身依法治校，成为依法治国方略的坚定实践者。大学生法治文化建设是高等教育适应社会、经济发展的客观要求，也是其自身发展的必然趋势。

大学生法治文化建设是以法治为导向，在校园中构建校园文化的实践，也是法治文化在大学生特定环境下的具体表达，反映了法治观念、理性、价值取向和行为方式。其内容包括全校师生员工在高校法律关系中形成的思维意识、规章制度和行为方式等。我国大学生法治文化具有社会法治文化和校园文化的双重身份，要求大学生法治文化应以社会和校园的双重和谐为标准。大学生应树立公平正义、民主法治、诚信友爱的法治理念和价值观，全面贯彻民主办学、依法治校，调动各方面积极因素，妥善协调学校各方面的利益关系，正确处理各种矛盾，确保学校的公平和正义得到切实维护和实现。

二、大学生法治文化建设的重要性

（一）构建社会主义和谐社会、和谐校园的需要

21世纪初，在国家提出建设和谐社会的大背景下，大学生作为社会的重要组成部分，构建和谐校园成为必然的发展选择。无论是和谐社会还是和谐校园，毋庸置疑"民主法治、公平正义、诚实信用、安定有序"应成为其核心内容。因此大学生法治文化建设在构建和谐校园的过程中具有举足轻重的作用。

民主法治是和谐社会的基本特征，人是和谐社会的主体，人才是推动和谐社会前进的决定性力量。高校作为社会的重要组成部分，是培养人才、构建和谐社会的主要场所。因此，高校在推进社会主义和谐社会进程中具有重要地位。以公平正义为核心价值取向的法治文化是维护社会和谐的重要条件。高校管理必须树立法治化的观念，积极推进社会主义法治文化建设，实现依法管理、依程序办事，培养具有强烈法治意识的合格人才。这有助于引导全体公民确立民主法治、自由平等、公平正义的意识，培养崇尚法治权威、严格依法办事的习惯，促进公平正义的实现，营造诚信友爱的氛围，建立充满活力、安定有序的社会秩序，巩固人与自然和谐相处的关系，推动和谐社会的发展。

随着法治国家建设的推进，大学生起诉学校的案例逐渐增加，这种情况在当前构建和谐校园的过程中显得不协调。造成这种情况的原因有多个方面。一方面，高校的教育管理者法律意识薄弱，未能深入理解法治的内涵和理念。一些人错误地认为依法治校仅仅是学校对学生采取"用法规治学生"的简单、粗暴管理方式，过度依赖命令性语言如"禁止""严禁"等。另一方面，在学校的教育教学管理过程中，忽视了应有的正当程序，导致一些处理结果未经学生知情就做出，缺乏公正性。同时，学校制定的校规校纪与国家法律法规存在冲突。学校对学生的要求往往更严格、管理更严厉，处罚更严重，超出了法律法规的范围，侵犯了学生的合法权益。从校园文化的角度分析，以

上问题是由于校园文化缺乏理性的"法治"元素。因此,构建大学生法治文化可以将校园内各种主体活动纳入法治轨道,接受法律的约束。这既能促使管理者通过正当合法的程序进行管理工作,尊重学生应有的权利,又能约束学生遵守纪律、依法维护权益。从而实现公平正义、诚信友爱、安宁有序的和谐校园关系。

(二)培养适应现代化建设要求的合格人才的前提

法治是人类历史上优秀文明成果的结晶,彰显了现代社会所追求的主流价值形态,如公平正义、民主和谐、以人为本和尊重人权等。同时,法治也体现了社会所普遍认可的最低道德要求。因此,高等学校要实现全面育人的功能,弘扬正确的人生观和价值观,为社会培养合格的人才,必须体现法治所代表的价值理念。开展法治教育是高等学校应承担的重要教育职责,校园文化建设应以法治为主题。根据《中华人民共和国高等教育法》的规定,高等教育的任务是培养具备创新精神和实践能力的高级专门人才,推动科学技术文化的发展,促进社会主义现代化建设。在社会主义市场经济条件下,要成为高级专门人才就必须具备一定的法律素养,因为市场经济是法治经济。同时,法治要求全体社会成员具备知法、懂法、守法和用法维权的法律意识,这是最基本的要求。如果缺乏这一要求,就有可能走上违法犯罪之路或成为不法行为的受害者。

(三)培育公民法治信仰的迫切需要

公民法治信仰是实施依法治国方略的前提,是真正的精神意蕴,更是社会发展的推动力。法治作为一种观念或一种精神,一种法律文化形态,它属于上层建筑的范畴。自从改革开放以来,人们的法治意识和观念不断加强,但有些人对法治最高权威提出怀疑,从而不信仰法律,这种法律信仰迷茫的状态在高校也有一些表现。高校一些教师和学生受社会不良风气的影响,道德水平下滑,缺乏诚信意识,缺乏对法律与法治的信仰。从人性角度来看,在终极存在的本体意义上,法律是人的存在及其本质的一个限度,也是人的一种生活方式。法治乃是现实的人对作为人的生存方式和生活方式之一的法的多种现实可能性的一种理性选择，因此，法治也必然反映着现实的人的生活立场与人生态度。基于这种情况，高校必须正视问题，加强校园法治文化建设。

（四）维护教师合法权益的必然要求

教师是高校发展的主体，对于一所大学的声誉和科研成果具有关键性影响。因此，高校应依法保护教师的学术自由和教学自由权利，确保教师有知情权、参与权、管理权、监督权和提出批评建议的权利。教师的收益、晋升和评职合法权益也应受到保护，同时尊重教师的人格尊严和社会地位，以维持高等教育的持久生命力和内在活力。高等教育的发展离不开正确的国家政策和社会各方面的支持，但最终要依靠教师们的勤奋工作和严谨治学。教师的辛勤工作是高校培养高质量人才和取得促进社会发展的高水平科研成果的关键所在。因此，创造良好的教学科研环境是高校管理的重要目标。然而，目前我国高校中普遍缺乏以人为本的理念和以教授为中心的精神，存在着以官本位为主导的现象，导致教师的地位被忽视，严重损害了教师的尊严和对教学、科研的热情，这也是一些高校教学和科研水平低下的根本原因之一。要改变这种权力异化的现象，使高校重新回归到以服务教学和科研为中心的正确轨道上，就必须依法治教。

（五）维护学生合法权益的需要

高校是一个产业，其产出的成果是满足现代化建设需求的人才和科学技术，这也是社会发展急需的。然而，高校并非企业，不应以盈利为目标。在我国高校实施收费改革后，高校的收费水平大幅增加。同时，不合理的乱收费问题也随之出现，导致广大学生和家长无力承担，学生的受教育权利在一定程度上受到侵害。一些高校在市场经济的冲击下，教学质量有所下降，学生的教育权益受到侵犯，难以得到解决。另外，一些高校制定的校规校纪与国家相关法律法规存在冲突，学生处罚的程序不透明，决策随意性较大，学生的权益受到侵犯且难以获得有效的法律救济。因此，维护学生的合法权益应纳入大学生法治文化建设的范畴。

（六）大学生法治文化建设是确保校园平安的有力保障

高校校园是社会的一个缩影，涉及高校与社会之间的关系，包括高校管理工作者与学生之间的关系、学生与学生之间的关系等多种社会关系。在这些社会关系中，常常出现矛盾、冲突甚至犯罪行为。法律作为社会关系的调节工具，只有依靠法律才能解决纠纷、实现校园的安全和平稳。建立校园法治文化有助于引导和增强师生的主体意识、权利意识和法治意识，使大家意识到捍卫自身权利的重要性，并熟悉行使权利的方式。形成大学生法治理念、法律意识和法治氛围有利于广大师生增强法律意识，自觉守法，提高安全防范意识，依法维护自身权益，自觉与违法犯罪行为进行斗争，共同维护校园的安宁和稳定。

第二节 大学生法治文化建设的现状

一、大学生法治文化建设的成就

（一）我国高等教育法律法规体系初步建立

大学生法治文化建设是最近一些年才提出的一个概念，但这并不是说在这之前我国高校管理中不存在法治，只不过在我国高等教育发展过程中很长一段时间内，对教育教学的法治管理还不够重视，只是处于从属地位，而且还大多数停留在立法层面上。

党的十一届三中全会以后，随着思想的解放，我国民主与法治建设进入健康发展时期，大学生法治化建设也迅速展开。1980年2月第五届全国人民代表大会常务委员会第十三次会议通过了新中国成立以来第一部由最高权力机关制定的有关教育的法律，《中华人民共和国学位条例》开辟了高等教育法治建设的道路。1993年10月第八届全国人民代表大会常务委员会第四次会议通过了《中华人民共和国教师法》，第一次以法律条文的形式明确了教师的法律地位，为维护教师的合法权益提供了法律保障。1995年3月，第八届全国人民代表大会第三次会议通过了《中华人民共和国教育法》，这是新中国成立以来我国制定的第一部教育基本法，这是我国教育史上具有里程碑意义的大事，它的颁布，标志着我国教育工作进入全面依法治教的新阶段，对我国教育事业的改革与发展，以及社会主义物质文明和精神文明建设将产生重大而深远的影响。1998年8月，第九届全国人民代表大会常务委员会第四次会议通过了《中华人民共和国高等教育法》，这标志着我国高等教育立法已取得重大进展，为高等教育领域内的全面依法治教提供了基本的法律依据。国务院和国家相关部委根据高等教育发展的实际需要也制定了一批高等教育的相关行政法规，此外地方人民代表大会和地方政府也制定了不少有关高等教育的地方法规与规章。我国现有高等教育领域法律法规大致可以分为规范高校管理活动、规范学生活动、规范教师活动三大类。规范高校管理活动的法律有《高等学校收费管理暂行办法》《普通高等学校档案管理办法》《普通高等学校毕业生就业工作暂行规定》《高等学校招生全国统一考试管理处罚暂行规定》《研究生学籍管理规定》等等。规范学生活动的法律法规有《普通高等学校学生管理规定》《高等学校校园秩序管理若干规定》《普通高等教育学历证书管理暂行规定》《高等教育管理职责暂行规定》《普通高等学校招生暂行条例》等。规范教师的法律有《高等教育自学考试暂行条例》《高等学校本科专业设置规定》《学校体育工作条例》《教学成果奖励条例》《教师资格条例》《教师和教育工作者奖励条例》《高校教师职务条例》等。这些法律、法规的制定和施行，结束了我国高等教育工作无法可依的局面。2005年3月教育部颁发了新的《普通高等学校学生管理规定》(教育部令第21号)，这标志着大学生法治文化建设进入了崭新的阶段。新《规定》遵循"育人为本，依法建章，规范管理，加强监督"的原则，鼓励和引导高校建立并实施学分制、主修和选修制、跨校修读制等新的有利于大学生成长成才的管理制度，确立了一系列依法治教、维护学生合法权益的新规则，并扩大了高校依法办学的自主权。新时期，国家十分重视加强高等教育立法工作，加速了立法进程，制定了一大批急需的高等教育法律、法规和规章，大学生法治文化建设取得了重大的进展，至此我国的高等教育法律法规体系已经初步形成，为我国高等教育领域依法治教提供了良好的法治环境。

（二）依法治校逐步落实

随着依法治国方略的推进，各高校纷纷加强和完善制度、规范管理，提升了对依法治校工作的认识和办学水平，取得了显著进展。大多数高校在依法治国方略指导下，充分认识到依法治校工作在学校发展中的重要作用，转变办学思路，明确办学理念，并制定了本校的依法治校工作方案，成立了相关工作机构，发挥法律在学校管理中的规范作用，加强依法治校工作力度，提高自主管理能力，推进制度化和规范化进程。同时，通过重视校务公开制度、民主决策制度和教职工代表大会制度等，高校加强民主建设、民主管理和民主监督，确保教职工能够参与学校事务管理并行使民主监督权。总之，明确学校的法律地位，依法行使职责权力，履行学校义务，保护学校及师生员工的合法权益。

（三）高校成员的法律素质明显提高

随着高等教育法律法规体系的不断完善、高校法治文化建设的日益推进，高校学生和教师的法律意识与法律素质明显提高，最明显的表现就是学生的法律素质提高。学生为了维护自身的合法权益，能够自觉地运用法律的武器来保护自己；高校行政管理工作者依法决策、依法行政，依法办事的意识和能力也明显地增强。高校各项管理工作的法治化水平得到不断的提高，校园法治环境得到明显的改善，不断地推进大学生法治文化建设大踏步前进。

二、当前大学生法治文化建设存在的问题

（一）大学生的法律知识水平不高，法治观念淡薄

当前，一些大学生受到功利主义思潮的影响，他们普遍偏重专业课程，对包括"法律基础"在内的公共课程缺乏重视，平时对课程不认真听讲，甚至逃课，只在考试前临时应付。这种思维方式使得大学生在法律基础知识方面无法扎实。另一方面，高校的"法律基础"课程学时有限，只有几十个学

时，无法涵盖与"法律概论"等同等内容。因此，大学生在有限的课时中获取的法律知识也有限。一方面，大学生的法律知识水平较低，法律基础薄弱，对法律的权威性认知不足，一些大学生对法律的实施持有怀疑或不信任的态度。另一方面，大学生缺乏权利意识，当他们的合法权益受到侵害时，不能积极主动地运用法律手段保护自己的合法权益，而是消极对待法律，甚至采取报复手段来追求"公平"，这可能导致违法犯罪的风险。

根据中国犯罪学研究会会长，北京大学法学教授康树华所做的一项调查显示，1965年我国青少年犯罪在整个社会刑事犯罪中约占33%，其中大学生犯罪约占1%；1966—1977年间，青少年犯罪开始增多，占整个刑事犯罪的60%，其中大学生犯罪占2.5%；而近几年，青少年犯罪占社会刑事犯罪的70%~80%，其中大学生犯罪约为17%。值得重视的是，在大学生犯罪中，盗窃案约占70%。而大学生犯罪也呈现逐年增加的趋势，据有关资料统计，我国高等学校学生违法犯罪人数占高校总人数的1.26%。由此可见，法律意识和违法犯罪之间是有联系的，如果大学生法律意识增强了，违法犯罪就会明显减少。

（二）大学生法治观念淡漠

法治观念是对法律性质、地位和作用等问题的现代科学理性看法，是管理国家、经济和社会的依法思维。学校诉讼案如田永诉北科大一案凸显了学校在教育教学管理上缺乏法治观念。我国高等教育法治建设仍处于初级阶段，高等教育法律法规尚不完善，传统的教育观念和人治观念难以迅速消除，对大学生法治文化建设构成阻碍。大学生对法治观念的淡漠主要体现在以下两个方面。

1.传统的人治观念在高等教育教学管理中根深蒂固

在封建专制社会中，儒家思想一直占主导地位，强调"贤人政治"，即以个人才能为基础的统治。虽然在封建社会中制定了法律，并有"王子犯法与庶民同罪"的口号，但这种理念缺乏可行性，权力高于法律的现象时有发生，导致人们对法律失去信心，相信权力的威力。因此，我国传统文化缺乏培养法治文化的土壤。在当代社会中，"人治""官本位"和"权力高于法律"的思想仍然有一定影响力，这使得我国法治文化建设变得艰巨且长期。

目前我国法治现状严重影响大学生法治文化建设，在高校的教育教学管理中，管理者常常以行政命令的方式行使绝对权威，对教育教学进行管理。在这种思维习惯下，管理者难以平等对待大学生，学生管理中容易出现家长式作风，简单粗暴，学生只能尊重和服从。有些学校缺乏公开性和透明度，对学校的规章制度缺乏明确的处理细则，存在较多主观因素；一些院系在未经学校批准的情况下自行决定对学生的处罚，导致同一学校的规章制度在不同院系中有不同的处罚措施；还有些高校在处罚学生时没有严格遵守法律程序，未给予学生足够的制度保障以进行申辩和诉求。权力的扩张容易导致权力滥用，加上权力监督机制不完善，高校在行使行政管理权力过程中难免侵害学生的合法权益。

2.法律工具主义盛行

高校教育工作者需要加强法治观念，但在实际工作中，一些管理者存在误区。有人简单认为依法治校只要制定相关法律法规，有些高校规章制度与国家法律法规相违背，有些管理者仅仅把法律当作管理手段，强调"罚"治校。这些误解严重影响了法治文化建设。

（三）高校法律法规建设还不够完善

我国高等教育法规仍存在不完善之处，法律体系不健全，横向覆盖面不足，一些重要的法律法规尚未制定。纵向结构也需要进一步协调和统一，以形成有机整体。高校缺乏适应高等教育大众化发展规律的完善校规校纪，一些与国家法律法规相冲突的规章制度需要进一步修订。法律法规的条款过于原则性，用语模糊，某些权利救济措施缺乏明确规定和操作性。这些问题影响了高等教育法治文化建设的进程。如一些法律法规条文中"逐步""按照国家有关规定""适当"等用语都比较宽泛和概括，在具体实施过程中比较难操作。又如，一些法律法规条文中"必要的""有条件的""必要条件""部分"等用语都较模糊，具有不确定性，实施中难以操作，以致影响法律法规的实施和执行。另外，尚有相当一部分颁布于20世纪八九十年代的高等教育法律、规章中冠以"暂行""试行"等名称，这些法规规章"暂行""试行"了二三十年，如《中华人民共和国学位条例暂行实施办法》《高等教育自学考试暂行条例》等仍在暂行、试行，在实践中降低了高等教育法的效力和权威。

（四）大学内部民主自由相对缺失

民主自由是大学生法治文化建设的前提，缺乏民主精神的高校难以承担文化知识传播和人类文明传承的使命。目前，大部分高校管理工作缺乏民主监督和制约，学校的自主性差，行政主导学术，学术自由和民主得不到发挥。在教师考核方面，选举和表决只是形式，权力集中导致不公正现象普遍存在。一些高校缺乏学生参与学校民主管理的组织，学生的民主自由受到限制。缺乏民主自由会影响高校的健康发展，决策局限性增加，学术民主气氛受到影响，学术水平下降，学生素质受到影响，制约高校的发展。

（五）高校监督机制相对软弱

在我国初步结束了高等教育"无法可依"状况的今天，加强和完善高等教育执法监督制度，已经成为当前高等教育法治化的重要任务。但是在我国高等教育执法监督过程中还存在以下问题。

第一，教育行政部门和高校在执法意识方面存在不足。尽管《高等教育法》明确规定高校管理者和主管人员应依法行政，保护师生的法治权利，但实际工作中，一些高校对法治管理的紧迫性和重要性认识不足。一些管理者过于依赖行政命令、政策和行政权力来进行管理，出现了权力凌驾于法律、人治和不公平等现象，违规操作时有发生。尤其在学生身上更加明显，作为相对弱势的一方，学生的权利容易被忽视和侵犯。大多数高校缺乏保护学生权利的救济途径，学生难以申诉。尽管当前学生通过法律手段争取权益的情况有所增加，但整体而言，我国高校仍然缺乏保护学生合法权益的机制。例如，北京航空航天大学发生了严重的违规收费事件，其他省份的高校也发生了类似的乱收费事件，严重违反了教育法的规定。这些案例表明，高校的法治管理和监督机制尚未完全规范化和制度化，缺乏客观、权威、有效的监督约束机制。

第二，我国高等教育领域的法律监督方式较为单一，监督力度不够。目前，我国高等教育法律法规体系中的监督主要包括自上而下和自下而上两种形式。自上而下的法律监督已经制度化，包括全国人大及其常委会组织的高等教育执法情况监督组对地方高等教育法规执行情况进行定期检查，以及各级教育行政主管部门对下级教育行政部门执法情况的定期检查和监督，确保高等教育法规的有效实施。然而，长期以来存在的"官本位"和"民怕官"等思想使得自下而上的法律监督力度相对较弱，导致教育行政部门在高等教育法律实施和执行过程中的违法和违规行为难以及时有效制止。

（六）高校学生管理中的非法治化现象

虽然我国高等教育领域依法治教工作取得了一定的成绩，但是在高校学生管理法治化建设方面并没有明显的改变，主要表现在以下几个方面。

第一，校规校纪不合理，甚至是"违法"。当前一些高校制定的校规校纪不是"良法"，一个突出的表现就是学校的规章制度与国家的法律法规之间存在矛盾和冲突。

第二，学校管理程序缺失。公正的程序是产生公正结果的关键。正当程序是法治理念的重要组成部分，也是高校管理中广大师生权利保障的基本要求。缺乏正当程序将导致受教育者在学校中的"机会平等"难以实现，其合法的"请求权"正当的"选择权"和合理的"知情权"也难以得到保障和维护。从某些学生对学校提起的侵权诉讼案件来看，正当程序缺失和瑕疵是高校在行使管理自主权时普遍存在的问题。

第三，管理过程中缺乏救济制度。司法救济是公民权利受到侵犯后的最后救济渠道，被称为"矫正的正义"。尽管我国现行法律法规大多规定了高校学生的各项权利，但对学生权利受到侵犯时的救济方式缺乏明确规定。例如，《普通高等学校学生管理规定》规定学生对学校处分或处理有异议时，有权向学校或教育行政部门提出申诉。然而，目前我国高校很少设立由学生代表和专家组成的听证会来接收和处理学生的申辩，缺乏健全的申辩救济答复机制。学生们不清楚如何申辩以及向哪个部门提出申辩，因此学生的权利受到侵犯时无法得到矫正。这种管理方式无法达到法治的要求。

第三节 大学生法治文化建设的基本原则

一、遵循我国法治建设的原则

法治原则是指由最高权威认可颁布的并且通常以准则或逻辑命题形式表现出来的、具有普遍适用性的法律原则,是法治社会人们在制定和执行法律时遵循的原则。当前我国法治建设的基本原则是"有法可依,有法必依,执法必严,违法必究"。概括地说就是"法律至上"原则,其实质就是国家中法律具有最大的权威,用潘恩的话来说,"法律是国王"。也就是说在国家中,法大于权,法大于执政者。

大学生法治文化建设必须以社会主义法治原则为指导。这一原则体现了我国法治建设的基本原则,对大学生法治文化建设具有普遍的指导作用。大学生法治文化建设是依法治校和社会主义法治建设的重要组成部分,因此必须坚持社会主义法治原则。社会主义法治建设的基本原则包括有法可依、有法必依、执法必严、违法必究,这些原则体现了法律的全过程运行,缺少任何一个方面都无法实现法治。因此,在大学生教育教学管理的全过程中,必须始终以社会主义法治建设的基本原则为指导。在大学生教育教学管理中,可能会遇到侵犯学生或教师权利的问题,而这些问题的根源在于对社会主义法律法规的理解不深、遵从不足。因此,解决这些问题需要以社会主义法治原则为指导。要坚持以社会主义法治原则为指导,在大学生法治文化建设中实施法律的运行。

在实践中,首先,国家应该加强有关大学生管理法律法规的立法,保证大学生管理行为有法可依。其次,大学生要严格执法,保证大学生管理行为程序完整。最后,国家应建立大学生管理规章制度执行监督机制,对大学生在学生管理中的任何违法行为都要追究其法律责任。

二、符合我国高等教育建设的实际

党的十一届三中全会以来,我国高等教育迅猛发展,特别是1999年大学生扩招后,于2003年大学生入学率达到15%,高等教育进入大众化阶段,大学生教育管理的形式、内容发生了深刻的变化,因此当前大学生法治文化建设要立足于我国高等教育发展的实际,才能顺应时代发展的趋势。

第一,随着社会主义市场经济的发展和大学生扩招,学生管理面临着越来越大的难题。首先,学生数量急剧增加,但办学条件无法及时跟上,造成数量与质量的矛盾以及学生整体素质下降和生源多样化。其次,高校发展速度快,但国家办学经费不足,大部分学校依赖学费增收维持发展,政府投入不足。再次,高校只关注招生数量增加,而没有充分考虑学生就业问题,导致就业准备不足,扩招后的就业困难。最后,扩招时没有进行全面的专业设置调控和分析,导致专业结构滞后,投资成本低的专业得到偏重,而符合市场需求的专业较少涉及,造成大学生就业困难。这些问题是我国高校发展中亟待解决的挑战。

第二,高校内部管理制度的改革对学生管理工作提出了新的要求。当前实施学分制使学生管理摆脱了原有整个班级的统一管理模式,班级观念淡化。除了学习、生活、行为管理外,学校还需要关注学生的成长和发展,构建科学的学科知识结构,促进自主选择性学习等。高校后勤管理社会化使学生管理更加复杂,学校与学生之间的矛盾也更加突出,这对高校学生管理工作提出了新的挑战。

第三,学校的法律地位的变化和公民权利意识的增强使高校教育教学管理面对一些新问题。高校办学机制的变化,尤其是收费上学的实施,学校的法律地位发生了根本性的变化,学生不再像过去那样,无条件地服从学校的各种规章制度,而是不断地为自己的各种权利呐喊,乃至不惜与母校对簿公堂。

面对高校管理工作的巨大挑战,为确保学生管理工作的有序展开,保障高校稳定发展和培养目标的实现,促进高等教育良性发展,高校学生管理工作者需要正确理解依法治校的概念，并以社会发展和尊重学生思想行为为出发点。他们应解放思想，建立科学合理的校规校纪，致力于实现学校管理与大学生的成长成才相适应，并推进大学生法治文化建设的顺利开展。

三、遵循教师为主导，学生为主体的教育教学规律

在大学生法治文化建设过程中，必须遵循"教师为主导，学生为主体"的教育教学规律。

（一）推进大学生民主化进程，突出学生的主体地位

在大学生的教育教学管理过程中，学生作为教育对象主体，应通过自我管理全面锻炼自己的交往沟通能力、社会实践能力、组织能力、团结协作能力等，为将来步入社会做好基本生存能力和社会经验的准备。实现大学生的自我管理需要加强教师的服务管理，为学生提供必要的空间和条件，并进行必要的指导，引导学生自觉学法、懂法、守法、护法，提高法律信仰。仅仅依靠教师的严格管理而缺乏学生的积极配合是脆弱的。因此，实现教师依法服务管理和学生自我管理的结合是提高高校教育教学管理效率、促进高校顺利发展的关键。在学校的教育教学管理过程中，教师应积极引导学生进行自我教育、自我约束，并将外部学校制度管理与学生内部自我管理有机结合起来，鼓励学生主动参与管理，培养他们的自律能力，使他们以不同形式参与管理和监督，发挥主体作用。

（二）教师变"管理学生"为"服务学生"

长期以来，高校的学生管理工作者为了完成管理任务，实现管理目标，通常采用简单的行政命令、行政管理方式，整天忙于"事"，而很少或没有考虑怎样以"学生"为中心。为适应全面建成小康社会和现代化建设的需求，高校最根本任务是培养具有创新素质的人才，这就要求高校学生管理工作的教育工作者必须树立"以人为本"的理念，改变工作作风，由"管理"向"服务"转变、由"命令"向"引导"变革；在坚持制度管理的同时，要多一些

人文关怀和人格魅力的影响，要以培养大学生为德才兼备的合格人才为主线开展管理工作，要本着"管理"就是"服务"，变"命令"为"引导"的理念开展工作；要把管理学生和服务学生有效地结合起来，将管理融入服务之中；将学生事务管理和学生各种活动结合起来，不仅提高学生的认知能力，而且完善学生的社会交际能力，不仅教会学生知识、提高学生智力，更重要的是让学生学会做人，学会与人合作、与人相处。推动高校学生管理以疏导为主，建立教师与学生之间、学生与学生之间正常的思想交流，创造尊重人、信任人、关心人、鼓励人、富有人情味的方式方法来开展工作，增强教师服务意识，为学生提供优质服务，真正形成"服务育人"的管理理念，充分发挥教师在教育教学中的主导地位。这样才能使学生管理工作者在学生中树立可亲、可信、可敬的形象。

四、坚持重在落实，加强监督

在高校法治文化建设中，除了法律制度保障，还需要建立一套有效的教育法制监督体系。教育法治监督是指依法监督有关国家机关、社会组织或公民对宪法中的教育条款、教育法律、教育行政法规及规章的实施情况，确保教育法律得到全面、正确、实际的执行，是维护法治统一和尊严的重要手段。这种监督应具备两个功能：一是有组织地自上而下贯彻执行；二是及时发现和纠正违反宪法、高等教育法律、法规和制度的行为。为实现这一目标，需要建立一个以法律监督为核心、强有力的监督体系，将校外人大监督、党内监督、专门机关的法律监督、行政监督和教职工监督结合起来，发挥舆论监督的作用，使专门机关的监督与校内教职工的监督相互配合，形成紧密有效的监督网络。

（一）加强和完善人大的监督

我国各级人大对教育执法进行监督，是我国现行的一种行之有效的监督方式。人大监督是否能达到预期的成效，很大程度上在于是否采取了科学、合理、恰当的监督方法。以往人大主要采用定期检查工作、会议监督或者受理师生员工对执法人员的申诉意见等监督形式,但是监督的力度不强。近些年,地方人大及其常委会为了更好地行使监督权,都在不断拓展法律监督和工作监督的深度与力度,探索更加有效的监督形式。如,设置专门的教育纠风评议部门,这给监督工作注入了新的活力,民主渠道得到了拓宽。

（二）强化法律监督机关和行政监察机关

社会应重视和发挥专门监督机关在高等教育监督保障机构中的作用,确保政府、行政执法部门和教育行政管理部门的工作人员受到有效监督。法律监督机关和行政监察机关应独立、公正地行使监督权力,坚持原则,排除干扰,公正处理案件,严肃查处违法行为。同时,还需要加强教育行政系统内部上级对下级的监督和检查。根据《中华人民共和国行政监察条例》,国家教育委员会设有监察局,作为行政机关内部执法监督的机构,各省、自治区、直辖市教育委员会也设有监察处（室）,省属高等院校设有监察处或专职监察工作人员。

（三）组建一支高素质的高等教育执法监督队伍

高素质的高等教育执法监督队伍是实现高校全面依法治校、推进高校法治文化建设的关键。队伍成员应具备以下素质：首先,具备高的政治素质,拥护国家宪法和党的基本路线、方针和政策,具备高的政治理论水平和法律素养,严格执行高等教育法律、法规、政策。其次,具备高的业务能力和扎实的专业知识,熟悉高等教育法律、法规和政策,具有丰富的高等教育工作经验,具备高的分析判断能力,能够正确运用法律法规处理高等教育案件和纠纷。最后,具有良好的职业道德素质,廉洁自律,公正执法。

第四节　大学生法治文化建设的对策

高校作为社会的重要组成部分，其法治文化建设必须反映社会法治建设实践和法治文化建设的内在要求。高校法治文化离不开法律本身的制度建设，但法治化也绝不仅仅取决于高校法律法规制定得完善程度，还取决于法律制度本身的质量，取决于高校成员法律意识、法治观念、法治精神的确立程度，取决于法治行为方式的自觉习惯程度，以及由此而形成的高校法治舆情、法治风尚和法治氛围。因为高校法治文化对高校法治的影响远比制度要深远得多。当前我国大学生法治文化建设应采取如下措施。

一、加强大学生法治文化理论的研究与普及，树立依法治教理念

第一，应加强对大学生法治文化理论的研究。理论源于实践，但也对实践产生重要影响。只有在深入研究大学生法治文化理论的基础上，才能将其用于指导大学生法治实践的发展。对大学生法治文化内涵的研究主要以中国传统法治文化建设为依托，并借鉴西方法治文化的经验。研究大学生法治文化理论应立足于实际办学经验，结合国外先进法治理念、中国传统法治文化的精髓以及马克思主义法学理论和其他先进文化形态的研究，不断探索大学生法治文化的内涵，并在高校教育教学实践的基础上进行科学的理论构建。然而，对于构建科学、正确的大学生法治文化理论，必须认真思考和检验，否则不科学的理论指导将对大学生法治文化建设产生严重不良影响。鉴于大学生法治文化建设涉及众多法律问题，高校应培养一支科技水平高、专业素养好、法律意识强的人才队伍，承担起研究和教育大学生法治文化理论的重要任务，努力推动大学生法治文化建设。

第二，高校应加强法治文化理论的普及。古希腊的柏拉图和亚里士多德指出，为了确保公民守法，国家必须加强对国民的教育，培养他们的法律意识和遵法观念。法治文化教育不仅包括法律知识的传播，更重要的是培养高

校师生员工的法治观念，提高他们依法行事、行使权力和履行义务的意识。当然，法治文化理论的普及途径不仅限于高校范围内的宣传、学习和考核，更重要的是通过公正司法和严格执法等良性法律实践的教育活动，增进高校师生员工对法治的信任和期待，培养他们对法律的信仰和尊重。要实现国家法治与高校法治在现实生活中成为人们自觉遵守的规范，需要全体高校师生员工的共同努力。只有通过对全体高校师生员工进行法律意识教育，才能增强他们自觉学法、守法、懂法、依法办事的意识，为高校法治建设奠定坚实基础。

第三，提高高校师生员工依法治校的理念，统一思想。社会主义法治理念相对于高等学校来说就是实施依法治校方略，促进高校依法治教，依法办学，依法接受监督，形成科学的大学制度。作为高校成员，每一个师生员工都必须树立依法治校理念，以实际行动为促进大学生法治文化建设做出自己的贡献。要增强依法治校理念。

坚定遵守宪法和法律及规章制度。高校师生员工要深刻认识宪法和法律的不可违抗性和绝对权威性，任何个人或组织都不能凌驾于宪法和法律之上。当个人意愿与宪法、法律发生冲突时，个人必须无条件服从宪法和法律。为了维护宪法、法律及校规校纪的权威，高校师生员工应自觉放弃或牺牲个人利益。明确并遵循"育人为本、依法建章、规范管理、加强监督"的指导思想和原则。各高校应以教育部2005年3月发布的《普通高等学校学生管理规定》为依据，创新学生工作管理方法，以"管理育人"为原则，完善内部规章制度，采取科学的管理方式，推动学校学生管理工作走上法治化和规范化的轨道，为学生管理提供基本导向和原则，推进高校内部学生管理工作的法治化进程。

自觉守法。生活在"依法治国"大背景下的高校师生员工，要想充分地发挥自己的才能，促进全面发展，为社会和他人做出自己的贡献，实现自己的社会价值和自我价值，离开了法律、法规，必然一事无成。自觉守法是高校广大师生员工依法治校理念的具体体现，在推进依法治校的过程中，只有自觉地遵守宪法、法律规章，按照宪法、法律规章所赋予的自由、权利的范围内履行自己的工作职责，才能促进自身的发展和工作目标的实现。

严格执法。作为高校教育教学管理者，坚持公平正义与合法合理原则，妥善处理好涉及师生员工最关心、最直接、最现实的利益问题；对各种违规违纪行为的审理与处理结果的轻重幅度必须相当，同样情形，同样处理，不受校内外各种人为因素所左右，以克服执法和执规的随意性，防止各种权力的滥用。

应正确处理依法管理与德育教育的关系。要将二者结合起来，加强管理工作的法治建设，同时加强思想道德建设。在涉及学生的私人生活范畴，例如认识、观念、情感和信仰等问题时，不宜采取法律和法规手段进行强制干预或限制。一些规定如高校以校纪的形式处分学生在校园公共场合亲密接触等行为，正是由于没有正确理解法规与道德在调节范围上的差异。

二、加强高校管理者廉政文化建设，倡导大学生诚信守法

廉政文化是大学生法治文化建设的重点。近年来，受改革开放和市场经济的负面影响，高校在自身改革发展过程中出现了各类违法违纪行为和严重腐败问题，严重制约了高校的人才培养质量和事业发展。例如，在高校的教育教学管理中，少数人员利用各类机会进行不正当行为，损害学生的权益；在学校扩建过程中，一些管理人员存在不讲原则、监督不力甚至营私舞弊的问题，导致国有资产流失。此外，高校学术领域的腐败现象也令人担忧。尽管高校腐败问题在当今社会并非典型，但高校承担着推进社会主义先进文化发展和培养社会主义建设者与接班人的重要责任，这使得这类问题的社会影响更加恶劣。因此，必须加强高校廉政文化建设，遵循"预防为主，防治结合"的原则，力求在源头上扼杀高校腐败行为。廉政文化建设要求增强高校师生员工的法律意识，提高依法办事和维护自身合法权益的自觉性，增强主人翁意识和社会责任感，自觉加强民主监督，防止高校腐败文化的发展和蔓延，最终确立高校法治目标。

市场经济下诚信不仅是道德问题，也是法律责任；我国法律体系正在完善，诚信已成法律责任。但传统法律思维影响，诚信仅视为道德问题。高校对大学生法律诚信教育不足，大学生缺乏法律诚信意识，导致不诚信行为背

离法治要求。大学生道德诚信下降,需加强法治诚信文化教育,建立法律诚信规则,促进师生员工法律诚信意识,实现权利和义务协调。

三、加强对高校成员的法治化管理,培育师生对法律的崇尚与敬仰

(一)加强高校行政管理的法治化

1.增强高校行政管理者的法律意识,培养行政管理与法律兼通人才

高校行政管理者法律意识淡薄,需通过宣传普及法律知识活动增强其法律意识,尤其注重法制、公平、正义、权利和权力监督意识等,规范行政管理行为。高校行政管理者需同时具备管理和法律知识,以公平对待每位高校人的权利。在高校教育教学改革中,行政管理者应结合法律意识提高和制度创新,适应市场经济潮流。

2.依法制定校规校纪

大学生法治文化建设需健全完善法律体系,高校应根据实际情况完善校规校纪,理顺高校与教师、学生之间的法律关系,保护各方合法权益。同时,高校校规校纪应遵守法律,避免与法律发生冲突。在制定校规校纪时,需确保三个"合法":①主体合法,即制定校规校纪的主体应具备法律赋予的权力,内容必须符合宪法和法律规定,未经授权的校规校纪无效;②内容合法,即校规校纪内容应符合法律原则、法律精神和具体规定;③程序合法,即高校必须按照法律程序规定进行校规制定,包括提出、讨论、表决、通过和公布,必须遵循民主、公开原则。

3.严格行政管理程序

大学生法治文化建设体现在高等教育行政管理程序的合法上。正当程序是大学生法治建设的基本要求。高校行政管理程序的法治化主要应当注意以下几点。

(1)实现程序公开:程序公开是指高校在行使管理权力时,包括处理教纪学纪、学术评定等权力行使的程序步骤按照公开原则和标准进行,以保障师生通过适当形式了解并行使知情权。高校行使管理权力必须建立在信息公

开的基础上,为师生提供获取各种教育信息的便利条件,增加高校管理的透明度,防止权力隐蔽性,减少因教育行政权力滥用而引发的腐败现象。

(2)建立健全听证制度:高校在制定影响涉及师生合法权益的规章制度以及做出处罚决定之前,高校应告知师生拟做出决定的主要内容、理由、主要依据以及救济途径和所应遵循的步骤次序等。听证程序的设定有助于确保高校行政管理权力的正确行使,防止处分不公,消除学生与高校之间的争议矛盾。因为学生的知识地位决定他们有强烈的自尊心,学生希望社会他人尊重自己满足自己的愿望。听证程序的设定有助于行政管理人兼听则明,从而实现权利对权力的制衡。

(3)送达:即在高校行政管理中做出影响相对人权益的处理决定时,必须向其本人送达。

(4)完善高校行政管理中的权利救济制度:有权利必有救济,无救济就无权利。要正确区分权力和权利。目前,我国公民对权利的认识不足,很多人对"权力"和"权利"的区别不清,只重视"权力"而忽视"权利",导致在自身权利受到侵害时,不能及时有效地寻求救济。只有正确理解权利并能正确使用法定救济手段维护权利,才能将此视为一种习惯、一种自觉和一种积极的主张。这对于逐步完善权利救济制度是有益的。行政救济制度必须合理,一方面,可以完善校园行政救济环节,在校园内建立一个相对中立的裁决机构,负责处理学生申诉、教育行政申诉和教育行政复议,以完善校内行政救济制度。同时,可以考虑增设一种"校园仲裁(学生申诉处理委员会)"的救济方式,由学校负责人、职能部门负责人、教师代表和学生代表组成。该仲裁机构可共同对高校行政管理行为进行裁决,其裁决应为最终裁决。通过建立校园仲裁制度,校内纠纷可先由校内中立的仲裁机构处理,如对处理决定不服,可向教育行政主管部门的申诉评议委员会申诉。同样,对于不服学校制度的管理行为,也可向上级教育行政主管部门提起教育行政复议。这有利于在高校内部解决问题,缓解高校管理者与相关人员之间的矛盾,提高问题解决效率并节省成本,也有利于高校自治的实现。另一方面,还要明确教育行政行为的司法救济原则。

（二）完善高校学生管理的法治化

1.坚持以人为本的观念，营造法治化的育人氛围

以人为本是构建社会主义和谐社会的本质要求，是民主、人权的体现，因此新时期高校在学生管理过程中必须摆脱传统"人治"观念，树立以人为本的社会主义法治理念。

随着我国依法治国理念的推进和公民法律素质的提高，大学生维权意识日益增强，开始运用法律手段保护自身合法权益，尊重和保护学生的合法权益，避免侵权行为。学校可通过举办教育法制讲座、鼓励自学等方式，培养管理工作者的民主思想、平等观念、公正精神、权利意识和法治理念，使其能自觉遵守法律法规，公正对待每位学生，尊重学生的权利，真正实现服务育人的目标。

2.完善学校学生管理规章制度

目前，我国已制定了《教育法》《高等教育法》《普通高等学校学生管理规定》等法律法规。同时，各高校根据自身实际情况和上述法律法规的授权，制定了内部的校规校纪。这些法律法规和校规校纪在建立和维护高校体制与管理秩序方面起到了积极作用。然而，在实际工作中，上述法规制度仍然存在不完善的情况，有些操作性不高，甚至有些高校的校规校纪与国家宪法、法律法规相抵触。因此，为进一步健全相关法规制度，高校学生管理工作应遵循合法性、合理性、正当程序、法律本位、民主公开等原则，制定、修改和完善与教育法律法规及国家政策相适应的学生管理制度。需要建立一套严谨而有度的管理规章制度，其中倡导性条款应较多，禁止性条款应较少，惩罚性条款应慎用。特别是涉及学生切身利益的日常综合评定办法、评优办法、针对弱势学生的补助筛选办法以及违纪处理程序等规定，必须具备切实可行性、稳定性和权威性。

高校在制定和实施学生管理规章制度应注意以下几点：①进行认真细致的前期调研工作，尤其要全面征求学生的意见，在某些学生关注的问题上可以举行校园内听证会，使制度科学化、合理化，切实增强制度的可执行性。②高校在制定高校管理规章制度时，只能在相关法律规定的总体框架下制定

和实施，防止某些管理规定本身违法。③规章的制定和实施要与我国高等教育教学总发展趋势相适应。④规章的内容必须覆盖高校学生管理的方方面面，如学籍管理、课外活动管理、校园秩序管理以及奖励和处分等方面的准则。⑤学校的各种规章应该公示，利于学生及时了解和掌握。

3.加大对学生开展法律意识的教育和培养

重视高校《思想道德修养与法律基础课》的开设，同时可以开展新生入学法制教育，开设专门的法律教育、就业法律教育和日常法制教育的选修课，不定期地举办法律讲堂，让学生在日常生活中学习法律，培养法律意识。应当建立有效的学生参与机制，畅通学生利益表达渠道，重视学生表达的利益诉求。

（三）推进高校教师管理的法治化

大学生法治文化建设包括对学生和教师的法治化管理，旨在保护教师的教育教学活动，并受到法律的限制。高校教师管理的法治化实质是以法律思维模式进行教师管理，以实现公平和正义。为了保障高校教师的合法权利、稳定和发展，必须依据相关法律和学校规章制度，确保公平、公开和公正，而不是依靠行政权力或个人权威。

首先，应树立科学的"以教师为本"的管理法治观念，实现尊师重教的良好风气，依法保护高校教师的合法权益，提升教师的社会地位，并与社会主义市场经济相适应。同时，树立开放、竞争的教师管理法治观念，实现高校教师队伍建设的开放性和社会导向，通过市场竞争机制优化教师资源配置。内部应树立人才竞争观念，建立公正、平等、择优的教师管理机制，提升整体教师素质。同时，正确看待教师稳定与流动的管理法治观，教师队伍的稳定是相对的，合理的流动有利于教师队伍结构的合理化。

其次，高校教师的权利和义务应准确界定。高校教师与学校之间存在行政隶属关系和契约关系。这些行政关系可归纳为四种情况：教师有义务遵守符合法律的学校管理，无正当理由不能违反不符合法律的管理；在涉及教师学术自由领域，学校公共权力要介入时，教师具有排斥和拒绝的权利；教师有参与学校教育教学工作的权利；教师与学校形成请求关系，学校应在法律允许范围内满足教师的请求，如福利待遇、学习提高机会等。

再次，完善高校教师人力资源管理的法治化。现行的高校教师资格、职务、聘任三大法律制度是高校教师人力资源管理的主要法律依据，必须全面正确遵循和执行这三大法律制度。这对于我国高校师资队伍建设和教育事业发展具有重要意义。然而，目前高校教师人力资源管理的法治化仍处于初级阶段，仍需进一步完善。例如，需要制定具体详细、可操作性强的高等学校人事管理法及相关法规，逐步完善法律法规体系；要加强高校管理者的法治教育，提升其权利义务意识，确保其了解法律、遵守法律，并正确处理高校与教师之间的法律关系，自觉依法行使权利和履行义务。总之，高校教师人力资源的法治化管理是高校加强师资队伍建设的必然要求，也是提升教师教育教学能力和效果的必要条件。

最后，要紧密结合社会进步、学校发展、专业规划、学科建设的要求，提高教师参与科研的主动性，培养教师的科研能力，要充分发挥骨干教师的核心作用，逐步完善和优化高校师资结构，合理配置高校教育资源。

四、加强大学生思想政治教育，实现法治与德治的和谐

法律和道德作为国家上层建筑的组成部分，是一个有机整体，它们相辅相成、相互促进，都是维护社会秩序、规范人们思想和行为的重要手段。法治以其权威性和强制手段规范社会成员的行为。德治以其说服力和劝导力提高社会成员的思想认识与道德觉悟。只有把法治文化建设和道德建设紧密结合起来，才能保证高校学生管理保持良好的秩序，取得稳定的效果。

依法治国和以德治国是新的历史时期治理国家的基本方略。高校在学生管理过程中也应该灵活运用德治与法治，以实现教育目标，为社会培养出适应时代发展需要的建设者和接班人。

（一）在"法治"中体现"德治"

高校在日常学生管理中，要依据国家法律法规的规定行使相应的管理权，要充分保障学生的权利。高校要充分拓展学生参与高校管理的渠道和空间。

注重倾听学生的意见，认真解答学生的疑问，纠正过去管理中的违法行为，使学生感受人性化管理。同时，学生对学校管理工作的建议和批评应当接受并及时反馈。

（二）在"德治"中融汇"法治"

高校积极倡导和践行公民道德建设实施纲要，包括"爱国守法、明礼诚信、团结友善、勤俭自强、敬业奉献"的核心价值观。结合《普通高等学校学生管理规定》的相关要求，推进德育制度建设，将学校对学生道德要求规范化为制度。同时，通过弘扬教师职业道德，规范教师师德，依靠制度加强教师的事业心和责任感，使其在实践中既教书又育人。积极组织学生参与社会实践，让学生接触多样化的社会生活，通过发现问题、分析问题、解决问题的过程来提升自身的道德境界。使学生走出课堂，融入社会，从中认识社会、适应社会，学会做人、做事、生存和发展。因此，高校要全面贯彻党的教育方针，积极推进素质教育，切实做好"三育人"工作（教书育人、服务育人、管理育人），不断优化高校育人环境，促进学生健康发展。使学生自觉成为道德规范的倡导者和践行者，同时也成为法律和校规的遵守者和拥护者。进一步实践以人为本、以德治为先、以法治为基础的高校学生管理新要求，确保高校学生管理中道德和法治的有序衔接，这是新形势下高校学生管理的全新选择。

因此，我们要继承和发扬中华民族的传统美德，在高校学生管理过程中坚持德治，提倡社会公德、职业道德、家庭美德，同时依法治理，使传统美德和现代规范相结合，法治与德治相辅相成。我们要把依法治国不断完善，使以德治国深入人心，围绕教学营造良好的环境，以培养社会主义建设的接班人，促进我国"人才强国"和"科教兴国"战略的实现。

五、推进大学生法治文化建设应处理好的几个关系

高校校园文化的显著特点是具有浓厚的知识性、学术性和专业性。在全面推进依法治国、建设社会主义法治国家的今天，大学生法治文化建设必须

不断完善其运行机制，以确保其在指导思想、理论内容、活动形式、建设目标等方面健康稳定地向前发展。大学生法治文化建设中要处理好以下几个关系。

（一）大学生法治文化与整体高校校园文化的关系

大学生法治文化建设应符合整体高校校园文化要求，体现以人为本理念。作为高校校园文化的一部分，大学生法治文化应与整体校园文化环境和氛围相融合，共同培养学生成长成才所需的文化力量。在法治文化建设中，需要根据高校校园文化的整体情况，按照发展目标和要求，实事求是地开展建设工作。弘扬高校校园文化主旋律，体现时代对大学生法治文化的要求，是法治建设的方式和原则。最终目的是促进人的全面发展。高校应紧密联系法治文化建设与大学生的尊严、成长和幸福度等终极价值，体现人文关怀和道德情感。人既是法治文化的创造者，也是实践者，这是培育法治文化的价值取向和最终目标。高校以人为本的目的在于唤醒和尊重大学生内心潜力，调动积极因素，激发创造活力，发挥主观能动性。

（二）大学生法治文化与我国传统法治文化的关系

我国传统法治文化强调伦理、和谐和人格，注重人的内在精神追求，为实施可持续发展战略和科学发展观提供了思想启示和精神动力。高校在对待中国传统法治文化时，应取其精华、去其糟粕，批判性地继承，并积极吸收其精髓。在我国古代文化中，古人提出了以法治国的主张和一套推行"法治"的措施和方法，尽管这种"法治"是封建君主专制政体下的，"人治"的实质仍然存在。然而，他们对法律在治理国家中的作用的重视值得我们借鉴。在法理方面，古人对法律的本质、作用以及法律与社会经济政治、国家政权、社会伦理道德、时代需求、社会风俗习惯和人与自然关系等都有独特的见解，对我国古代法学的历史发展做出了重要贡献。

（三）大学生法治文化与我国法治实践的关系

推进大学生法治文化建设，依法治校是我国贯彻依法治国方略的重要方面。高校应按照构建我国社会主义法治国家的基本要求，着力构建和谐的法治校园。大学生在法治文化建设过程中，必须结合当前我国的法治建设实践，努力实现高校管理的法治化目标，以法律规范约束高校的管理过程。同时，高校要重视我国社会的法治实践，特别是对涉及高校管理的新的法律法规，高校应加强研究，成立专门的组织，及时修改本校的规章制度，以保证自身规章制度的合法性。高校要着力建立健全符合法治精神和法律规定的学校管理体制，形成符合法治观念的校园秩序、文化氛围、民主法制以及诚信友爱、充满活力、文明有序、人与环境和谐相处的校园，使广大师生员工的民主权利得到充分发扬。

第七章 核心素养的基本概念与内涵

第一节 素养的来源及特征

我们常说，每个人都要有素养。素养是指沉淀在每个人身上地对人的发展、生活、学习有价值、有意义的东西。也就是一个人在某种特定的生活环境下，在生命成长中形成的习惯与思维方式。素养究竟是怎么来的？它包含哪些内涵？具有哪些特征？

一、素养的来源

（一）素养与素质的概念

谈到人的素养，必须认识人的素质。有一定素质的人，才能有良好的素养。"素质"就其本义而言指的是人生而有之、先天具备的一种品质。从这个角度说，素质是与生俱来的、纯先天的，是一个人终身发展的基础。素质对一个人的发展水平和质量有着重要的甚至是决定性的影响。在现实生活中，我们发现有些"超人"天赋极高、智商超群，学什么都轻而易举；有些人则在某个特定的领域有天赋，比如音乐、绘画、空间想象、记忆、体育运动等都具有"超人"的技艺。我们也发现有的人天性善良，有的人天生丽质，有的人长命百岁等等，表现为不同寻常的素质。就像柏拉图所说的那样，每个人通过遗传获得的"金银铜"各不相同，各自的发展"超人"的技艺。

我国多年来所倡导的素质教育中的"素质"，其内涵也更多地指向后天和教育。因为，它是人通过合适的教育和影响而获得与形成的各种优良特征，包括学识特征、能力特征和品质特征。对学生而言,这些特征的综合统一构成他们未来从事社会工作、社会活动和社会生活的基本素养或基本条件。当我们区分什么是素质和什么是素养时,我们强调前者是先天的禀赋,后者是后天的产物。这一点尤其表现在生理方面。我们讲生理素质而不讲生理素养,就是因为两者存在先天和后天的差别。从广义的角度讲,素质是素养的上位概念,人的素质经由生理、心理、文化、思想等不同层次,不断提升,逐步完善。从生理、心理,到文化、思想,素质的可塑性,即可教性(可学性)逐渐增强,也就是说,先天禀赋成分逐渐减少,而后天教养(素养)成分逐渐增加,形成了每个人不同的素质和素养。

(二)素养与教养的区分

从学理角度讲,教养即接受到教育后形成的素养。尽管某些人先天就是"超人"级别的人物,但一个人的天赋如果得不到后天良好的教育和训练,是不可能得到发展的,尤其不能发展成为具有优良素养的人。教育使人成其为人,人的很多素养都是教育的产物,都是通过教育与训练之后形成的。

中国传统文化之精典《大学》指出:"大学之道,在明明德,在亲民,在止于至善。知止而后有定,定而后能静,静而后能安,安而后能虑,虑而后能得。物有本末,事有终始。知所先后,则近道矣。"

大学:相对于小学而言的"大人之学"。古代八岁入小学,学习"洒扫应对进退、礼乐射御书数"等文化基础知识和礼节;十五岁入大学,学习"穷理正心,修己治人"的学问。

明明德:即"使彰明"也就是发扬、弘扬的意思;明德,即光明正大的德性。

亲民:程颐说"亲"当作"新",即革新、自新。新民,使人弃旧图新、去恶从善。

至善:最完善的境界。知止:知道目的地。

其主要意思是:这就告诉我们一个重要的哲学概念,人的思想修养与道德品质的形成,从小学孩童时代习性而来。大学的宗旨,在于弘扬光明正大的品德,在于使人弃旧向新,在于使人的道德达到最完善的境界。知道应达到的境界才能够志向坚定，志向坚定才能够沉静，沉静才能够心神安定，心神安定才能够思虑详审，思虑详审才能够有所收获。

康德在其《论教育学》一书中强调，"人是唯一必须受教育的被造物"，而且"人只有通过教育才能成为人。除了教育从他身上所造就出来的东西外，他什么都不是"。卢梭也指出："植物的形成由于栽培，人的形成由于教育。"因此，人的一生成长经历如发展历史，所有的才力，十分之九都是由他们接受的教育所决定的。人类之所以千差万别，便是由于教育之故。总之，在现实社会中，"人"的定义早已不单单是生物学意义上的两腿直立行走的动物，更是一种追求精神并从精神上获得愉悦的动物，也是要善于创造与改造人类社会的动物，而这都需要通过教育和修炼才能成长起来。

我们平常所说的教养，强调的不是"教"，而是"养"，广义上指的是人的整体的全部素养，狭义上指的是人的道德品质。实际上，我们平常所说的教养也就是个人的修养和涵养。尽管如此，我们这里主要强调的仍是教养的本义，即教育出来的素养。字面上是"教养"，实质上应该是"育养"。人的素养更多的不是教出来的，而是育出来的。当前在一些学校的素质教育中存在的突出问题就是"教得多"而"育得少"。教出来的人多半只有外在的知识和技能，育出来的才是内在的能力和品格。

（三）素养与修养、涵养的形成

从字面上讲，修养、涵养即自我经过修炼、涵泳而形成的素养，它强调自我教育在素养形成中的作用。比如，公共场合有人抽烟，餐馆和地铁里有人大声喧哗，可是你不；不管出身和背景如何，你都努力做一个更好的人……这就是个人修养（涵养）让你与众不同。"修"和"涵"既能凸显自我教育的意义，又能反映素养的实质和内涵。在素养形成的过程中，自我教育起了关键的作用。一个人若是没有自我教育的意识和能力，外在的教育根本进不了人的内心，素养也就无从谈起。奥黛丽·赫本被誉为人间天使，不仅仅因其貌美，貌美的人很多；也不仅仅因其学历，比她学历高的比比皆是，而是她用一生诠释了"修养"这个概念。正如她在遗言里所说，若要优美的嘴唇，就要讲亲切的话；若要可爱的眼睛，就要看到别人的好处；若要苗条的身材，就要把食物分享给饥饿的人；若要美丽的秀发，就要让孩子每天抚摸它；若要优雅的姿态，走路时就要记住行人不只你一个。

（四）素养与现代文明的关系

从个体的角度讲，素养是个体的习性、习惯；从社会的角度讲，素养是一种社会价值、一种人类文明在某个人身上的体现。比如，人是环境的产物，环境中每个成员的言行都会融入一个人成长过程的"整体"，感染着这个人的思想感情与行为习惯，左右着这个人的生活态度和人生观、价值观的取向。可以说，环境给一个人的影响，除有形的模仿以外，更重要的是无形的塑造。

由于文化、环境、制度的差异，人与人之间，特别是不同民族、不同国家的人之间，习性的差异是很大的。这里要特别强调的是文化对人的作用。人是文化的产物，不仅我们的观念、价值、感情和行为模式是文化的产物，就连我们的感觉方式、思维方式，以至整个神经系统都是文化的产物。人的一言一行都体现着他所生活于其中的文化。人性就是文化性，和人打交道就是和他所属的文化打交道，理解一个人也就意味着理解他所代表的文化。

二、素养形成的主要因素与思维方式

一个人的素养包括学识、智慧、道德、态度、品格、思想和精神，这些素养通过他的言行举止和神态表情得以展现。在这个过程中，我们特别强调阅读的作用，因为阅读可以塑造个人的外表优雅和谈吐风格。正如古人所言，三日不读书，便觉得语言无味，面目可憎。阅读能够丰富我们的思想，培养我们的智慧，进而影响我们的外貌和言谈举止，使我们变得更加优雅和有魅力。因此，我们应当注重培养自己的内在素养，并通过阅读来提升自己的精神风貌，以达到一个更完善的个人形象。

（一）素养表现的是一个人的"人格"

人格是一个人内在动力组织和行为模式的统一体，代表个人个性特点的稳定心理品质。它受到先天和后天因素的交互作用影响而形成。人格包括个人的价值观、道德观和心理素质等方面，通过思维方式、行为模式和情绪反应来展现，使个人呈现出独特的性格和气质。

心理学上将人格分为性格和气质两个方面，这是一个中性的概念。然而，素养则呈现出积极的一面。只有形成良好的性格和气质，才能称为有素养的人。从教育学的角度来看，人格涵盖了一个人内心世界的全部，即个人的精神世界。它主要指个性中带有格调和品位的精神内容，尤其在道德方面表现得更为突出。我们常常在道德意义上使用人格这个概念，当我们说一个人的人格有问题或有缺陷时，指的是这个人的道德品质有问题，也就是个人素养有问题。因此，在教育过程中，教育者应该对受教育者进行健康的精神引导，培养良好的道德品质，使其成为有人格、有品位的个体。这需要通过适当的教育方法和引导，帮助个人塑造积极的心态和价值观，培养正确的行为模式和情绪反应。只有这样，个体才能真正展现出有品质的人格，并在社会中发挥积极的作用。

（二）素养是一个人的"行为习惯"的综合反映

习惯是在特定环境下形成的思维方式，也被称为处世哲学。习惯分为良好和不良两种。良好的习惯具有创造力和创新能力，而不良的习惯则可能自毁并影响他人。因此，我们应该努力培养良好的习惯，以适应不断变化的世界。良好的习惯能够赋予我们无限的创造力和创新能力，让我们更好地面对挑战并取得成功。

习惯是一种容纳，它接受他人的优点与缺陷；习惯是一种宽容，它包容他人的不足与短处。人非圣贤，孰能无过？尤其是正在成长中，积极学习新知识的学生，他们在学习生活中很容易犯错，也有各种不足之处，甚至存在一些难以改变的缺点。然而，缺点是可以改善的，不足是可以弥补的，但在改变和弥补之前，我们需要有缓冲，这种缓冲需要宽容。这种宽容也就是一种习惯。学校和教师应该培养这样的习惯，即宽容与接纳。

习惯所决定的变与不变，取决于个人。而个人选择变化的方式也在于习惯，正如俗话所说，事在人为。作为教师，要积极尝试改变自身固有的思维模式，使自己的习惯与时代、教育、课堂以及学生需求相适应，特别是在教学模式上的改变。教学模式的形成并非易事，不是一蹴而就的成果。正因如此，有些教师想要改变自己的习惯也面临着困难。他们可能因为精力不足、经验不足或者缺乏迎难精神而难以改变。学校应该给予教师获取新的教学模式的机会，组织更多的外出学习活动，引进外部的经验，帮助教师改变那些需要改变的习惯。只有当教师的习惯发生改变、得到优化，他们才能更好地为学生和教育事业提供服务。

（三）素养是一个人的思维方式

思维方式也是一个人认识世界与改造世界的态度及其表现。一个人对世界的理解和改造方式反映了他的智慧和知识水平。从认识论的角度来看，思维方式是人类认知定势和认知活动规律的总和。而从个体的角度来分析，思维方式指的是个体思维层次、结构和方向的综合表现，是一个人认知品质的核心。克罗威尔曾说："对教育来说，最大的挑战不在于科技或资源，而是要找到一种新的思考方式，没有责任。"从学生学习的角度来看，思维方式反映了学生看待事物的立场和视角，决定了他们解决问题的思路和行动，对学生的学习质量和水平有着根本的制约作用。学生在学习过程中遇到的问题，如知识掌握和能力培养等，都可以从思维方式入手。目前，学生思维方式的问题主要表现为对立化（简单化、绝对化）和封闭化（模式化、僵化、固化）。

对立性思考是一种简单化的、非黑即白的思维方式，它倾向于将事物划分为对立的两个极端，缺乏中间地带和相互关联的考虑。当我们使用这种思维方式观察和分析事物时，常常会忽略事物之间的相互关系、相互渗透和相互包容，导致事物的复杂性被割裂开来，简化、形式化和绝对化问题，从而阻碍了相关知识和实践的正常发展。

为了改变这种非此即彼的思维模式，我们应该以唯物辩证法作为方法论的基础，建立联系的辩证思维模式。学生如果将认识问题简单化、绝对化，将对与错、正反、爱憎划分得过于明确，对肯定与否定、拥护与赞成只持一种观点和态度，而不从联系的角度辩证地看待事物，也从不同角度（包括相反的角度）去认识、分析问题，并进行综合的论证，那么他们的思考方式将变得单一、片面，视野也会变得狭隘。

封闭式思维是一种走"套路"的思维模式，即用既有的套路和模式来解释和分析所有的认识对象和问题。从哲学角度讲，它就是本质主义的思维方式，即它是一种先在地设定对象的本质，然后用此种本质来解释对象的存在和发展的思维模式。本质主义思维方式具有决定性、预设性、确定性等特性。生命是一种开放性、生成性的存在，人的思维也应该具有开放性、生成性的特点。这是人的能力得以不断发展的内在机制。思维一旦模式化、格式化，创新性就减弱了，能力发展也就停止了。不少学者批评我们的学生没有个性，"感觉好学生就是一个模式（培养）出来的，都是乖孩子，听话，缺乏独立性和批判性"。有位中国科学家发出质疑："现在，我们一不缺钱，二不缺仪器设备，三不缺勤奋努力，为什么到头来原创性成果还是比不过别人？"这个问题的根源也是思维方式的问题，还是要从基础教育或是高等教育的人才培养模式上去找问题。思维的模式化、格式化导致原创思维的欠缺和丧失。在应试教育中，学生只会解题，不会发现和提出问题；只会解常规题，不会解非常规题；只会求同，不会求异。学校和教师要将培养学生的科学思维方式提升到奠定学生能力、关乎人的全面发展、终身发展、长远发展的高度来认识。当前，教育改革应着力于以下三个方面：首先，培养学生的科学精神和客观性思维能力。学生应该学会用事实进行论证，运用逻辑进行推理。孔子强调了"毋意、毋必、毋固、毋我"的原则，要求自己不凭空猜测、主观臆断，而是以事实为依据；不以绝对的肯定或否定态度看待问题，而是用辩证思维一分为二地看待；不拘泥固执，意识到自己的知识是有限的，不偏离正确轨道；不自以为是，保持谦逊态度。其次，注重培养学生的批判性思维和能力，鼓励他们发展独立、个性化和创新的思维和想象能力。最后，转变单向思维的培养方式为双向思维的培养方式。具体来说，我们需要将过去偏重于演绎思维的培养方式转变为演绎与归纳并重的培养方式。这些改革措施有助于培养学生全面发展的能力，使他们具备科学、批判和创新思维，能够灵活应对问题并做出明智的决策。

三、素养形成的基本特征

一个人良好素养的基本特征在哪些主要方面呢?这个问题的前提是要弄清素养与知识、能力之间的联系和区别。知识、能力和素养都是人所拥有的,并且它们之间是可以相互转化的。知识和能力可以转化为素养,而素养也可以转化为知识和能力。这是它们相互关联的一面,然而它们也各自具有不同的显著特点。

(一)知识结构

素养、知识和能力位于人的不同层次。尽管知识和能力仅仅存在于人的意识层面,但素养却贯穿于人的情感、精神,乃至生命的方方面面。它不仅是人的本性、习惯、气质和性格,还在任何时刻、任何场合下都能自然流露、表现出来。这正是素养最基本的特征。因此,我们可以说素养与人之间的联系是最紧密的。

(二)知识能力

素养是一种综合而包容的品质。通常,能力包含知识,而素养则超越知识和能力,但需明确的是,并非所有的知识和能力都能转化为素养。只有当知识从公共领域真正转变为个体所拥有的知识,能力从仅在特定情境下显现的特殊能力(例如,应试能力是一个极端例子)转化为具有普遍意义和广泛迁移性的能力时,知识和能力才成为人类素养的一部分。反之亦然,最有价值的知识和能力是能够转化为素养的知识和能力。

(三)知识内涵

素养是一种广泛的概念,不仅包括知识和能力,还包含其他丰富的元素,是人类整体生命的体现。其中,有些与知识和能力密切相关(甚至相互依赖、相互转化),有些只有间接联系,甚至有些并无必然联系。然而,它们都是素养的重要组成部分,对于个人的成长和发展同样至关重要。因此,仅仅侧重于传授知识和培养能力的教育是远远不够的。为了全面提升素养,教育应该朝向更广阔的领域发展,包括但不限于知识和技能的传授,以培养更全面发展的个体。

(四)知识体现

素养具有稳定性、一致性。构成素养的内容和特征必须是经常的、稳定的、一贯的表现,就像构成个性的特征一样。举个例子,对于开车遇到红灯要停这一交通规则,人们如果形成了一种素养,那么不管在什么时候(白天还是晚上,抑或是深夜),不管有没有警察在场,有没有监控,有没有行人,遇到红灯都会自觉停车。同样的道理,一个人在待人接物方面的素养,也表现为对待所有人,不管是上司还是下属,是相识的还是不相识的,都一视同仁。学习方面的素养也一样,只有当学生身上能够一贯而稳定地表现出一种学习行为或思维活动的时候,才算形成了一种学识上的素养。比如,只有当一个学生能够经常提出新问题、冒出新创意时,我们才能说这个学生具备了创新的素养。

(五)知识功能

素养是一个人的精神财富,它是人生意义、人生价值、人生幸福的支撑。素养决定一个人的人生高度和深度,决定一个人的生活品质和品位。素养让人活得有尊严、有意义、有价值、有境界。对个人如此,对社会也是一样的。一个社会的文明,取决于这个社会所有成员的素养。

个人的发展如此,国家、民族的发展也是如此。正如马丁·路德·金所说:"一个国家的繁荣,不取决于它的国库之殷实,不取决于它的城堡之坚固,也不取决于它的公共设施之华丽;而在于它的公民的文明素养,即在于人们所受的教育、人们的远见卓识和品格的高下。这才是真正的利害所在,真正的力量所在。"

第二节　核心素养与学生发展核心素养的基本内容

人的心灵中充盈着素养，融汇着广阔的精神领域，形成于多种复杂因素的交织影响。在教育层面，我们需要突出素养的核心要素，即聚焦于学校教育的重点。核心素养是不可或缺的。

一、核心素养的意蕴

（一）基础性

核心素养是其他素养发展的基础，是个人终身发展和可持续发展的基础。我们知道，基础教育就像地基，只有地基坚固，才能支撑起形态各异、风格独特的建筑。"基础教育的本质就在于它的'基础性'，它是与处在基础教育阶段的学生特点相联系的，它的特征就像是生命科学试验的'培养基'，其作用在于为处在本阶段的学生下一个阶段的发展和成长奠定基础。唯有坚守'基础性'，我们的教育才不至于偏离轨道，走向或唯智，或唯才，或唯考——进而出现'抢跑教育'。"有个关于毛竹成长的说法：毛竹在栽种后的最初4年中仅仅长了3厘米，但从第5年开始，它会以每天大约30厘米的速度疯狂生长，仅用6周就能长到15米。其实，在前面的4年中，毛竹已经将根在土壤里延伸了数百米。人的发展亦是如此，要在基础和根基上下足功夫，才能够赢得未来。

（二）生长性

核心素养会生长出其他素养，就像受精卵一样，不断通过细胞分裂，形成一个鲜活的生命。如果说受精卵是生命的源头，核心素养则是一个人精神的源头，是其他素养的种子，为人的素养的全面形成提供持续的动力，因此也被称为"素养的DNA"。就像一个人一旦形成了道德的、人性的、利他的思维方式，就容易形成其他优秀的道德品质；相反，若一个人的思维方式是不道德的、非人性的、单一利己的，就不可能形成优秀的道德品质。对于基础教育而言，积极的学习态度、进取心、抗挫力，应该比知识教学、能力训练更重要。一个人的知识可以不丰富，一个人的能力可以不突出，只要他的进取心在，抗挫力强，这个人的未来发展依然充满美好。这里的核心问题是：何种素养具备成为核心素养的资格呢？谢维和教授在谈及这个问题时说："什么素养对儿童和青少年学生未来的健康发展具有一种预示力？这种预示力的基本含义是儿童和青少年学生应该具备，并且能够一直持续影响他们一生的某些素养，是若干由此能够预测儿童和青少年学生未来基本走向，并使他们终身受益的素养。

（三）共同性

核心素养是每个人必备的素养。它不只归属于特定的人群，而是人之为人的"最大公约数"，是合格公民、优秀公民的共同基因，是每个人参与社会生活的必备条件；它也是人生发展、人生幸福的"最大公约数"，是所有人终身发展的共同的必备要素。人是社会性动物，需要共同生活、共同发展，所以必须具备共同的素养，这强调的是人的公共性。核心素养是一种普适性素养，它不只适用于特定情境、特定学科，而且适用于一切情境、一切学科。

（四）关键性

关键性具有双重含义。首先，它指的是这些素养本身的重要性，核心即关键，关键性是核心素养最显著的特征。关键即表示达到最低限度，这是从数量的角度来看；从质量的角度来看，关键即精华所在。这要求我们从基本、成长和共同的素养中进一步筛选，最终提炼出精髓。其次，关键性也涉及形成这些素养的时间。基础教育阶段是关键的时期，因为在此期间错过了培养这些素养的机会，它们就很难再形成了。正如一些学者所指出的，人们在基础教育阶段接触的书籍会深入他们的血液和神经中，成为他们精神的一部分。一旦错过了这个时期，就很难达到这样的效果。

二、核心素养的基本内涵

教育部在《关于全面深化课程改革落实立德树人根本任务的意见》中，明确把核心素养的内涵界定为"学生应具备的适应终身发展和社会发展需要的必备品格和关键能力"。为什么是品格和能力？这是因为品格（必备品格）是一个人做人的根基，是幸福人生（道德人生）的基石；能力（关键能力）是一个人做事的根基，是成功人生（智慧人生）的基石。品格是人作为主体最富有人性的一种本质力量，内蕴着人的道德性、精神性与利他性；能力则是人作为主体最引以为傲的一种本质力量，内蕴着人的创造性、能动性与内发性。

哲学家罗素认为，智慧不足和道德缺陷是人类灾难的两大根源。无论是对于个人的发展，还是对于社会的进步，智慧（能力）和道德（品格）都是具有决定性的两种力量，缺一不可。对于这一点，我们甚至可以从"人"字本身得到启迪。"人"字一撇一捺，一撇代表品格，一捺代表能力，两者相互扶持，相互支撑，才形成一个完美的人。它告诉我们，一个真正的人必须是德与才的和谐统一。高尚的品质和卓越的能力是实现雄心壮志的关键，也是终生奋斗的目标。如今所说，能力是硬实力，品质是软实力。一个人的能量、成就和幸福感的大小，都取决于他的实力，既包括硬实力又包括软实力。心理学上来看，能力是智力的一部分（智商，其中创造力最为核心），而品质则是非智力的一部分（情商，其中坚毅力最为核心）。只有智力因素和非智力因素的完美结合，才能构成一个人完整的精神世界。从文化的角度来看，能力指的是一个人在科学领域的素质（科学精神），而品质则指的是在人文领域的素质（人文情怀）。一个健全的人必须同时拥有科学精神和人文情怀。这两者相辅相成，共同构建一个完善的个体。

人的能力和品格是两种宝贵的精神财富。它们在某种程度上是独立的，因为它们具有各自的内涵、特点和形成机制。然而，它们也存在内在的联系，相互影响。在培养核心素养的过程中，我们强调能力和品格之间的互动和融合。

核心素养指的是个体在面对复杂且不确定的实际生活情境时，能够综合运用特定学习方式培养出的（跨）学科观念、思维模式和探究技能。这种素养涵盖了结构化的（跨）学科知识和技能，以及个体的世界观、人生观和价值观构成的动力系统。它使个体具备综合分析情境、提出问题、解决问题以及交流结果的能力，体现了一种综合性品质。

（一）培育学生的关键能力及其重要意义

能力有广义和狭义之分，狭义的能力指的是认知能力或智力，是保证人们有效认识客观事物的稳固心理特点的综合能力。当然我们对学生更注重实践能力、实验能力和创新精神的培养。但是从学生学习的角度讲，最重要的是要理解和体验知识的意义。因为人们在掌握某些科学知识时，如果没有理解那些科学知识的意义，那么，在知识被淡忘以后，它就很难留下什么；如果人们在学习知识时理解了它对生命的意义，即使知识已被遗忘，这种意义一定可以永远地融合在生命之中。从教师教学的角度讲，最重要的是要把课内与课外、知识与生活、理论与实践有机统一起来，将课堂教学转化为学生课外日常生活当中的成长行为，并逐步变成他们的成长自觉。

能力与知识是密切相关的。在多年的教育教学的实践中，我们深深体会到能力不是无本之木，不是无源之水，它是由知识转化而来的。但能力又不是知识，它是知识被消化吸收以后，沉淀而成的知识的"结晶体"，是知识的"浓缩液"。没有知识的积累，也就没有能力。知识好比是花粉，能力好比是蜂蜜。或者说，知识好比是化学原料，能力好比是化工产品。人们经常抨击的"高分低能"现象，实际上就是只注意知识积累、忽视能力培养的教育现象，即一个人虽然有了一定的知识积累，甚至是大量的知识积累，但他的知识只是死的知识，甚至机械记忆的知识，只注重了量的积累，而忽视了结构的改造，没有完成对知识的浓缩和结晶等加工制作的工作。这种知识一方面容易遗忘，另一方面不容易被有效地应用，更难以灵活应用。也就是说，他们的知识没有完成向能力的转化过程，是"夹生饭"，没熟，没有被彻底消化和吸收。所谓有能力的人，就是能够灵活地、创造性地运用知识的人。

中小学教育是基础教育，其核心任务是为学习者的后续发展打基础，为学习者的终身学习做准备，所以学校所教的东西应该让学生"带得走"，应该陪伴学生行走一生。"带得走"的东西可以使学生终身受益,但并不意味着它就会立即生效,它往往要经过漫长的过程才会产生效果,但这种延迟显现的效果却是真正有效的甚至长效的。在普林斯顿高等研究院里,有一行字被书写在醒目的位置上:"只有无用的知识,才是最终有用的。"这也正如庄子所言,无用之用,方为大用。

"带得走"的东西内涵相当丰富,在苏霍姆林斯基看来,它的核心内涵是指让学生掌握进行学习活动所不可缺少的最基本的技能技巧。实际上,它不仅是现在,也是将来学习和生活所必不可少的技能。这种技能是智力劳动须臾不离的,就像钉、锤、锯、刀对于工匠是必备的生产工具。工具是带得走的,而作品是带不走的。苏霍姆林斯基把学生进行智力劳动的技能,也称作刀锯或工具。他把自己认为最主要的五项基本技能——"阅读""书写""观察""思考"和"表达"称之为学习上的五把"刀锯",认为这是人一生受用不尽的无价之宝。反之,一个人如果在年幼时不注意打好这个根基,以后的全部学习,乃至生活都将遇到极大的,甚至是无法克服的困难。带得走的显然是学习的技能和能力,而带不走或无须带走的则是学习的内容和结果。不要给学生背不动的书包,要给他们带得走的礼物。

(二)关键能力的基本内容

能力在学习中的突出表现就是举一反三、闻一知十。能力就像一根有灵性的红线,能够把散落的知识珍珠串起来;能力就像一块大磁铁,能够把一点点的知识铁屑吸引过去。有能力的学习能够达到事半功倍的效果。

我们从学习过程(认知加工)的角度,把学生的学习能力分为阅读能力(输入)、思考能力(加工)和表达能力(输出)三种。这三种能力是学生学习的基本能力、核心能力,具有基础性、生长性、共同性、关键性特征。其他能力,如创新能力、研究能力、设计能力、策划能力等都是建立在其上的。这三种能力是人生走向成功的基石。

1.阅读能力

阅读是看书,但不是一般意义上的浏览,看并领会其内容才是阅读,领会意味着把看到的东西纳入已有的知识和经验中去,使其连成一体。我们知道，阅读是学生获得新知识的主要手段，是发展学生智力的重要途径。苏霍姆林斯基在《给教师的建议》一书中说："必须教会少年阅读。凡是没有学会流利地、有理解地阅读的人，就不可能顺利地掌握知识。在小学中就应该使阅读达到完善的程度，否则就谈不上让学生自觉地掌握知识。"为什么有些学生在童年时期聪明伶俐、理解力强、勤学好问，而到了少年时期，却变得智力下降、对待知识的态度冷淡、头脑不灵活了呢？就是因为他们不会阅读。总之，阅读对学生的发展是至关重要的。不会阅读的学生是潜在的差生，阅读能力是最基础、最关键的学习能力，它直接决定着学生学习效果的好坏和学习效率的高低。

从教学角度讲，所谓的阅读能力也就是叶圣陶先生所讲的"自能读书"——自己能够读懂教材。当然这个阅读可能是个反复多次的过程，依学生的阅读水平和教材的难度而定。也就是说，课堂教学必须从以听讲为基础走向以阅读为基础，这是其一。其二，从教师角度讲，凡是学生自己能读懂的内容，坚决不讲、不教，教师讲的、教的必须是学生读不懂的知识。知识是学生自己学会的还是教师教会的，这对学生的发展具有截然不同的价值和意义。

2.思考能力

思考无疑是一种思维活动，但什么样的思维活动才称得上思考？教育家杜威在《我们如何思维》一书中指出，思维具有这样几个层次："首先是一种广泛的甚至可以说是不严谨的用法：凡是脑子里想到的，都可以说是思维。第二种，是指我们对于自己并未直接见到、听到、嗅到、接触到的事物的想法。第三种含义则是更窄一点，指人们根据某种征象或某种证据而得出自己的信念。这一种含义又可以再区分为两种：在某些情况下，人们并没有多想，甚至完全没有去想根据何在，就得出自己的信念。在另一些情况下，人们则是用心搜寻证据，确信证据充足，才形成信念。这一思维过程就叫思考、思索。"只有这种思维才有教育意义。而《现代汉语词典》是这样表述思考的："进行比较深刻、周到的思维活动。"

据此，我们认为思考具有这几点特点：第一，有根据的思维。思考不是主观臆想，而是以事实、数据和已经得到证实的知识作为依据进行的推论和思维。第二，有条理的思维，即周到、系统、有逻辑的思维。事物联系、发展、变化的秩序是其内在逻辑，逻辑混乱、杂乱无章就是无序，就不是思考。第三，有深度的思维，即直抵事物本质的思维。深度既包括思维方式、方法和过程的深度，又包括思维对象的深度。这三点既是思考的特点，又是检验一种思维是不是思考的评判标准。

从教育的角度讲，思考强调的是主体性，即独立性和创造性。思考是学生个体独立自主的独特思维，而不是被动思维，不是复制思维，只有这样，思考才能成为学生的一种思维能力和一种学科素养，否则只能沦为思维方式或技能。

能思考的人才是力量无边的人。思考能力是最核心、最根本的学习能力，直接决定学生学习的水平和质量。心理学研究告诉我们，在相同的时间内学习相同的内容，能进行深入思考的学生比只是记下教师所教内容的学生，能够更好地理解和记忆学习内容。学生只有通过思考才能理解知识，才能把外在的知识转化为内在的知识。只有思考的学习才是有意义的、有价值的学习；缺乏思考的学习是一种机械的、被动的、僵死的学习。孔子早就告诉过我们："学而不思则罔，思而不学则殆。"显然，读书是否有所得，关键在于思考。

爱因斯坦强调，应当始终将发展独立思考和独立判断的一般能力放在首位，而不应当把获得专业知识放在首位。在学习中，思考能力主要表现为提问能力，包括发现问题、提出问题、分析问题、解决问题的能力。张楚廷教授强调："能够带上满口袋问题走进课堂的课，算好课；能够在课堂上唤起学生也生问、发问、提问的课，算更好的课；能够唤起学生提问，居然被学生的问题问倒了（教师一时答不出来）的课，算是最好的课。"我们在教学实践中常常感悟到课堂教学，从根本上说是思考的教学，既引导学生思考，又让思考的学生促动教师思考。而在这一过程中，问题是最好的营养剂；在这一过程中，教师的思考和问题意识起着主导的作用。教师的职责已经是越来越少地传授知识，而需要越来越多地激励学生思考，提高学生自主学习能力。

3.表达能力

所谓"表达"指的是，把自己内化了的知识以能够传述给他人的形式来表现的过程，或是由于外化而得以表现的内容。表达首先意味着学生要有自己的想法、观点或思想、感情（由阅读和思考等活动产生的东西）；其次意味着学生能够比较准确、清晰地用自己的语言将其表示出来；再次意味着有人倾听并进行互动和反馈（赞扬、补充、纠正等）。简而言之，表达就是用自己的语言说出对问题的认识。学生能用自己的语言从不同角度、不同侧面来阐述看法或发表意见，这既是理解的重要标志，也是从理解到创新的关键一步。教师在教学中常常发现，学生虽然听得懂，却不能用自己的话说出来，这说明他们没有真正理解，没有想透彻。因此，教师一定要鼓励学生大胆地用自己的语言阐述自己的认识和想法，这样才能促进他们独立思考，把书本的知识转化为自己的知识，同时也能暴露他们在理解过程中的认知错误，便于及时纠正。

从心理学角度讲，表达是一种心理需要，是表现欲得以满足和实现的过程。每个人都有表现自我、影响他人的需要。从教学论角度讲，教是最好的学。《礼记·学记》指出："学然后知不足，教然后知困。知不足，然后能自反也；知困，然后能自强也。故曰：教学相长也。"这段话论述的是一条学习规律。它指出，学不能仅限于潜心自得，还应当尝试施教他人，通过施教这一知识的外化过程强化自己对知识的理解和掌握。陶行知先生也说过："为学而学不如为教而学之亲切。为教而学必须设身处地，努力使人明白，既要努力使人明白，自己便自然而然的格外明白了。"所以他认为，教是最好的学。从社会学角度讲，表达即交往、互动，是一种影响和奉献，也是一种反馈和更正。学习不仅是个体获得知识和发展能力的过程，同时也是人与人之间的交往过程。人正是在与他人的交往和互动中学习着生存所需要的知识、技能和经验等，形成积极的人生观和主动的生存方式，并发展人之为人的一切方面。交往的认识意义表现在：第一，促使知识增值。知识在对话中生成，在交流中重组，在共享中倍增。学生通过交往，分享彼此的思考、经验和知识，丰富学习内容，寻求新的发现。学习过程因此成为课程内容持续生成与转化、课程意义不断建构与提升的过程。第二，活跃学生思维。《礼记·学记》言："独学而无友，则孤陋而寡闻。"缺少交往的学习很难产生思维的碰撞和创造的火花。学习中的交往和互动有助于激发灵感，产生新颖的观点和奇特的思路，从而增强思维的灵活性和广阔性。

表达能力是学习能力的最高体现和综合反映。只有通过表达，知识才能被激活，才能真正被转化、升华为能力，否则学生吸收的可能只是惰性的知识，而不是活性的知识。从学生个体角度讲，每个学生都有表现欲，教学要满足、培养学生的表现欲，给他们展示的机会，这是推动学生学习的内在永恒动力；从学生团体角度讲，表达的过程同时也是倾听的过程，它体现的是共同体的学习理念，即学习过程是同伴分享彼此的思考、经验和见解，交流彼此的情感、体验和观念，从而达到共享、共进的过程。这是儿童共同发展的秘诀。

阅读、思考、表达能力是学生学习的一般能力，是所有学科学习的通用能力。它们与学科能力的关系是一般与特殊、工具与内容的关系。就能力自身发展而言，它们是基础能力，是其他能力的基础。

第一，一般性。有学者认为，关键能力是指那些与一定的专业实际技能不直接相关的知识、能力和技能，它使人在各种不同场合和职责情况下做出正确的判断选择，以便胜任人生生涯中各种不可预见的变化。关键能力即通用能力、普适性能力，它指向人的一般发展。一般发展不同于特殊发展（某门学科或某组学科上的发展，如数学才能、语言才能的发展，音乐领域里的音乐听觉、音调感的发展等）。

第二，工具性。按照对象分，能力可分为工具性能力和内容性能力。工具性能力意味着学生掌握了学习的基本工具和技能（如阅读、思考和表达），是学生在各学科学习过程中表现出来的、普遍存在的共同能力（跨学科能力），是学生学习任何学科都会用到的那些通用能力，它构成了学生学习能力的公共事项。内容性能力表现为学生掌握了所学学科的独特的思想和思维方法，能够以学科独特的视角提出问题、分析问题和解决问题。它是工具性能力与特定学科的结合体。

第三，基础性。阅读、思考、表达能力是最基础的学习能力，它们就像房屋的地基，其他能力如解题能力、实践能力、创新能力、作文能力、研究能力，以及新课程所倡导的自主、合作、探究能力都是建立在它们之上的。这三种能力的基础打得牢固、扎实，其他能力的发展才能实现水到渠成。

（三）在培养学生关键能力中培育学生的基本品格

1.培养品格的意义

没有伟大的品格，就没有伟大的人，甚至也没有伟大的艺术家、伟大的行动者。黄解放先生在《当今学校人才培育缺少什么》一文中记录了这样一件事：有一名记者曾采访一位诺贝尔奖获得者，问："您在哪所大学学到了您认为最重要的东西？"那位诺贝尔奖获得者平静地回答："在幼儿园。"记者接着问："您在幼儿园学到了什么呢？"诺贝尔奖获得者说："学到把自己的东西分一半给小伙伴；不是自己的东西不要拿；东西要放整齐；饭前便后要洗手；要诚实，不撒谎；打扰了别人要道歉；做错了事要改正；大自然很美，要仔细观察大自然。我一直是按幼儿园老师教的去做的。"这位诺贝尔奖获得者的答记者问告诉我们两点：一是良好的品行和习惯是一个人事业成功的基本条件；二是小时候受到的教育对人终身发展的作用非常大。这两点是学校和家庭教育要特别重视的问题。少儿时期是孩子品格形成的关键期，在少儿时期忽视甚至放弃孩子的品格教育，必然给孩子的未来留下隐患甚至危险。学校教育坚持从这些最简单的小事做起，从一个"三省"到几个"三省"。"省吾身，成小事，善为人"，从行为习惯到学习习惯，让习惯成自然，不仅解决了学生的各种行为问题，也塑造了学生良好的品格，当然也让学校的面貌焕然一新：干净的校园、整洁的宿舍、文明有序的学习生活、热情礼貌的学生。好行为、好习惯是受用一生的财富，其价值远超所谓的海量知识和高分数。

衡量一个人是否受过教育的根本标准，不在知识，而在美德（除了各种良好的行为习惯外，还包括那些更具有道德意味的品德，如仁慈、公正、诚实、宽容、讲信用等）。一个受过教育的人，是具有某种品质的人，而不是只"上过学"的人，不是指获得某种学位的人、具有某种学历或文凭的人。"品格"二字突出的是一个"品"字，一定要把学生培养成有品质、有品位的人，这才是受教育者应有的形象。"谢谢你""对不起""请原谅"应该成为每个学生常说的话语，"诚信、宽容、感恩"应该成为每个学生常怀的意识。

概括起来说，第一，品格即人性。人性是人之为人的东西，是只有人才具备的东西，是人区别于动物、机器的本质性东西。动物和机器也具有一些人的能力，但却不具有人性。人不仅有七情六欲，人还有自由的灵魂、独立的意志、高远的理想、永恒的信仰。第二，品格即精神。精神的本质是超越，人只有超越自己、超越物质、超越现实，才谈得上品位和格调，即品格。第三，品格即行为。品格表现在人的一切活动和言行举止之中，反过来说，人的一切活动和言行举止必定烙上"品格"的印记，这是人区别于人的外观表现。从另一个角度说，一个人的品行只有形成了习惯，达到了无须提醒的自觉，才算是形成了一种品格。

2.新时代青少年学生必备的基本品格

从基础教育的角度讲，必备品格就是具有基础性、生长性、共同性、关键性特征的品格。就其本质而言，品格处理的是人的关系。这种关系包括人与自我的关系、人与他人的关系、人与事情（工作、学习）的关系。据此，人必备的三种核心品格是：表现在人与自我关系上的自律（自制）、表现在人与他人关系上的尊重（公德）、表现在人与事情关系上的认真（责任）。

一是自律。道德从根本上说是个人的事，道德的最高境界，自然是自觉地自我支配，即所谓的"自律"。按照柏拉图的说法，人的灵魂有三个方面：欲望、激情和理智。欲望在灵魂中占有最大比例，人充满欲望，欲望总是自私的、冲突的而且无法得到充分满足的。欲望的放纵能够导致一切罪恶和错误的发生。因此，欲望必须被控制、被克制和被指导。当然，控制、克制和指导的主体既可以是外在的，也可以是内在的。一个人如果能够对自己的欲望进行自我控制、克制和指导，他就具备了自律的德性了，这是优秀公民必须具备的品格。自律最突出的表现就是良心（良知），良心是一种内心的感觉，是对于躁动于我们体内的某种异常欲望的抵制。良心对人的约束是当下的、即时的，这种约束使得非道德、无良知的意念在刚出现时就被过滤掉了；而法律对人的制裁却是滞后的，是典型的"秋后算账"。"良心"也就是人的良知，有无良心的前提是有无良知，良知其实便是一些人应该秉持的良好的道理、道德。这样的一个人，即使平凡，也是可敬的；即使贫穷，也是生活愉快的。

二是尊重。道德的主要价值在于处理人与人的关系，它是处理人际关系的内在准则（法律是外在的准则）。尊重意味着尊敬和重视，在处理人与人的关系时，尊敬别人、重视别人是一切道德的根源和本质。尊敬别人，不影响、不妨碍、不伤害别人，推己及人，己所不欲勿施于人；重视别人，做到心中有他人，把别人看得和自己一样重要。尊重别人的本质是尊重自己，为他人着想的品格是人有教养的突出表现。因为别人也是一个与你一样的自我，凡是你想自我保护的，别人也一定想自我保护，所以你希望别人尊重你，你就先要尊重别人，这就是互相爱护、互相尊重的道理。

从社会的角度讲，尊重是公德的精神意蕴和本质体现。公共道德的基本要求是公德需要把人抽象对待，要求平等地、无条件地尊重所有人的权利。公德贵在一个"公"字，这体现在：第一，要心中装着他人，具有"别人优先"的意识，做到时时处处以别人为先，先人后己。第二，要心中有"公共和规则"的意识，尊重规则、服从规则，它决定一个人在公共场合中的良好形象。规则意识有助于学生形成法治观念，树立法治信仰，养成自觉守法、遇事找法、解决问题靠法的思维习惯和行为方式。

三是认真。如果说自律和尊重关乎做人的态度，那么认真则关乎做事的态度。我们不仅要培养学生学会做人，也要培养学生学会做事。人有"人德"，事有"事德"。我们现在提倡的"工匠精神"，就是强调以认真负责的精神和态度对待万事万物，对待所有的工作。从学生的角度讲，就是要认真学习。"字要规规矩矩地写，话要清清楚楚地说，课文要仔仔细细地读，练习要踏踏实实地做，作文要认认真真地完成。"这种返璞归真的实教实学看似不难，做好不易。实际上，各科学习和各种活动都必须秉承这样的态度和精神。俗话说"凡事就怕认真二字"，日本人和德国人的认真精神和态度是举世闻名的，正是凭借这种精神和态度，他们为世界创造了诸多的科技品牌和奇迹。

有了自律就遏制了恶的源头，有了尊重就有了善的开端，有了认真就有了进步的动力。这是最基本、最重要的品格，从根本上保证了人性的方向和内涵。其他良好的品格都是基于它们而形成和发展起来的。

然而，多年来，我们的学校教育忽略了对学生必备品格的培养，使学生在人格、道德、情感等方面出现了各种偏差和失误，以致有些学生对生命、对他人、对世事愈来愈冷淡、冷漠甚至冷酷，最终酿成了很多悲剧。因为我们的社会和教育过分关注能力和才华，而忽视了品德的培育，所以我们应将立德树人摆在学校教育的首要位置。因为教育的终极使命是引导学生成为好人，成为具有人类美德的人，成为社会主义建设合格的接班人。

值得强调的是，品格只能由品格来塑造，人格只能由人格来培养，要求学生做到的教师自己必须先做到。正如19世纪德国教育家第斯多惠所说，谁要是还没有发展、培养和教育好自己，就不能发展、培养和教育好别人。我们知道，教师的劳动是有其特殊性的。教师在引导学生认识周围世界的同时，他自己也作为周围世界的一个重要部分出现在学生面前，参与到学生的认识过程之中。教育者影响受教育者的不仅是所教的某些知识，还有他的行动、生活方式以及对日常现实的态度。这是因为教学不仅是知识的输出，也是教师内心世界的展现，教师在教学过程中所自然流露的思想、品德、风貌、学识、才能、作风、言谈举止、待人接物等无不潜移默化地影响、感染和熏陶着学生的心灵，被学生视为榜样，被学生竭力模仿。

因此，教师要加强自我修炼，努力成为一名"有人格做背景"，乃至有人格魅力的教师，以人格熏陶学生，塑造学生的品格。教师还需要有不畏清贫的品质、不急功近利的情操、不为名利诱惑的人格、甘做人梯的品质、把学生的成长视为自己成功的心态、钟爱孩子的激情、永不泯灭的童心、博大兼容的胸襟——这就是为什么说教师是太阳底下最神圣的职业的原因。

学校教育为什么强调关键能力和必备品格？从个人角度讲，我们很难预测未来个人发展与社会生活需要什么样的品格与能力，个人在受教育期间唯有发展关键能力与必备品格，打好基础和根基，才能以不变应万变，从容应对未来发展的需要。从学校角度讲，学校教育要解决的主要矛盾是无限的知识与有限的学习时间之间的矛盾。具体来说，由于知识呈几何级数增长，能力呈几何级数分化，学校教育是无法穷尽知识与能力的；由于社会生活愈加纷繁复杂，价值取向变得更加多元，学校教育也无法培养能够应对所有社会问题的各种素质。因此，学校教育只有专注于培养关键能力与必备品格，才能体现出其教育的有效性。

第三节　中国学生发展核心素养的框架和内涵

学生发展核心素养，主要是指学生应具备的适应终身发展和社会发展需要的必备品格和关键能力。《中国学生发展核心素养》的制定，根本出发点是将党的教育方针具体化，落实立德树人的根本任务，培养全面发展的人，提升21世纪国家人才的核心竞争力。2016年9月，国家教育部发布的《中国学生发展核心素养》研究成果确定了中国学生核心素养的框架和内涵。

一、基本框架

中国学生发展核心素养，以培养"全面发展的人"为核心，分为文化基础、自主发展、社会参与三个方面，综合表现为人文底蕴、科学精神、学会学习、健康生活、责任担当、实践创新六大素养。根据这一总体框架，可针对学生年龄特点进一步提出各学段学生的具体表现要求。

二、主要内涵

（一）文化基础

文化是人类赖以生存的根本和灵魂，它强调学习人文、科学等各领域的知识和技能，将人类优秀的智力成果应用于实践，培养内在精神，追求真善美的统一。我们应成为具有深厚文化底蕴和崇高精神追求的人。

首先是文化的基础，指学生在学习、了解、应用人文领域的知识和技能时所发展出的基本能力，以及相关的情感态度和价值观。其中主要内容包括人文积淀、人文情怀和美学趣味。

其次是以科学为基础的人文关怀，主要指学生在学习、理解、运用科学知识和技能时形成的价值准则，以及他们的思维方式和行为表现。其中主要内容包括理性思考、批判质疑和敢于探索等。

（二）自主发展

人的主体性是其本质属性。自主发展强调有效地处理学习和生活，意识到并找到自身的价值，挖掘潜能，应对复杂、变化的环境，创造美好的生活，成为拥有明确生活方向和高质量生活的人。

首先是学习，从学习意识的形成、学习方式和方法的选择，以及学习过程的评价和调节三个角度来看。其中，"乐学""善学""多思"和"信息意识"是本文的主要内容。

其次是过好自己的日子。它体现了大学生对自我的认识、身心的发展以及人生规划。其中主要内容包括珍爱生命、完善个性和自我管理。

（三）社会参与

人的社会本性是其本性的一部分。在社会参与中，重点强调正确对待个人与社会之间的关系，培养符合现代公民应该遵循和践行的道德标准和行为准则，提升社会责任心、创新精神和实践能力，提升个人价值，推动社会发展，成为有理想信念和担当精神的人。

责任感：在与社会、国家、国际等各种关系中，对所产生的情感、价值和影响负责。其中，社会责任、民族身份和国际理解是本文的主要内容。

实践性创新：重点考察在日常生活中解决问题、应对挑战等过程中培养的实际操作能力、创造性思维和行为表现。其中，培养劳动意识、问题解决和技术运用是本文研究的主要内容。

事实上，我们可以从不同视角建立多种核心素质体系，其中有些存在重复和交叉，有些则具有特定的内涵和含义，见表7-1。

表7-1 从人与世界的关系角度构建核心素养

人所处的世界	核心素养
人与自身（自我）的关系	独立自主、自我控制、挑战困难、积极乐观、理性精神
人与他人（社会）的关系	乐群宜人、领袖品质、规则意识、团队精神、爱国精神
人与自然（外界）的关系	敬畏、亲近、兴趣与好奇心
人与文化（工具）的关系	理解、掌握、尊重与包容

第二，从教育的角度来构建，即从德、智、体、美、劳五个方面来构建学生的核心素养，见表7-2。

表7-2 从教育的角度构建核心素养

教育角度	核心素养
德方面的素养	正确的价值观、文明礼貌、责任担当
智方面的素养	基础知识、科学思维方式、学习能力
体方面的素养	身心健康、忍耐力、适应性
美方面的素养	发现美、欣赏美、表达美
劳方面的素养	劳动习惯、劳动技能、劳动态度

第三，从文化的角度来构建，即从真、善、美三个方面来构建学生的核心素养，见表7-3。

表7-3 从文化的角度构建核心素养

文化角度	核心素养
真的素养	科学态度、理性精神、认识能力
善的素养	人道关怀、人文精神、道德境界
美的素养	艺术眼光、审美意识、人格品位

第四，从社会的角度来构建学生的核心素养，见表7-4。

表7-4 从社会的角度构建核心素养

社会角度	核心素养
公民素养	诚实守信、法治观念、社会责任
做事要求	态度认真、执行力强、有开拓性
做人要求	与人为善、善于合作、奉献精神

第五，从心理学的角度来构建学生的核心素养，见表7-5。

表7-5 从心理学的角度构建核心素养

心理学角度	核心素养
知	准确的认知
情	丰富的情感
意	坚强的意志

续表

心理学角度	核心素养
能力	多元的智能
气质	高雅的气质
性格	完美的性格

三、核心素养研究制定的基本原则

（一）方向性原则

党和国家的教育方针是实现人的全面发展，是我们教育工作的永恒目标和终极追求。学生发展核心素养是人的全面发展的具体体现。全面发展包括德、智、体、美、劳等几个方面，不同历史阶段可能有不同的表述和重点强调。1957年，毛泽东同志在《关于正确处理人民内部矛盾的问题》的报告中指出："我们的教育方针，应该使受教育者在德育、智育、体育等几方面都得到发展，成为有社会主义觉悟的有文化的劳动者。"

1995年，《中华人民共和国教育法》总则第五条规定："教育必须为社会主义现代化建设服务，必须与生产劳动相结合，培养德、智、体等方面全面发展的社会主义事业的建设者和接班人。"

1999年，《中共中央国务院关于深化教育改革，全面推进素质教育的决定》要求全面推进素质教育，从德育、智育、体育、美育多方面培养学生。在德育方面提出："要加强辩证唯物主义和历史唯物主义教育，使学生树立科学的世界观和人生观……培养学生坚忍不拔的意志、艰苦奋斗的精神，增强青少年适应社会生活的能力。"在智育方面，要"激发学生独立思考和创新的意识……培养学生的科学精神和创新思维习惯，重视培养学生收集处理信息的能力、获取新知识的能力、分析和解决问题的能力、语言文字表达能力以及团结协作和社会活动的能力"。在体育方面，要"使学生掌握基本的运动技能，养成坚持锻炼身体的良好习惯……培养学生的竞争意识、合作精神和坚强毅力"。在美育方面要"增强学生的美感体验，培养学生欣赏美和创造美的能力"。

2010年,《国家中长期教育改革和发展规划纲要(2010—2020年)》分别从德育为先、能力为重、全面发展三个方面,对教育应该培养学生哪些素养做出了规定:"坚持德育为先。……引导学生形成正确的世界观、人生观、价值观……培养学生团结互助、诚实守信、遵纪守法、艰苦奋斗的良好品质。……树立社会主义民主法治、自由平等、公平正义理念,培养社会主义合格公民。""坚持能力为重。优化知识结构,丰富社会实践,强化能力培养。着力提高学生的学习能力、实践能力、创新能力,教育学生学会知识技能,学会动手动脑,学会生存生活,学会做人做事,促进学生主动适应社会,开创美好未来。""坚持全面发展。……加强体育,牢固树立健康第一的思想,确保学生体育课程和课余活动时间,提高体育教学质量,加强心理健康教育,促进学生身心健康、体魄强健、意志坚强;加强美育,培养学生良好的审美情趣和人文素养。加强劳动教育,培养学生热爱劳动、热爱劳动人民的情感。重视安全教育、生命教育、国防教育、可持续发展教育。促进德育、智育、体育、美育有机融合,提高学生综合素质,使学生成为德智体美全面发展的社会主义建设者和接班人。"

核心素养是全面发展的具体化。为此,核心素养必须以全面发展为方向,确切地说,人的全面发展的理论是人的核心素养研制和提炼的指导思想。显然,核心素养的建立必定有助于我们教育工作者在日常教育实践当中切实贯彻党和国家的教育方针,促进学生的全面发展。

(二)时代性原则

核心素养是全面发展的具体体现,但其确立不仅仅是对全面发展内涵进行简单逻辑展开。核心素养应体现时代要求和特征,反映新时期社会对人才的新要求。在快速发展的时代中,科技进步、知识经济的发展、全球化和信息化步伐加快,人们对个人素质的要求也发生了显著变化。

"核心素养"的提出符合时代潮流。时代的发展对个人素质提出了新要求,然而,由于学生缺乏一些重要素质,导致他们无法适应时代发展,进而影响自身和社会的发展。所谓的"时代性"要有针对性,突出学生所欠缺的内容。目前，我们更注重培养学生的创新精神、动手能力以及团队合作精神。这是核心素质教育中应重视的一个方面。

教育的首要问题即"培养什么人"的问题。教育现代化的目标是人的现代化和社会的现代化。教育为建设现代国家服务、为社会现代化服务，也必须通过培养人去间接完成。因此，教育现代化的最后归宿或者根本目标是人的现代化。而人的现代化，就是"把传统人变成现代人"。衡量我国教育现代化水平的根本尺度，是看我们所培养的人是不是现代人，是否具有现代的精神气质。

（三）国际性原则

"核心素养"是一个舶来品，英文是"key competencies"，从知识本位走向素养本位是世界教育共同的走向。国际性原则包括这几层意思。第一，强调培养学生的国际视野和意识。即培养具有中国灵魂世界眼光的人，当前，无论是强调中国制造、中国创造、中国智造，还是强调中国领导、中国参与、中国合作，都需要我们培养具有国际视野和意识的人，需要反映到核心素养的框架之中。第二，核心素养的研制要参照国际上的先进成果和经验。本次课程标准修订和各学科核心素养的研制就是在学习和借鉴世界各国先进经验的基础上进行的。一方面要吸收世界先进的东西，另一方面要与世界接轨。

（四）民族性原则

在研发核心素养时，需要吸取国外先进经验、与国际教育对接，并结合我国国情，尤其要充分利用历史文化优势。民族性是成就的源泉，一个民族的优秀传统和文化是核心素养的主要来源，因此，核心素养必然带有民族特征。中华传统文化中，我们有共同的根和灵魂。我们的根和灵魂就在中华的优良传统中。中国传统文化一直注重人的素质。在中华传统文化中，有四大特征：家国情怀，社会关怀，人格修养，精神修养。例如，"家"的情怀包括孝亲爱国、民族情怀、乡土情怀等。社会关怀表现在以人为本、以物为本、以天下为本，对社会的奉献。诚信自律、崇德弘毅、礼敬谦和是品格修养的重要内容。人文素养包括人文历史知识、治学方法、文字表达能力、对科学技术的追求等。

在当今社会，我们的教学必须体现"立德树人"的新理念，培育具有社会责任感、创新精神、动手能力和多才多艺的新一代。核心价值观念构成民族团结的灵魂，是一个民族面向世界的精神支柱，也是最珍贵的精神家园。现代中国的核心价值，即具有中国特色的社会主义，吸取了中国传统文化精华和治国经验，具有凝聚人民力量、推动社会进步的强大力量。

第八章 大学生核心素养分析

第一节 核心素养的内涵

20世纪90年代,学者指出核心素养在科学和教育立国中起关键作用。它体现了理念、内涵和价值观,对社会建设至关重要。

一、核心素养的起源

核心素养的提出是适应时代发展的产物,将经济建设和社会发展视为不竭的动力和核心,以培养个人素养为切入点,建立核心素养体系。这也是国际上各国教改必须解决的问题之一。根据核心素养培养目标与价值,许多国家的学者对21世纪培养主体进行深入研究,探讨如何全面培养情感态度、能力和知识等,以促使每个人能够迅速融入社会,实现个人价值,并加速社会的持续发展。正因为这个问题,各国组织和地区都加强了人才标准的研究,注重人才培养。

我国核心素养的发展主要发生在教学改革和课程改革的大背景下。在20世纪90年代,国家相关部门推出了九年义务教育试行方案,将教学计划转化为课程计划。这一改革逐渐摆脱了灌输式的教育方法,建立了学科和活动课程两个标准。除了注重理论知识的传授,也注重学生在实践中的培养。学生的整体素质不断提高,核心素养也逐步形成。1999年6月,国务院进一步扩展和确立了素质教育的含义,并以素质教育为核心召开了教育工作全国第三次会议,提出了五年内发展的具体目标。2001年,在一些中小城市进行了基础教育课程改革试点，这是第八次教育改革的核心目标。文件从性质、内容框架和教学评价等三个角度对目标课程思想进行了论述。该文件明确了国家从课程管理和评价的角度出发，确定了教材编制范围、考试命题和教学评价方式等。在不同的发展阶段，各地要充分考虑实际情况，并制定相应的对策和计划。我国在2002年获得国务院的同意后，教育部发布了关于积极推进中小城市考试制度改革的试点通知等文件。基于基本的发展理念，教育要从儿童时期开始，尤其是在中小学阶段，要培养学生的审美、体育、合作和交流能力，学习能力，基础素质，品德素质等六大能力。2004年，国家公布了基本课程改革与试验区关于初中毕业考试和普通高中招生办法改革的意见，首次引入了综合素质评价的概念，并指出核心素养的提高是关注的重点。尽管这份文件没有明确指向核心素养，但整体过程都围绕核心素养的目的和体系展开，为核心素养的研究奠定了基础。

2015年3月，《全面课程改革纲要》首次将核心素养作为推进教育改革的中心，并强调了其重要性，将核心素养的培养目标与进一步推进课程改革的理念相统一。中国教育家协会在2016年2月发表了一份关于"中国学术核心素养"的建议书，主要针对学生的综合素质和综合素养，包括实践、创新和社会责任等方面。目前，课程改革已经从实验阶段进行到深入阶段，这显示出核心素养是我国教育改革和课程改革发展的产物，也是党的教育方针的具体体现，具有重要意义。如何培养学生的核心素养是我国高度重视的问题。

我国是一个教育大国，但还不是一个教育强国。从知识经济快速发展的角度来看，我国的教育改革进程仍有待加强。实际上，教育的核心是人才培养，我们必须培养出具备必要素养的人才，以确保学生能够健康成长并更好地融入社会。这是一个亟待解决的问题。尤其是关于核心素养的探讨，需要引起足够的关注。社会究竟应该如何培养人才是教育的核心问题，也是教育改革的目标。

二、界定核心素养

近年来，新的教育理念和教学理念在大学生核心素养研究中得到了提出，并以此为基础进一步定义了核心素养的内涵。然而，与国外相比，我国在核心素养理论和实践经验方面仍存在较大差距。党和国家的教育方针政策对核心素养的研究起到了积极的推动作用。将立德树人作为教育的根本目的，培养全面发展的人才，明确了新时代所需人才的培养目标，为学界研究核心素养提供了指导，使培养学生核心素养成为教育改革的重点，并促使相关研究成果不断增加。

通过查阅相关文献资料，发现对核心素养的研究主要是对国内外核心素养进行分析和比较，同时也研究了我国核心素养存在的问题，并对核心素养的内涵进行了重定义。针对基础框架的构建、学科核心素养等方面进行了研究分析，尽管在内涵和基本框架上仍存在一定争议，但都认同核心素养是不变的，即学生必须具备以满足个人终身发展和社会需求为目标的能力。学术界已达成共识，将核心素养划分为三大类、六大基本框架。然而，仍有学者对核心素养的具体分类持有不同观点，需要进一步深入研究。

第二节 大学生核心素养指标遴选原则

在选择和制定我国大学生核心素养的指标体系时，需要以大学生核心素养的内涵为中心，并借鉴国内的核心素养大框架。选择那些对大学生个体发展具有良好影响的指标，构建适合大学生个人发展的指标体系。不同国际组织和国家所设计的指标体系都以学生发展的实际情况和需求为依据。因此，在我国构建核心素养指标时，需要根据大学生个人发展的实际情况和需求，不能盲目照搬国外的研究成果，更应该倾向于适合我国大学生发展特点的核心素养建设框架。学生核心素养发展的主框架由多个资源组成，主要内容可分为文化基础、自主发展和社会参与三个方面。总体上体现了人文底蕴、科学精神、学习技巧、健康生活、社会责任、实践创新等六个要素，并可进一步细分为十八个基本要点。这些要点涵盖了广泛的领域，旨在培养学生全面发展所需的核心素养。

一、时代性原则

高校学生核心素养指标的确定与选择应符合时代要求，并体现 21 世纪对素质教育的需求。首先，我们需要跟上时代的步伐。随着信息技术的进步，我们的生活方式发生了翻天覆地的变化，这为人才带来了新的挑战。构建大学生核心素养指标体系必须立足于 21 世纪信息迅速发展和全球化的特征，突出 21 世纪所需人才的特点。同时，要根据时代的需求全面考虑传统素养与现代素养的重点，选取有利于大学生适应时代需求的指标。

其次，根据具有前瞻性的要求，构建一套符合时代发展需求的大学生核心素养指数体系。同时，也要对时代的发展趋势进行预测，这种前瞻性能有效提高学生的核心能力，并增强大学生对未来的自信。这样做可以有效满足信息化时代人才结构转型发展的要求，避免大学生与社会发展脱节的情况发生。

二、完整性原则

建立大学生核心素养评价指标体系时，应遵循整体性原则，以我国大学生核心素养的主体结构为基础，并对其进行具体的建构和细化。这需要考虑多个层面的知识，以形成一个完整的知识体系。

首先，需要对高校学生的核心素养进行全面、系统的评价。许多国际组织和国家的核心素养框架反映了对公民或学生素养在各个层次上的需求。例如，经济合作与发展组织的核心素养框架包括个人生活需求和社会愿景，涵盖了个人和自我、工具、社会等多个层面的素养标准。这也是构建大学生核心素养指标体系时需要考虑的因素。其次，通过对湖州高校学生核心素养指数的交叉融合，对学生核心素养的发展提出了更高的要求，应对学科属性进行更多的细分，对于高等教育而言，大学生的核心素养不应在学科上被拆分，而应注重学科的完整性与整合。最后，绩效指数的有机组合是关键，各个层面的绩效指数并非相互独立，而是相互关联的。确保它们可以相互影响，从而构成一个完整的整体。

三、可操作原则

在构建高校核心素养评价指标体系时，必须坚持"可操作"的原则，并对其进行全面考察。不能将核心素养评价仅仅作为一种理论概念而不在教育实践中实际运用，或者仅仅放在书架上作为摆设，而不能真正发挥其作用。

素养指的是经过后天的努力和生活环境的影响而形成的特征，不存在先天素养这一说法。而教养实际上是一个人的修养，教养是教师的责任。这也说明在构建大学生核心素养时，应注重其在实际工作中的可操作性。从大学生的特点、心理发展和成熟情况入手，核心素养指标既要超越基础教育的相关内容，又要以大学生未来发展所需的学习内容为基础，确保学生有持续的学习动力。此外，核心素养指标体系应具有可教性，不仅要作为教育人员开展教育工作的方向和标准，还要让教师真正参与学习过程，为教育者提供支持和指导。

四、导向性原则

在构建大学生核心素养指标体系时，还应遵循正确的导向原则，以实现新时期的教育目标，并确保其价值得到充分体现。

首先，要注重指导性，即始终以社会主义意识形态理念和马克思主义为指导。在确定大学生核心素养的选择目标时，必须明确，不应简单地复制发达国家的成功经验，以免与马克思主义理论产生矛盾。同时，要注重目标导向，核心素养的提出意味着教育要培养何种人才，其终极目的是培养人才，以立德树人为根本，实现德智体美劳全面发展，以满足21世纪的需求。

其次，要强调品德培养的重要性。大学生核心素养在高等教育中具有重要地位，因此，在构建指标体系时，要更加重视品德培养，以全面发展为最终目标，最大限度促进学生多方面的发展，并持续提高他们的核心素养水平。

最后，强调角色的重要性。在欧洲，核心能力是以终身发展为目标，在美国则以21世纪的职业需求为目标。作为中国特色社会主义的继承者和中国梦的主体力量,大学生在构建核心素养指标体系时应以个体和社会为基础。在培养学生的过程中,教师的教学应与我国的发展战略相结合,以提高学生的素质水平为指导。

第三节 我国核心素养的基本内容

在当今的信息时代,合力的知识结构快速发展,国家需要培养更多更优秀的人才以适应这一变化。在当前经济时代,没有知识力量的支持是无法生存的。我们首先需要培养 T 型和十字型人才,因为这两种知识结构都是理论知识结构的重点内容。同时,它们也是一种横向拓展,能够跨学科和多学科地构建知识结构。

一、专业素养

这种类型的专业人才与传统经济时期的人才有着显著的区别。这些人才的优势在于他们必须全面掌握相关专业领域的理论知识,并持续探索和研究自己所从事的专业领域,能够将所学应用于特定环境中解决问题。因此,在大学生的整体知识结构中,专业知识结构起着重要作用。

以房屋建造为例,专业知识结构是建造过程中的基础,没有持续改进和优化,房屋无法成功建造。专业学科的知识结构状况可以反映学生对理论知识的掌握程度,对学生未来的发展和工作至关重要。可以说它是建造房屋不可或缺的要素。没有这种材料,房屋无法建立。这也证明了科学的知识结构是不可或缺的因素。

基础知识是高校专业课程中最重要的一环,不同专业对学生所需掌握的知识各不相同。基础知识实际上指学生必须掌握的基本理论概念、技能和具体应用方法。在此基础上,逐步增加专业科目的难度和深度,对学生的成长起到一定作用。此外,基础知识还包括自身专业以外的其他学科的基础知识。

基础知识的功能可以大致分为三种。首先,它使学生了解知识的概念、定义和基本应用，并需要及时更新。其次，通过深入学习学科，提高学生的职业素养。最后，培养学生良好的思考方式，以便他们能够修正和完善所学，并真正应用所学知识。

大学生面临着众多繁杂的课程，教学计划却有限。因此，他们面临很大的限制。在授课过程中，稍有不慎就可能错过一些知识，这容易导致在未来的工作中遇到问题时不知如何应对。因此，为了让学生展示才华和优势，他们需要在构建基础知识框架的同时，学会选择重要的知识点。只有这样，才能持续提高解题能力。相反，如果学生对基础知识掌握不够扎实，接受新知识时会对学生的综合能力产生负面影响。因此，在巩固知识点的同时，提高持续学习能力是必要的。

科学精神教育对学生进行培养和发展的首要目标是提高他们的科学精神。科学精神使个人建立正确的价值观，并需要具备足够的知识和经验。科学精神是学生对生活和事物的认知，追求生命行为规律和价值标准，体现个人理想，并对学生认知进一步提升的结果。拥有科学精神的学生能够最大程度地利用自己的才能，改变世界。一个不断发展和进步的社会也需要具备科学精神的人才。只有拥有充足的专业知识，学生才能带来更大的价值。人类一直追求精神和物质的融合，如果大学生希望在未来的社会中取得一席之地，实现自身价值，就必须具备科学精神。科学精神对个人的提高以及社会的发展和进步具有重要推动意义。

二、职业生涯规划

人生必须提前做好规划，这样的人生才会更加完美，在美国，对事业的研究始于 20 世纪 60 年代，并在 90 年代才进行了深入研究。由于研究时间较短，相关理论尚不成熟。

高校对大学生进行系统设计和教育的最终目标是让他们认识到学习的目的和学习的重要性。高校应持续强化大学生的学习规划思维，合理设计学业规划，并在认真执行学业规划的过程中激发学生的学习积极性和参与度。这可以在一定程度上提高大学生的综合素养和学习能力。

在实践方面，我们需要积极实现从被动接受教育的灌输模式转变为主动追求学习的状态，以确保大学生能够健康快速地成长。

三、人文底蕴

传统文化基础是经过几千年的发展形成的优秀传统文化，它在各种自然环境和经济模式中存在，并通过长期积累得以传承。传统文化既是历史又是现实，因此教育必然受到其影响，尤其是高等教育。

我们应该珍视那些流传了数千年的宝贵文化，而这些文化也是大学生应该继承和发扬的精神财富。中国教育部发布的《完善中国传统文化教育指导纲要》明确提出，只有培养学生具备自学和科研创新能力，才能确保他们传承和改进我们的传统文化，并提高他们的文化责任感。大学生是实现"中国梦"最重要的群体，他们对传统文化的接受和传播态度将直接影响到我们国家传统文化的传承和发展，展现了中华文化的强大活力。

在中国传统教育中，思想道德教育是最重要和核心的内容。从夏商西周到清代，我国传统教育一直注重理论和道德教育。通过对现代教育观和大学生发展观的考察，我们可以看出，中国传统思想道德教育至今仍具有重要的实践价值和意义。因此，不论是从教育内容、传承传统文化的弘扬，还是从当代大学生的成长和发展角度来看，都应将传统思想道德理论的内容和要求融入大学生核心素养的培养中。

审美意识是学生心理结构的一种非主观意识，能够迅速作出反应，并在大学生时期形成相对稳定的发展过程。它是学生审美水平提高的重要时期。审美情趣是指在从事审美活动时所反映的心理感受，也可称为审美心理偏好。不同时代、背景和个人形成不同的审美偏好，因此审美心理偏好具有时代性特征。学生的审美情感不仅体现了他们审美意识的发展状况，还反映了他们的人生态度和内心价值观。通过培养大学生的审美意识，不仅可以提高他们的综合素质，还可以使他们以积极的态度融入学校和社会，实现自我价值。

大学生的现代文明行为是大学生个性发展的必然要求。通过真正接受现代文明并牢记于心，大学生展现了他们的文明素质和综合素质。

高校的任务是培养高质量的全能型人才，为此，高校需要具备良好的道德品质和规范行为，以满足社会对人才的需求。专业能力的增强和文明习惯的优化是高校的根本任务。为培养有素质、有道德的人，高校需要营造良好的校园文化氛围，帮助学生养成良好的行为习惯，并持续纠正不足之处。同时，高校应加强对学生的全面素质教育，培养积极向上、正直诚实的优秀人才。

在国际化的背景下，21世纪以来全球化趋势不断加强，外资持续流入，我国也有很多企业在海外投资。这导致了我国在全能型人才方面的匮乏。面对这种情况，必须全方位培养大学生的国际视野，确保他们能将所学知识应用于实际生活中。

国际视野指的是从全球角度看待世界的发展和我们所处的地位，以客观的态度对待这些问题，并将行动扩展到国际交流中。在全球化背景下，国际视野要求人才具备全面的素质、知识和能力。在我国，开放共赢的战略方针强调不断开放、泄愤，并要求具备坚韧的民族精神、国家观念和国际化意识。

当代大学生是国家未来发展和民族复兴的基石。为了适应我国与全球化相适应的发展，需要在各个领域拓展大学生的国际视野。因此，我们应加强对大学生的教育，提高他们的国际意识，推动国家更快走向繁荣。随着我国境内外资企业的增多和海外投资的增加，对全能型人才的需求日益提高。特别是专业人才和国际全能人才，他们与时代发展的要求相适应，积极发挥大学生的作用，应对人才的培训工作予以重视，全方位培养大学生的国际视野。这样可以确保学生在未来的工作和学习中真正运用知识解决问题，形成正确的人生观、价值观和世界观，并充分发挥自身作用。培养大学生核心素养时要具备国际化的眼光。

四、各项技能素养

大学生的主动探索和研究能力对他们的学习结果有直接的影响。通过培养主动探索的习惯和能力，大学生能更好地适应时代的需求，成为全面发展和创新型的人才。现代教育理念更注重培养学生的主动科研能力，尤其在与科学相关的学科中更为明显。在人文和语言领域的学习中，也要持续渗透主动科研探索的能力，并进行积极的探索。简而言之，正确的指导下，让学生意识到自主学习的重要性，并让他们自己去发现和解决问题，提高问题解决能力，从而不断提高创新能力。

在学习过程中，大学生应该怀有主动探究的激情，提前预习课程内容，上课时认真倾听并积极与老师互动。在课余时间，巩固和拓展知识。为了培养大学生挖掘问题的能力，教学应该改变过去仅注重知识传授的方式，将其作为教学的核心内容。只有这样，学生才能主动学习并掌握新的知识和技巧。同时，也要帮助学生树立正确的价值观，主动进行探究。为了提高学生的主动性，教师应该提供丰富的教学资源，并引入新颖元素吸引学生的注意力。只有这样，才能激发学生的积极性，使他们主动投入学习。

当前处于知识经济时代，学生的学习角色、观念和学习内容等方面都发生了巨大变化，因此建立科学有效的学习方法变得十分必要。对于大学生而言，需要转变过去的学习方式，加强教学效果，实现教学目标。学习方法可以简单理解为提升学习效率的学习流程和活动。对于大学生来说，他们迫切需要解决的问题是如何成功从高中转入大学，并满足高等教育专业化和职业化的要求。

优化大学生的学习模式应遵循以下四个原则：整体性原则、迁移性原则、个性化原则和前瞻性原则。首先是整体性原则。在优化学习方法的筛选和整合过程中，始终坚持整体性原则，进行理性分析，不断改正缺点，并总结之前的成功经验，借鉴发达国家的经验。其次是迁移性原则。在学习内容方面，重点是从公共课和专业课的转变，从理论课程向实践课程转变，逐渐向职业化发展。在学习时间方面，低年级学校可以统一安排，而高年级则给予学生更多自由的时间，使学生能够自行合理安排学习。在学习心理方面，从大学生刚开始对学习的不适应和不感兴趣逐渐转变为积极主动的探索。再次是个性化原则。尽管每位学生的学习目标和内容差异不大，但个体的学习目标和心理存在较大差异。因此，在改变学习方法时，必须充分考虑学生的个性特点，有针对性地进行安排。最后是前瞻性原则。当前信息技术日新月异，大学生不仅要在校园内学习，还要到校外学习。知识经济时代要求终身学习的观念，因此，大学生必须掌握学习方法，转变传统思想观念，站在大局的角度掌握学习的方法和变化特点。

培养终身学习观念是21世纪教育的核心。终身学习是指从出生到离世的整个过程，与我们的生活密切相关，涵盖了专业发展和工作技能的获取。研究发现，坚持学习并保持思维活跃的人患阿尔茨海默病和老年痴呆症的概率较低。学习这个词在字典中非常关键，但也容易产生误解。学习实际上不仅仅是传授和培训，从教育的角度来看，学习涵盖了多个领域的教育。

高校必须确立正确的教学观念，将培养大学生的终身学习能力作为核心教育理念。大学应确保学生始终保持积极学习意识，不断提升个人发展能力。因此，大学时期是培养学生终身学习能力最关键的阶段。学生应将马克思主义理论作为思想引导，树立正确的价值观、人生观和世界观以适应时代发展。在发展智力的同时，也要注重增强身体素质，确保充沛的精力，为未来发展打下良好基础，为实现终身学习目标提供身体上的保障。

健康的生活和强健的体魄对于人类的生存至关重要，它直接影响着人类的发展、社会进步和文化传统，以及生活方式的转变。马克思认为个体的需求是行为的基础，人们不仅对物质方面有追求，同时在精神层面也有追求。只有这样，才能转化为积极的行动。

保持健康生活需要适量的运动，这也是维多利亚健康四大基础的关键内容之一。对于当代大学生来说，他们处于成长的重要时期，身体健康是学习的基础。他们需要拥有强健的体魄，以勇敢地面对更多的挑战。因此，大学生必须确保身体健康，因为一旦身体出现问题，将直接影响他们的学习和生活，严重的情况甚至会对未来的工作产生影响。因此，高校必须让大学生树立健康教育意识，这至关重要。这可以帮助学生形成良好的学习习惯。只有拥有强健的体魄，才能有更多的精力和体力来应对繁重的学业。同时，大学生还需要正确的态度来迎接未来可能面临的各种挑战。最后，学生必须重视心理健康，并建立完善的心理机制，不断提升他们的抗压能力。

心理健康是一种持续的心理状态，表现为适应能力强、生活活力充沛，能够充分发挥自身的潜能。它反映了良好的心理状态。心理健康意味着一个人能够保持良好的世界观，调节好意识、知觉和行为等心理活动，满足社会环境的需求，使内外环境达到平衡，并提高生活质量，确保健全的个性和快乐的心情，以及充沛的精力。大学生通常年龄在18~25岁，处于青年期的中期阶段，表现出这一阶段特有的特点。然而，不能简单地将大学生划分为社会青年的范畴，确切地说，大学生是一个独特的群体，具有其特殊的特点。由于社会竞争日益激烈，各种信息也对学生产生一定影响，大学生心理疾病的发病率明显增加，主要表现在人际关系、各种神经症和恋爱问题等方面。当代大学生掌握着最新的科学文化知识和高尖端技术，是未来的生产力。他们拥有活跃的思维和充沛的精力，充满生机，是中国特色社会主义事业的接班人，中国梦的实现者，也是杰出的青年代表。因此，大学生的心理健康不仅解决了大学生的心理问题和心理障碍，而且对于建设和谐社会、实现小康社会、提升党的执政能力都具有重要作用。从战略角度来看，大学生心理健康教育对于国家的发展和进步具有决定性的影响。

稳定的情绪对人的健康、工作效率和人际关系有直接影响。愉悦的情绪可以提升身心健康和学习效率。心理健康的大学生通常保持积极乐观的情绪，对生活和未来充满希望。虽然会有一定的悲伤、愤怒等负面情绪，但他们能够主动掌控调节并适度宣泄，及时调整心态。情绪稳定是人们普遍认为的情绪稳定的基本特征，反映一个人的气质和心情健康程度。情绪可分为稳定型和不稳定型。稳定型能有效掌控自己的情绪，保持正常范围内的情绪波动；不稳定型情绪喜怒无常、变化无常，波动较大，难以理解。大学生因处于青春期，感情丰富，情绪容易起伏，容易陷入情绪中，对日常生活和身心健康产生影响。

责任担当和国家认同是相关的概念。国家认同最早在50年代左右被列文森提出，并在70年代引入政治学领域。国家认同指的是一个人对所处国家和其属性的心理活动，反映了个人对国家主权、道德价值、政治和历史文化是否认同，并能够展现民族团结力，在国家的生存和发展过程中具有重要地位。形成国家认同能够突显其稳定性和传承性的特点。

大学生是国家最宝贵的人才资源，是经济社会发展中必不可少的新生力量。从这个角度来看，大学生的国家认同对一个国家最终发展的方向起着决定性的作用。对于大学生来说，国家认同是他们政治成长方向的一部分，也是群体认同，能够为人们提供持久的精神动力。

社会责任是一个人在社会中承担的重要义务。西塞罗指出，高度关注可以促使人形成高尚品质，而缺乏责任感则可能导致生活混乱。在社会中，每个人所承担的责任各不相同，而对社会的责任是至关重要的。社会责任感是一个合格公民必备的品质。在新时代，将大学生的责任意识作为切入点，不断夯实社会责任意识，使他们能够体会时代和民族的精神，不断努力奋斗，与国家站在同一战线，增强自身的忧患意识。

大学生肩负着弘扬传承民族和时代精神的社会责任。在新时代的背景下，为了实现个人的自我价值，大学生必须不断提升能力、诚信和思维等方面，并具备强烈的社会责任感，以保证诚信，言行一致，行动果断，从而获得他人的信任。培养大学生的责任意识也是高校思想政治教育改革的前提条件，进而在加快高校综合发展过程中充分体现他们的社会价值。在十八大报告中，明确指出加强社会建设的重要性，强调始终维护广大人民群众的利益，创新社会管理，完善公共服务体系，构建和谐社会。这个进程对提升学生道德水平非常有益，能够引导社会朝着成为对社会有用的人的方向发展，承担起构建社会主义和谐社会的责任。

我国当前的教育重视培养学生的问题解决能力，无论是在思想理论层面还是具体操作层面都能够看到这种关注。要培养大学生的问题解决能力，需要不断加强他们的实践能力和创新精神培养。这是大学生成长发展的核心内容，也是提升他们综合素养和扩展能力的关键所在。研究表明，通过提升大学生的问题解决和压力管理能力，可以有效缓解学生的压力，防止焦虑情绪的产生。需要提高学生的应变能力，提升解决复杂问题的能力。

由于市场经济发展加快，对大学生提出了更多要求，要求他们将自身融入中国梦，并发挥最大限度的作用，充分挖掘自我研究和解决问题的能力。只有这样，才能满足时代发展的要求。加快我国现代化发展的速度是实现个人自我价值的前提条件之一。

法律和规则意识是现代大学生必不可少的意识。法律意识指的是大学生对法律的个人观点、评价和信仰等多个层面的心理感受。规则意识则指大学生对规则的认识，并希望能主动遵守规则。

为成为合格的公民，大学生必须认同并自觉遵守法律法规，这样才能成为全面发展的人才。在 2014 年 10 月，我国正式全面推行依法治国的基本方针，在十八届四中全会中明确指出了依法治国的意义，并强调积极加快社会法治文化发展，主动弘扬法治精神。国家希望加快实现中国梦，必须充分发挥大学生作为中坚力量的作用，全面增强法治文化思维。因此，必须加强大学生的规则和法律意识。在当前推进社会主义法治文化和弘扬法治精神的背景下，需要针对大学生的特点，培养他们的规则和法律意识。这样可以确保大学生形成良好的法律和规则意识，具备较高的思想道德品质，为未来成为有效人才打下坚实基础。

实践能力，勇于创新，积极创业，在"一二五"期间，我国开始启动国家级大学生创新创业训练方案，这也体现我国对大学生创新创业给予了高度的重视，创新创业包含创新和创业，也就是在创新的前提条件下，组织创业活动。什么是创新，就是具备原创性和拓展性，而创业就是反映了具体的行动执行能力，可以简单地将创新理解成创业的基础，把创业理解成深入拓展创业精神。创新创业精神在大学生成长、成才过程中发挥着重要的作用，可以选择自主创业的方式，有效缓解因为不断提高的大学生毕业人数以及日渐减少的有效就业岗位带来的就业压力。让大学生形成创新创业的精神，让大学生拥有敢为人先、勇于创新的精神。不用怀疑当代大学生都拥有十分灵活的思维模式，坚实的知识结构，并且不断提升自我创造性和自主性。能够形成良好的创新创业氛围，其中包含高水平的发明家，但是必须强调的就是，创新创业道路漫长艰难，必须自立自强，不断奋斗，坚持不懈才能够赢得最后的胜利。

团队协作是一项重要的技能，被广泛重视。杰克·韦尔奇曾强调团队的重要性，认为只有拥有团队，他才能创造更辉煌的企业。研究表明，团队合作对大学生来说是一项至关重要的技能，其重要性甚至超过计算机技能。知识经济的发展加快了社会对多样化需求的提出，因此在招聘过程中，一些企业家特别强调团队合作的重要性。团队合作是当代大学生不可或缺的能力之一，也是他们快速融入工作的关键。

因此，我们必须全面培养大学生的团队合作能力，培养他们形成大局意识，并基于服务精神和协作意识等多个层面。这样可以让大学生在毕业后快速适应社会。只有具备团队精神的大学生才能在工作中相互协作，尤其是解决各种问题，并最大限度地发挥协调功能。我们还应主动培养学生的团队创新和适应能力，以创造奇迹。

大学生的社会参与涉及对国家政治和社会文化态度的理解和掌握，以及实际参与行动。它包括政治、经济、个人和文化四个方面的参与。通过参与社会，大学生能够丰富自己的生活圈并加快知识的吸收，从根本上提升整体素质。

大学生必须清楚人与社会的关系，树立正确的人生观。他们需要采取辩证思维来看待历史唯物主义，认识到个人和社会实际上是一个整体，但二者之间存在一定的矛盾。在这个矛盾中，社会占据决定性地位，因为人可以说是社会的产物。简单来说，脱离社会，人无法独立存在。如果人们想要获得自由，就必须加快社会文明的发展。因此，大学生需要树立良好的人生观，将团体主义作为核心原则，并在默默奉献的过程中实现自我价值。

要求大学生必须主动提升技能水平和参与意识，审时度势，科学把握各种机会，深入社会，了解社会，掌握国情，不断提升能力，培养坚毅的品质，增强奉献精神。

第四节 国际视角下的核心素养体系

一、欧盟核心素养体系

核心素养的确定与政策制定人员的参照是一致的，基于为个人提供学习机会和良好学习环境的基础。欧盟从终身学习的角度来定位核心素养，强调学生要虚心学习、脚踏实地，不断提升各项素养，并将终身学习融入学习的各个阶段，及时更新和维护这些素养。相比之下，尽管欧盟对核心素养的架构体系提出时间不长，但非常全面，与联合国教科文组织和经合组织相比。

欧盟核心素养体系的优势在于强调多元一体，注重成员国语言和传统的差异，降低管理制度的障碍，保护环境、可持续发展以及人员和物资的互动。

同时，欧盟致力于实现单一货币、创造更多就业机会，加快经济发展，促进社会繁荣，确保公平公正的社会和保护公民权益、安全与正义。此外，欧盟还致力于提供人道救援和促进社会稳定与和谐。然而，在与美国、日本等发达国家进行比较时，欧盟成员国在资源分配和创新策略上存在较大差距。教育水平较低且分布不均，优质产业引进优秀人才困难。因此，欧盟于2000年召开高峰会议，明确了终身学习和核心素养的目标，希望在21世纪进入知识经济社会。这将是欧盟未来较长一段时间的发展目标。

欧盟采取稳定务实的态度对待教育和培训体系，强调教育与经济、社会功能的兼顾，并鼓励终身学习。所有公民都应该有机会通过终身学习来更新知识和技能，特别关注那些有特殊需求的人群。这种做法有助于提高就业率、促进经济发展，并增强社会凝聚力。欧盟对核心素养的定位使我们更清晰地认识到核心素养的基本概念。核心素养的制定是由欧盟会员国的政策决策者、学者专家和实践工作者等多方面的合作研究得出的，具有严谨的过程。然而，自提出核心素养以来，欧盟也面临着各种挑战。其中最大的挑战之一是要求教师转变专业能力，从全面教育的角度评价学生，评估和测量这些能力的提升也是一个重要的挑战。

欧盟核心素养是根据知识经济理念提出的，旨在满足全球化知识社会的要求，包括自我实现、融入社会和就业等方面。核心素养的提出为决策者提供了提供学习机会的依据。其中，科学和数学素养、外语沟通能力、母语互动等四个方面在八项能力中占据重要地位，与基础学科知识和数学化培养目标一致。核心素养的优势在于能够融合和整合当前学科架构，并通过跨学科的课程活动来全面培养核心素养。每个能力的培养都需要综合考虑理论知识、技能和态度，并站在大局角度思考，表述简洁明了。由于适用于整个培育体系，因此无需根据学习阶段区分基础或进阶能力。

欧盟核心素养的重要作用在于突显欧洲价值观，并基于欧洲文化、历史和社会关系建立起来。这种价值观基于共同享有民主基础上的欧洲公民身份，使个人能够就业良好、参与决策并过上相对富裕的生活。核心素养要求个体根据自己的兴趣和追求实现生活目标，体现了文化资本的重要性。它的作用在于培养积极、正确态度的公民，主动参与社会事务。核心素养还要确保公民能够在劳动市场获得良好的工作,反映了人力资本的重要性。因此,核心素养本质上反映了文化、社会和人力资本这三个方面。欧盟提出核心素养后,主张成员国在人力资本方面加大投入,同时充分考虑文化和社会资本。核心素养融入积极进取的思维,并赋予深刻内涵,体现了思想的统一,甚至在阐述文化意识时,明确提出可以掌握和实现文化活动中的社会和经济机会。欧盟还对科技的应用进行评估和反思,提出利用科技素养和数字化素养提高就业率,同时对信息处理过程进行积极批判,找到现实世界和虚拟世界的差异,始终遵循理论原则,并关注隐私权、文化差异、安全和伦理等议题,表现出欧盟在科技和数字化领域反思的成熟态度。此外,欧盟没有单独强调独立思考能力,因为已将其纳入所有核心素养中。

二、美国核心素养体系

美国是 21 世纪素养的发源地,由于全球化时代的到来,促使所有国家都面临着怎样增强国际竞争力的问题和挑战。而作为始终在国际上占据重要地位的美国来讲,更加需要快速的解决这一问题。针对这种情况,美国在 2002 年的时候真正开启核心素养研究这一重大项目,目的是在 2012 年之前能够满足知识时代提出的要求,实现社会对人才基本需求的目标。并且成立了 21 世纪核心素养组织,联邦教育部对其进行引领,针对框架内容提出的条件形成最新的版本。美国在业界提供相关经费赞助后确定了核心素养,同时支持有关单位进行深入探索,最终提出了满足当前社会需求的素养。简单地讲,就是美国核心素养的探究重点在于学生的基本能力与道德水平方面,目的就是培养出能够适应 21 世纪经济快速发展下的人才,保证学生在高校完成学业后能够符合社会提出的要求,真正成为 21 世纪的领导者和员工以及社会公民,为社会进步贡献一份自己的力量。核心素养重要囊括了科技能力和媒体信息以及创新模式、学习,还有职业生涯与生活等多个方面的内容。

美国所界定的核心素养,在某种程度上凸显出了国家自身的特色,针对信息经济发展不断加快这一基本国情,把核心素养定义成生活和工作技能、学习和创新能力、信息和科技技能等方面,保证学生未来的继续深造和社会工作。美国 21 世纪提出的四个核心素养并不是单纯和传统读、写、算撇清关系，而是在传统素养的前提条件下，不断地升华，进而让学生能够真正适应时代发展的改变和提出的要求。美国核心素养不是仅仅采取机械讲解的形式，告知学生必须掌握的技能，而是将核心课程当作基础，不仅引导学生在大学时期需要掌握的目标，同时重视开发教育教学系统，不断更新和改进教育系统。

美国的核心素养体系是一个立体的教育体系，不仅设定了学习目标，也提供了帮助公民实现这些目标的教育系统。在构建核心素养体系的过程中，美国采取了自上而下和自下而上相结合的方式，强调推理和总结的标准共识。它重视公民的期望和建议，并对核心素养理论进行了全面的分析，成为国际上最具代表性和特色的典范。美国学界对核心素养及其体系建设的研究范围广泛。除了基于核心素养知识的能力强化，如公民参与和政府关系、历史和地理等，还涵盖了环境保护、健康、责任和公民等素养内容。这超出了基础知识和技能的范畴，表明培养核心素养必须在核心和素养两个方面进行研究，二者既不相等，也不能互相替代。然而，美国的核心素养体系针对不同专业也存在不合理的现象，目前也需要迫切解决。

美国 21 世纪核心素养项目之所以能够成功推动，主要得益于美国教育部和两党国会在政策和财力上的大力支持。此外，大型公司和企业的赞助和参与以及专业研究机构和组织的建立也起到了重要作用。我国可以充分借鉴这一成功经验，通过政府部门的引导和监督，建立专业的研究机构和队伍，并吸引有教育事业发展倾向的大型公司或企业的参与，以确保核心素养项目的顺利推进。

针对职业技术教育和企业以及公民的调查结果，美国 21 世纪核心素养联盟最终明确了四个核心素养，即交流、合作、批判性思考和创造力。此外，针对时代特点，还提出了信息和媒介素养、通信技能、适应生活和工作等素养。在明确所有核心素养的过程中，美国联盟重点强调了核心学科和 21 世纪主题的学习内容。为了实施这一项目，调查方法被广泛采用，这种方法的好处在于可以调查多个对象，收集数据后进行分析，操作方便。我国也可以考虑借鉴并采用这种调查方法。

21 世纪素养并非一蹴而就，而是在推进过程中不断演化。由于其抽象性，实施核心素养需要与具体学科和学习主体结合，这是一个值得学习的经验。确定基本素养指标体系后，必须与学科和学习主体完美融合，相互促进。为了让更多学生适应21世纪生活，除了培养三大基础素养外，美国21世纪核心素养联盟还提出了全球意识、环保、健康、理财和公民素养等五个关键议题。这些都是学生必须掌握的基本能力和素养。为了真正落实这些素养，需要设计相应的主题活动，并将其融入新的学科学习过程中，让核心素养在潜意识中渗透。在构建核心素养指标体系时，必须深思学生需要学习哪些内容才能真正实现这些指标。

美国21世纪核心素养联盟关注核心素养与传统素养的联系，并在传统素养的基础上进行创新和提升。他们认识到核心素养必须建立在强大的基础上，需要借鉴和整合现有的教育改革成果。在教育体系中，他们致力于实施和推进核心素养，同时也积极扩展实践领域，整合社会各方力量，加快核心素养目标的实现。目前，美国核心素养的推进主要依靠公司企业、公民和学校教育三个系统之间的交流与合作来推动。

三、英国核心素养体系

核心素养在英国有着十分悠久的发展历史，1989年11月，英国产业联盟便出台了《通向技能革命》这一文件，在1969年迪林报告当中对重点技能演变出造成了极大的影响。其把社会政治哲学和经济需求以及课改紧密的结合，不仅注重社会经济需求，同时也给予个人要求高度的重视。2003年，英国政府部门颁布了《实现潜能——21世纪核心素养》，将高校学生心理状态与学习情况当作切入点，界定核心素养，主要包含解决问题和自主学习、团队协作、应用信息技术、数字、沟通等技能与素养。

英国属于一个传统资本主义工业国家，同时拥有十分悠久的教育历史，教育事业经过了几百年的发展改革，十分复杂，但是又极为灵活，是一个自成独立教育体系的国家。2012年英国教育出版公司公布全世界教育系统排名，英国位居第六位。2012—2013年全球大学排行榜，前六名中有四所高校均来源于英国。英国作为一个自成一套教育系统的国家，很早就开始了核心素养调研工作，同时将其调研得到的成功广泛地应用在多个领域当中，均获得了良好的效果。比如，教育改革、的学制修改以及职业教育发展等多个方面。英国和其他国家核心素养研究相比，更加成熟和稳定，具有一定的前瞻性。英国核心素养体系对于所有核心技能都进行了十分详细的说明，同时在全部的重点能力上均标注出详细的操作流程。所以，在重点能力推行和实施方面拥有具体的掌握准则，这也给未来教育改革奠定了良好的基础。但是，英国目前教育制度无法完全适应当前英国经济发展的形势，所以，核心素养的目标能否如期完成还无法确定。

英国在核心素养的演变过程中，始终将时代背景、社会发展和全球变化作为指导，确立和推广重点能力。核心素养具有前瞻性，根据社会变化对教育的具体要求进行及时更新和调整。英国政府在推进重点技能时，紧密围绕本国服务和教育特点及课程，针对不同年龄段和教育阶段制定相应的核心素养。核心素养成为高校和社会能力的关键问题，与职业教育和高校课程改革结合，渗透到每一次教育改革中，加速社会发展的步伐。

在制定核心素养时，英国政府最大限度地考虑了学生在不同年龄阶段的成长和发展情况。根据人类发展阶段的角度，不同年龄段对个体发展提出的需求存在差异，既凸显共性又体现个性之间的辩证关系。英国注重人类发展的连续性特点，充分考虑人的终身教育发展和个体成长教育心理特点，提升核心素养的科学性。这是我们可以学习的经验。

第五节　当代大学生核心素养培养的必要性

我国当前处于十分关键的社会转型阶段，精神文化生活越来越丰富，导致现实矛盾持续增加，并且市场经济促使功利主义、个人主义等社会思潮，严重影响了大学生正确价值观念的形成。并且长时间以来，我国高校更加重视科技方面的教育，忽视了人文素养所拥有的战略作用和社会功能。

一、高校应培养拥有较高人文素养和高科技素养的优秀人才

我国的竞争越来越激烈，实际上人才综合素质的竞争就是人才方面的竞争，其中不仅包含身心健康素质和人文素质等方面的竞争，同时也包含了科技素质的比较。高校学生若缺少文人素养，那么将会直接降低大学生的整体素质。并且人文素养对大学生个人全方位发展也造成了一定的阻碍，在培养大学生全面发展的过程中，会对学生造成不利影响，也别是人文精心的确实和理想信念的不坚定，都会对于大学生的心理和性格的形成造成严重的影响，导致价值选择过程中十分迷茫。

二、大学生是实现社会主义核心价值观的主要对象

由于社会进步和经济发展，我国高等教育得到了快速发展，高校扩招，学生数量激增，成为青年实现人生目标的主要途径。为了实施大学生的社会主义核心价值观教育，需要明确科学的切入点，将社会主义核心价值观巧妙地融入人文素养体系。培养大学生核心素养对于践行社会主义核心价值观至关重要。将社会主义核心价值观融入素养体系不仅明确了传统思想政治教育的重点，还为大学生的宣传教育工作提供了具体切入点。人文素养是核心价值观的一部分，不能通过强制手段实现。培养的关键是以理论为基础，以精神为动力，通过道德熏陶，不断加强实践，使社会主义核心价值观融入素养

体系，从而推动大学生实现人生目标和展示自我价值的内在需求。

三、认可和践行社会主义核心价值观是培养大学生素养体系提出的基本要求

我国正处于建设小康社会攻坚期，社会经济改革发展转型，认可并践行社会主义核心价值观已成为培养大学生素养体系的时代要求。社会主义核心价值观反映了我国社会主流价值观和意识形态。作为中华民族伟大复兴中国梦的主要力量，大学生必须积极践行社会主义核心价值观，并将其融入核心素养体系。大学生应将核心价值观作为个人素养体系的价值取向，结合科技素养，为个人价值的实现提供良好的平台，实现人生价值。

培养核心素养有助于加快学生全面发展并创造良好条件。其目的是强化学生整体素养，为全面发展提供良好条件并开辟新的道路。核心素养符合时代发展对高校人才培养的要求，主动适应社会发展和技术水平提升。社会的快速发展对人才培养提出更多要求。对高校而言，提升人才素养是一个不断进行的过程，它是动态的，随着社会发展而变化，因此可以不断融入新元素，具有时代性和前瞻性。高校人才培养模式的转变必须清楚了解社会需求，并提炼与时代相符的核心素养，同时通过培养核心素养来指明人才培养的方向。

四、重点关注大学生全面发展和终身学习，并将其当作价值取向

核心素养始终以人为本，突出教育在促进个人提升、身心全面发展方面的功能，注重学生的生活质量和社会参与活动，最终目标是加速学生的全面发展。优秀的教育关注学生的生活水平，实现其人生自我价值。高校教育的培养目标是培养具有良好生活情趣和高道德品质的个体，而不是社会的机器或工作的工具。大学生的核心素养体系必须涉及个人职业和生活规划、人文意识和环境等方面的内容，这些内容对于大学生的生活品质起着决定性作用。核心素养的培养将全面发展教育的整体要求细化，并为加强培养质量提供新策略。核心素养不仅是全面发展教育方针的具体细化，也是我国教育目标的达成和人才质量水平明确的重点，是提升人才培育质量的有效方法。

第九章　当代大学生德育核心素养培养存在的不足

第一节　大学生核心素养

在20世纪90年代,有学者提出,核心素养便在教育立国与科学立国中过呈现重要价值,不仅仅是自身内涵决定的,更是社会建设与价值体现的关键。

一、核心素养研究的起因

当前,时代不断发展,教育也在不断改革,教育界最为关注的便是"核心素养",渗透到各个阶段。

教育界对于核心素养的研究并非没有根据。面对21世纪所带来的挑战,将社会发展和经济建设作为主要动力和核心,以提升学生个人素养为基本目标构建核心素养框架,是我国教育改革所面临的主要问题。不同国家的学者在研究培养21世纪学生时,探讨如何全面推进学生的能力、情感和知识态度,并使他们更好地参与社会实践活动,实现个人价值,推动社会持续发展和国家长治久安。核心素养的培养不仅是我国积极研究,世界各国组织和地区也在加大对人才标准的研究力度,注重培养全面发展、高素质、高能力的综合型人才。早在21世纪初,联合国教科文组织就提出了核心素养的相关指标和体系,随后各国纷纷效仿,在实际教育活动中将核心素养作为根本任务并进行研究。我国为了服务社会需求，紧跟国际化潮流，提升核心竞争力，在实际国情和社会发展的背景下逐渐构建适合学生发展的核心素养体系。

我国核心素养的发展是在教育改革的浪潮下生成，当前教育体系深入改革。在20世纪90年代，我国政府及有关行政部门提出，将课程计划转为教学计划，逐渐转变以往传统的灌输式教学方式，制定了活动课程与学科课程的双重标准，不仅要注重对学生进行理论知识的传授，更要注重培养学生实践能力，加强提升学生自身能力及综合素养，在此时代背景下，核心素养被提出。早在1994年，我国便提出素质教育的理念，并对素质教育内涵进行延伸，并将素质教育作为核心，召开全国教育会议，并提出了发展目标。在2001年，基础教育课程便在中小城市进行改革试点，并成为教育改革的主要目标，并对目标课程从三个角度进行探讨，分别为内容框架、性质及教学评价。其内容为：国家以管理与评价课程的角度出发，去规定教材的编写范围、教学评估方式、考试命题原则等内容。对于国家而言，在不同的发展时期，需要充分考虑在不同城市、地区的教育现状，并且进行针对性的整改与实施。2002年，我国教育部颁布文件，提出"基础发展"的概念，指出教育要从学生的小的时候抓起，特别是小学及初中时期，必须充分落实学生的运动健康、学习能力、审美表现、合作意识、交流能力、道德品质、公民素养等方面的能力。2004年，我国提出"综合素质评价"的理念，指出核心素养的培养需要加强对学生进行核心及素养的培养。以上教育改革虽未直接以核心素养的角度出发，但是脉络始终围绕核心素养的体系与目标进行制定，并且，在未来很长时间内，都会对核心素养进行开发与探索提供相关的指导。

2015年，核心素养作为我国教育改革的主要内容，要求各阶段教学将"核心素养"作为基本，全面实现核心素养的教育目标，并不断深化教育改革。2016年，我国教育协会下发了有关核心素养发展的意见征集稿，全面向社会征集与学生自身综合素养提升的相关品格与能力，征集结果显示，主要内容为身心健康、学会学习、人文底蕴、社会责任、审美情趣、实践创新、国家认可、国际理解等。当下，课程改革已经实现良好发展，由实验阶段转为深入阶段。因此，核心素养是我国课程改革及教育改革发展形成，是我党教育方针的总体要求的细化，我国在针对学生教育事业中，将核心素养的培养作为主要任务。

我国拥有世界上最大的教育规模,然而尚未成为教育强国。在当前经济社会快速发展的背景下,回顾我国教育改革的历程,我们需要思考教育应该培养何种人才、培养学生何种素养以及如何促使学生更好地成长和在社会中发挥自身价值等问题。因此,教育工作者需要更加关注核心素养,以培养综合素质人才为根本问题。

核心素养的理论知识,核心内涵,"核心"一词在汉语词典中,意义为"中心",表现为事物的主要部分,也被指"事物最为要紧的部分,具有决定性作用"。所以,我们可以将其理解为:"核心"为事物最主要并且能够赖以生存及发展的一部分。"核心"一词最早产生在《英烈传》,之后毛泽东将核心用在"中国共产党为全中国人民的领导核心"中。因此,"核心"更为体现事物的重要程度。核心素养运用"核心"一词,会更加凸显事物的重要程度。

素养内涵,素养,便是指人素质的养成,英文将其翻译为"competency",通常可以被"skill""proficiency"等单词代替使用,即便使用意义不同,但是与之对应的领域,均涵盖核心素养的培养,包括心理学、教育学、人力资源等领域。

我国在很多情况下,可以将"素养"与"素质"进行转换,两者可以通用,从广义的角度去分析,两者呈现出共义。从狭义的角度去分析,主要指个体的外表形象、知识水平、能力、道德品质等。"素养"一词在汉语语境中,始终为人们称道的词,通常将其与"素质"共谈,通常被指个体出生在感官以及神经系统上的特质与本能。但是,"素养"的延伸极大超出了此含义,如技能素养、文化素养、艺术素养等。从教育角度出发,"素养"所呈现的层次及存在的价值会更高,相比较于"素质",会更加具有认同感,其原因在于"素养"注重于主观,"素质"则偏向于客观,并且包括很多先天性及非教育因素。素质教育活动中,"素质"与之对应的主体为教育,是应试教育环境下所提出的,主要指在其学生本能基础上,彻底打破空间与时间的界定,并且能够在后天实践中逐渐形成并长期发挥作用的、内在的品质、相对稳定的以及身心特征,相比较于时空作用更明显的"素质"而言,"素养"不仅是在知识、能力还是态度的表现上，都更胜一筹。

核心素养的内涵在两千多年前就被东西方教育家和哲人从道德品性、公民素养、德行修养等方面进行了探索，以研究人才培养的方法和模式。随着工业社会的出现，个人能力成为中心，研究人员进行了更深入的探索和思考，形成了许多理论。为了适应时代和社会发展的需求，过去只注重智力方面，强调个体的技能和能力的素养的概念已经不再适用。相比之下，"核心素养"的内涵更加全面，包括情感、价值观、态度等因素的融入。

"核心素养"的发展核心素养一词最早便出现在经合组织，在界定素养中，其定义被多领域进行覆盖，并且通过工具互动、自主互动、异质群体互动等，从而促进健全社会及成功生活的主要因素。欧盟有关研究机构提出，要将核心素养作为人终身学习的目标，并且将八项能力作为基础，包括使用技能、学习创新技能、生活职业技能等要素，并将其作为终身学习的核心素养，注重强调素养与学科之间的互动关系。美国在培养学生核心素养重，构建技术使用技能、学习创新技能、生活职业技能等相关学习成果要素将其形成拱形结构，并将学习环境、评价体系、教师素养、课程设置等作为核心素养的基本内容。在21世纪，技能成为教育的重要组成部分，重新构建了基础教育的相关体系。台湾地区和日本通过构建基础能力、实践能力和思维能力的核心素养模型，强调这三者之间相互依存和重叠，培养学生自主行动、社会参与和互动沟通的能力。台湾地区的教育研究更加注重学生在实际生活中的核心素养培养。我国的学者和教育机构非常重视学生核心素养的培养，并进行了不断的研究和探索。教育部门将核心素养作为教育改革的主要任务，并建立了专项课题研究讨论组。他们积极探索符合学生发展需求的教育方式，满足学生的实际发展需求，实现个性化发展，培养健全的学生人格，全面提升学生的素养和综合能力，确保学生在社会实践活动中发挥自身的价值，拥有正确的价值取向，从而实现学生的生命意义。

二、核心素养的特征

新时代下，各国在教育改革中积极研究核心素养，虽然存在不同的出发点和侧重点，但在内涵方面将形成共识。核心素养的基础将是社会交往能力和思维创造能力，同时对传统的技能进行延伸和拓展。其特征表现为：

（一）核心素养属于一种较为高级的关键素养

在信息时代环境下，核心素养被认为是一种新能力，它不是对应试教育的延伸，也不是对传统素质教育的重新定义。相反，核心素养是在已有的素质清单基础上进行选择，突出时代特色和人性能力。它建立在责任、人性和情感的基础上，表现为具有专家思维的能力。在外部表现上，核心素养体现为开拓性的决策、选择和组织能力。

（二）核心素养属于多维度概念，表现出综合性与整体性

核心素养无法简单地用一个单词来完全等同表示。每个概念措辞背后的意义需要通过新的角度进行逻辑构建和思考。核心素养包括实践技能、理论知识和情感价值等综合要素，并结合个人自身发展、自我实现、与异质群体的互动以及社会共同发展等内容，构建了其逻辑体系。这种综合体的构建使得核心素养成为一个更加复杂和全面的概念。

（三）核心素养为社会与个体协同发展的主要产物，能够反映出个人及社会的共同需要

核心素养的培养确实需要个体不断学习，并且能够与个人实际发展需求相匹配。然而，个体的发展无法有效地脱离社会大环境。核心素养的发展需要良好的氛围和社会环境的支持，同时也需要与社会发展的步调和需求相协调，以展现全球化和时代化的特征。各国对核心素养体系的研究构建体系都能体现前瞻性特点，并且能够最大程度地促进社会的良好发展。

三、核心素养体系

中国学生发展核心素养相关概述，经过不断研究和调查，《中国学生发展核心素养》正式发布。学生发展核心素养主要就是指学生为了可以顺应时

代的发展和自我发展，需要拥有较强的关键能颗粒和品格。核心素养主要包括态度、情感、价值、技能、知识等，其是学生社会发展和自我发展中必须具备的素养。学生发展核心素养是一个长期的过程，在家庭中、在学校中，不断地对自我进行完善。目前，我国把"全面发展的人"作为基础，帮助学生树立核心素养，主要分为三个层面：自主发展、社会参与、文化基础；六大素养：实践创新、人文底蕴、科学精神、责任担当、健康生活、学会学习，并且详细的划分为十八个基本点。一般情况下，这三大方面构建了核心素养的总体框架，充分体现出了马克思列宁主义有关社会性的基本观念，并且，核心素养和我国传统的治学理念相结合，有助于全面促进学生的发展。在调查中，人们对于上述的六大素养的关注度较高，世界上一些国家和地区，把此作为界定，对核心素养的研究成果进行甄别。六大素养不仅包括的学生为了顺应社会发展与自身发展所需的品格与能力，还体现出了最关键、最必要的核心要素。六大素养之间相互补充、相互促进，充分发挥出核心素养的优点。同时，为了可以满足实践方面的需求，对六大素养进行进一步的细化，划分为十八个基本要点。最后和总体框架进行结合，根据每个年龄段学生的个性特点，对变现要求进行详细的规划。

因此，中国学生发展核心素养可以被看作是一个具有方向性、理念性、价值型、落实性的框架。在我国贯彻立德树人的过程中，发展核心素养成为关键时机，我们根据国情深入探索育人模式。培养学生的核心素养需要充分结合我国传统文化，同时与时俱进、符合社会发展，将我国文化内涵与世界对接，共同努力。这一框架勾勒出了中国学生发展的期望和目标，并一直是我国大学教育所追求的目标。

第二节 大学生的身心特点与发展的基本规律

目前,我国高校学生大部分都是00后,其具开放、朝气蓬勃、自信、视野宽广的特点,是可信、可爱、可为的一代人。

一、大学生脱离了教师和家长的管束

随着学生身体、年龄的成长,其对事物的看法也会发生变化,认为自己已经是大人了,有较强的独立性与自主性。大学生希望可以和成年人之间平等相处,但是同时也容易对教师和家长的关心产生抗拒的心理,而且受到自信心和独立性增加的影响,使大学生更加抗拒和其他年龄阶段的人进行交流和相处,只和同龄人交流和相处。大学生处于青年阶段,其心理活动从幼稚变成熟,从依赖到独立,从被动到主动。在这一阶段,大学生的心理日渐成熟,个性心理特点得到了良好的发展,其心理结构与心理机制也得到了完善,并且其心理承受能力也在不断提升。曾有人指出,个体心理发展的关键就是信任感,如果没有形成强烈的信任感,就有可能会转变成信任危机,从客观来讲,信任感是学生拥有良好品质的基础。大学时期,是学生形成人际信任发展的主要阶段,在这一阶段中,学生的信任水平直接影响着其以后的生活和工作,尤其是合作精神和共处意识以及人际关系等。大学生需要在高校中度过三年至十年不等,这几年是人生中的重要阶段,学生还有形成完整的价值观和知识体系以及情感心理,因此,教师需要正确指引学生。

二、大学生身心发展的规律

大学生时期类似于小麦的灌浆期,如果缺乏水分和阳光满足成长需求,将严重影响整年的收成。大学生的身心发展备受关注。随着社会经济的发展,大多数大学生在生理上呈现早熟趋势。整体上,大学生身心发展呈现从简单

到复杂再到成熟的规律。

大学时期的学生具备独立性、自主性、学习能力、批判意识和解决问题的能力，但在面对复杂问题时可能缺乏实践经验和处理能力。大学生在我国的发展中占据重要地位，因此，家长、学校和社会都应高度重视大学生的身心发展规律，为其提供健康成长的良好环境。通过各方的努力，共同为大学生打造良好的发展环境，为他们未来的发展奠定坚实基础。

第三节　当代大学生素养现状

一、大学生核心素养实际情况

随着经济全球化的发展，各国、各民族、各地区之间的联系和文化交融日益增加。在这种环境下，人们受到西方自由主义思想的冲击，个人意识得到解放。当代大学生的自我认同感不断增强，更加关注情感需求、实际发展和职业发展。

当前，高校教育工作者应该注重培养大学生的专业知识和技能，并重视培养学生的合作意识。考虑到当代大学生普遍是独生子女，拥有独特的性格和强烈的个性，他们在集体生活中很难真正融入，更注重个人利益和需求。教育工作者在实践中可能无法有效掌握学生的实际情况，包括思想状况、情感态度、价值取向和行为规范等，而仅关注专业技能的培养，以满足学生在未来职业发展中的需求。然而，在当前社会背景下，社会需要的人才不仅仅具备专业知识和技能，还需要正确的思想观念、行为规范、价值取向和道德品质，以及综合素质。因此，高校教育者应不断创新教育方式，及时了解学生的实际情况，有针对性地开展教育，培养学生的综合素养和自身素质，以满足社会对大学生的基本要求。

在新时期，高校大学生热爱高校生活并关心国家大事，对热点问题表现出浓厚的兴趣。教师在课堂上提及与时事热点相关的问题时，大学生总能以强烈的好奇心参与讨论。他们清楚中国在国际事务中的角色，对时代的发展充满责任感和认同感。他们也明白自身的价值，希望通过个人努力为社会发展贡献力量。然而，无论是教育本身还是大学生个体，都倾向于重视时代的发展和专业技能学习，却忽视了道德观念的培养。现今大学生的道德认知是教育者必须思考的问题。

二、大学生核心素养培养必须加强的方面

需要进一步提升文化自信，文化自信为"四个自信"的基础，自信主要来源于对自身创造文化的践行与肯定。我国具有5000多年的历史，千年传承的文化，博大精深的民族传统文化可以让我们高度自信，并且认同及践行。以中华民族传统文化为根据，在革命斗争中积极践行中华革命文化，包括长征精神、井冈山精神等，无一不体现高度自信以及坚定的信念。社会主义先进文化便是高度自信所呈现出得革命文化在建设社会主义实践中的产物。即便大学生不具备浓厚的人文底蕴，但是大学生文化底蕴在逐渐转变，但以往传统的文化教育需要更加深入，使大学生熟悉、了解，并且能够认同文化。因此，当代大学生缺少一定的文化自信，对大学生开展问卷调查结果来看，即便有95%的高校已经开展传统文化课程，并且组织大学生进行传统文化讲座，但是满意传统文化教育的大学生仅占少数。当代大学生对我国传统文化了解的极少，没有充分了解传统文化，从而无法真正理解，就不会感受传统文化的博大精深，更不会领悟传统文化中的精髓。在很长时间内，传统文化在高校思想教育中无法有效践行，因此，大学生缺少文化自信是必然。

在培养大学生的理性思维方面，应从核心素养的角度出发。理性思维要求尊重事实、掌握科学方法和原理，崇尚真知，具备严谨的求知意识和实证意识，以及清晰的逻辑思维，运用科学的思维模式解决问题。这也符合马克思主义对理性思维的要求，要坚持历史唯物主义和辩证唯物主义的方法论和世界观，以全面认识世界、改造世界，实现明辨是非的目标。马克思主义的产生源于马克思对现实的质疑和不断的探究，通过与费尔巴哈、黑格尔等哲学家的大论战，批判形成了马克思主义。对当代大学生而言，这个阶段是形成价值观、人生观和世界观的重要时期，对他们具有重要意义。

随着改革的深化和市场水平的提升，社会中的利益关系变得多样化，不同层次的问题和矛盾不断出现。在这种环境下，出现了许多思潮和热点事件，涉及的领域非常广泛。不同思潮之间发生碰撞，并利用互联网技术进行传播，对社会产生了重大影响。特别是西方不良文化对当代大学生的精神追求、理想信念和个人价值观的形成产生了严重影响。

提升自主学习能力是重要的，关键在于培养乐学善学的态度。学生需要不断反思，具备信息意识，并培养终身学习的能力和意识。在马克思主义理论下，对大学生思想教育提出了更高的要求，要求他们具备终身教育意识，以培养他们的终身学习能力，这也是核心素养的关注点。

终身学习的核心是培养个人的学习能力，而培养学习能力主要在于培养学生的学习兴趣。然而，当代大学生普遍存在一定的厌学情绪，缺乏主动学习的动力，并缺乏终身学习的意识，这对于提升学生的自主学习能力是不利的。其中一个主要原因是传统的应试教育模式下，教育者通常采用灌输式的教学方式，学生处于被迫学习的状态，导致许多大学生对学习失去了兴趣，限制了他们的学习潜力，甚至产生了逆反心理。一旦逆反心理形成，很难改变学生的心态。因此，在高校开展终身学习教育时，需要寻找有效的方法来激发学生的学习动力，培养他们的自主学习能力。

大学生的心理健康需求是非常重要的，因为健康的身心是学生成长成才的基本前提。从身体机能角度来看，大学生通常是健康的，因为他们年轻且精力旺盛。然而，从心理健康的角度来看，大学生存在一些问题。大学生正处于思想活跃的阶段，他们具有较大的可塑性，但也面临着较大的变化性。特别是当代大学生常常表现出逆反心理，并且承受着学习压力、情感问题、就业竞争等多种因素的影响，这些综合因素导致了大学生心理健康问题的存在。此外，深化大学生的国际理解意识也是重要的。当前，社会经济快速发展，在实现中华民族复兴的过程中，大学生的国家认同感和社会责任感不断提升，但还需要进一步加深对国际理解的认识。高校在进行思想教育时，必须正确引导大学生提升全球意识，并保持开放的心态，使他们能够了解人类文明的进程，审视当前人类面临的挑战，关注世界各国的发展动态。这样可以帮助大学生更好地认识和理解世界，为未来的发展做好准备。

加强拓展实践育人是重要的，因为实践创新的关键在于实践。在高校思想教育中，注重实践是必要的。社会主义核心价值观需要融入实践中，这样才能内化于心，并得到有效体现。近年来，我国高校积极推行理论实践教学，社会普遍重视社会实践育人，各大高校积极组织实践活动，以企业商场、社区村居、开发园区等场所为基础，并积极建设多类型的实践基地，不断创新实践形式，丰富实践内容，取得了良好成果。然而，在这样的环境下，也存在一些问题。过于强调实践活动的多样性，但却缺乏深入性。一方面受传统意识和习惯思维的影响，高校在思想教育中注重课堂教学形式，而忽视了课外实践的方式，这在一定程度上导致学习和实践脱节，无法充分发挥理论实践的作用，也影响了将实践转化为理论的效果。更严重的是，一些高校师生并没有真正意识到实践的价值，无法实现创新和丰富的育人目标。

第四节 大学生核心素养体系包含的内容

大学生核心素养体系构建需严格遵守大学生发展规律与自身特点的原则，基于大学生全面发展为主进行培养，能够细化为六大素养，其中包含专业素养、自主学习、责任担当、人文底蕴、实践能力、健康生活。

一、专业素养

科学的知识体系在新时代背景下对高等教育水平和人才培养质量具有重要影响。当前经济时代的快速发展需要知识的推动，为了培养优质人才，我们首先需要培养十字型和 T 型人才，因为他们的知识体系不仅是理论知识的基础，还构成了多学科和跨学科的知识体系。

与工业时代的专门人才相比，这种专业人才具有显著的区别。这些人才需要全面掌握各个专业领域的知识，不仅要深入研究自己的领域，还需要根据具体情况运用所学知识来解决实际问题。这种专业知识体系可以说是大学生知识体系的核心。如果把大楼建设作为一个比喻，这部分知识就像是大楼的地基。如果没有进步和发展，就无法构建一个完整的大楼。因此，专业学科的知识体系是否完善也成为评估大学生专业知识扎实程度的主要指标。而这种专业学科知识对大学生未来的职业发展具有不可或缺的作用，就像是房屋建设中的主要材料，是至关重要的。

基础内容在专业课程教育中是培养专业人才的核心组成部分。每个专业的学生都需要具备扎实的专业知识。基础内容包括学生必须掌握的基础理论和技能等。在这个前提下，逐渐增加专业知识的难度和深度，以帮助学生全面发展。此外，基础内容还涵盖了学生所学专业的其他学科知识。

基础知识的具体性质有三种。首先，要让学生全面理解知识的含义和应用原则等；其次，要不断创新知识点，拓宽学生的知识面，增强其专业性；最后，通过加强学生的思维方式来调整知识体系，使学生能够将所学知识应用于实际。由于课时有限，许多课程内容繁杂，导致教师在具体教学中可能会有所遗漏。这可能导致学生在工作中因为没有学习相关知识而无法有效地解决实际问题。

二、科学精神和文化底蕴

对于大学生来讲，科学精神培养十分重要。提升了科学精神，才会树立正确的价值观，当然，这些皆需知识文化积淀才能构成。科学精神加强了人民对事物与生活的认识，切实提升了人类分析自然的成果。

在新时期背景下，人们只有具备较强的科学精神，才能有效发挥自身效用去改变这个世界，在未来社会发展中更加需要人们具体科学精神，以及较强的专业知识才会为现代化社会发展贡献更多力量。人类的思想追求事实上是物质与精神追求的综合体，而大学生若想成为现代社会中的精英，欠缺科学精神是万万不行的。基于此能够看出，科学精神不管是对个人发展，还是对社会发展，皆有举足轻重的作用。

人文底蕴，传统文化基础，中国传统文化继承着五千年悠久历史，通过不断传播和弘扬一直流传至今，这种传统形式的文化是通过多年自然、社会、经济中长期不断形成的。传统历史在现实生活中表现得更现实和自然，而在这种传统文化作用下，教育教学也受到了相应的影响，而现在流行的高等教育也在不同程度上受到了文化的影响。传统文化值得我们继续学习和发扬，能够从中源源不断的获取文化知识，是大学生应该学习和传承的宝贵财富。目前，我国教育部门对文化教育制定了相关文件，明确规定要在教育教学中，增强学生学习积极性和主动性，积极探索学生能力，培养学生创新思维和想象力。从中不断体现中华优秀传统文化内涵和精深，帮助学生树立良好文化价值观。作为新中国发展过程中的大学生，对传统文化知识的掌握和学习，会不断影响传统文化在中国发扬和传承效果，因此，大学生在教学中要积极主动地进行文化精神和内涵的传承，参与到文化建设中去，积极踊跃传承中华文化，以此不断提升中华文化对大学生影响作用和效果。

我国以往教育内比较重点和突出的内容为道德教育。从夏商开始直到清末，道德教育一直都是我国传统教育的中心。从现代教育理念的方面审视大学生发展关，我国传统道德教育中心依旧具有较大的现实意义和价值。为此，不管是从传统文化弘扬的角度，还是从推动学生全面发展的层面看。道德教育内的要求与内容，都需要包括在大学生核心素养体系中，这是保证大学生日后良好发展的有利条件。

审美意识，从某种程度上来讲，审美意识可以被视为一种测试人类心理结构的形式，它在人类脑海中形成一种情境。在青年阶段，我们的思想意识基本形成并具有稳定的优势。然而，在大学阶段，培养和提高审美意识也是非常重要的。审美情趣是人们进行审美活动时的心理因素之一，也是一种审美倾向。在当今信息化快速发展的时代背景下，不同人对审美意识的发展趋势有所不同，因此审美意识也是时代发展的体现。此外，审美情趣既代表着审美意识的形成程度，也可以体现个人的人生观和价值观。

文明习惯，培养良好的文明习惯有助于学生塑造健全的人格。通过培养学生养成良好的习惯，并使其内化为内心的自觉行为，这是大学生文明素养的主要表现，也是整体素养的重要方面。学校的责任是培养现代社会所需的高质量人才，只有行为端正、品德优良的大学生才能满足社会的需求。特别是在竞争激烈的人才市场中，良好的品德素养直接影响着学生未来的职业发展。因此，学校不仅要提升学生的专业素养和能力，还要加强培养他们的文明习惯，使大学生成为现代社会所需的人才，为我国的持续稳定发展和提高核心竞争力做出贡献。

三、形成终身学习的意识

21世纪被称为教育世纪，也是终身学习的时代。终身学习指的是一个人从出生到死亡的学习过程。终身学习与人们的生活密切相关，涉及个人专业发展和工作技能的掌握。研究表明，具有终身学习意识的人思维一直处于活跃状态，较不容易患上老年痴呆症。学习这个词在词典中是最重要也是最容易被误解的词之一。学习不仅仅是知识传授或培训，从教育的角度来看，学习涵盖了广泛的教育领域。

高等教育需要明确教育理念，并将引导大学生形成终身学习意识作为主要目标。大学生只有持续学习才能实现更好的个人发展，因此大学阶段是引导学生树立终身学习意识的关键时期。马克思列宁主义应被视为思想指导，并结合时代发展，树立正确的价值观、人生观和世界观。同时，还需注重发展学生的智力，使他们拥有充沛的精力和健康的身体，为终身学习奠定坚实基础，并提供身体支持。

职业生涯规划起源于20世纪90年代的美国，我国在同一时期引入并开始研究这一概念。学校通过提供全面的学业规划教育和指导，旨在帮助学生理清学习思路，明确学习的目标、内容和方法。这有助于增强学生的学业规划意识，有效制定和执行学业规划，激发他们对学习的主动性，促使他们积极主动地参与教育活动，提升整体素养和学习能力。通过实践，实现学生从要我学到我要学的过渡，推动大学生良好发展。

提高规则与法律意识。大学生的基本素养应要具备规则意识与法律意识。大学生规则意识为大学生针对规则有正确的认知，并且可以主动且愿意遵守规则。法律意识则为心理体验，全面融合了当代大学生对法律的信仰、评价及看法等方面。

当代大学生想成为合格的社会公民，首要任务是尊重、认同并自觉遵守相关法律法规，这有助于培养全面的人才。为推进中国梦，大学生需要充分发挥自身的价值，成为社会中坚力量的象征，同时提升法治文化意识。在当前快速发展的社会主义社会和法治文化环境下，高校应全面培养大学生的规则意识和法律意识。通过教育，大学生将拥有较高的法律素养，形成良好的行为规范、规则意识和道德品质，为未来社会发展做出贡献。

注重大学生的主体性意识情况，重构大学生主体性地位，全面发挥大学生主体作用。在应试教育制度下，通常会缺失人文精神教育。以高校当前的实际情况而言，随着大学生年龄、社会阅历及文化水平的不断增加，大部分学生都已经拥有生命价值感知以及积极的个人意识，但是会存在一定的主体性意识，没有明确自我认知，缺少一定的自信。所以，高校在实际教育活动开展中，要充分突出大学生的主体地位，教育者有效引导个体自觉挖掘自我观念，重塑对自身的认知，具有重要的意义。高校要将与社会发展相统一的价值取向作为基础，高校作为培养人才的主要阵地，作为教育主体，应不断健全学生人格，丰富大学生精神世界，并挖掘自身潜能，认同自我价值，实现大学生自身的完整成长，使其规划自己日后的发展道路，实现生命价值，为社会发展做出贡献。因此，无论是高校还是教育工作者，在实际教育活动中，要充分突出大学生的主体性，对大学生进行个性化教育，全面掌握大学生的实际情况，从而保证高校教育的时效性。

社会责任，西塞罗认为，正因为对其高度重视，才可能形成高尚的生活，而如果疏忽责任，一定会带来生活的耻辱。在社会生活中，每个个体承担一定的社会责任，其中最主要的便是对社会所承担的责任。对于一个合格的劳动者而言，社会责任感是必须具备的素质。新时代下，高校在开展教育工作中，必须注重大学生的社会责任意识，提升社会责任感，从而有效感召大学生民族精神、时代精神，奋发图强，并且能够以国家形成展现，不断强化大学生忧患意识。

当代大学生肩负着弘扬时代和民族精神的社会责任，这是实现他们个人人生价值的必然要求。在新时代，为了充分实现大学生的人生价值，需要关注他们的诚信、能力和意识等方面。高校在教育实践中必须树立大学生强烈的社会责任感，以维护个人诚信为基础，使大学生言行一致、言必行、行必果，以兑现他们对他人的承诺。培养当代大学生的社会责任感是高校思想教育改革创新的重要方向，同时也需要充分体现高校的社会价值。

四、核心素养应该具备的能力

自主探究能力主要指引导学生树立自主学习意识，并通过正确的方法引导学生独立思考和解决问题，从而提升他们的问题解决和创造能力。这种能力培养需要学校提供适当的教学环境和指导，激发学生的学习兴趣和动力，培养他们主动探索和掌握知识的能力。通过自主探究，大学生可以深入理解所学知识，培养批判性思维和创新思维，提高解决实际问题的能力。

在学习过程中，大学生需要具备自主探究的热情。无论是在课前还是在课后，教师都需要指引学生进行自主探究。为了可以有效提升大学生的自主探究能力，在新课程标准中，要求教师转变教学模式，不能过于注重知识的传授，还需要注重激起学生的兴趣和热情，使其可以积极主动地去获得新的技能和知识，树立正确的三观。自主探究学习主要是强调自主两个字，因为想要有效提升学生的自主意识，就需要教师对教学内容进行不断丰富，对教学环境进行创新，提升其对学生的吸引力，从而使学生积极主动的进行学习。

改善学习方式，目前，社会处于知识经济时代，大学生的学习观念、角色、内容都发生了转变，所以需要更加科学的方式进行学习。对于大学生来讲，需要转变自身的学习模式，来提升自身的学习质量和效率，从而完成学习目标。学习方式主要就是指可以提升学习质量的学习活动与步骤。学生在进入大学以后，将会面临一个较大的问题，及时如何把高中学习转向大学学习的轨迹，使自身的学习方式可以满足高等教育职业化和专业化的特点。

改善大学生学习方式需要坚持以下四个原则。首先，需要坚持综合性原则。改善大学生学习方式是一个整合与甄别的过程。在这个过程中，需要坚持综合性的原则，注重合理分析，做到取长补短。不仅需要对以往的经验进行总结，把一些不合理的成分进行变革，还需要博采众长，针对一些外来的先进的学习方式进行借鉴。其次，需要坚持迁移性原则。大学时期，学生需要学习的内容和学习时间和高中阶段相比，具有较强的迁移性。在学习内容上，有专业基础课和公开课转向了专业课，由知识性的课程转向了实践性的课程，更加突出专业化；在学习时间上，大学生的学习时间更加自由；在学习心理上，因为学生初入大学生校园，在学习上会产生不适应、不熟悉的心理，随着大学生在大学里待得越久，在学习上会变得驾轻就熟。再次，需要坚持个性化原则。每个大学生的学习内容和目标都大同小异，但是每个大学生的学习心理和目的存在显著的差异，因此，改善学生的学习的方式，需要结合每个学生的个性特点，通过有针对性的措施来进行改善。最后，需要坚持前瞻性原则。随着我国社会经济的不断发展，信息技术的不断进步，大学生的学习不仅需要在学校里进行，还需要进行课外学习和校外学习。在知识经济时代背景下，受到终身学习的思想理念，学生需要学会学习。因此，大学生需要转变自身的思维模式，结合社会的实际特点。大学生需要熟练掌握学习方式的发展规律。

在21世纪，全球竞争激烈，我国需要大量的创新型人才。为了使学生能够在实际工作中有效运用所学知识，培养他们的国际视角显得尤为重要。国际视角指的是站在世界的角度研究国际社会、进行科学评价、认清事实，并保持正确的态度。简而言之，随着经济全球化的发展，对人才在知识、能力和素养等方面的综合需求也在增加。

大学生作为国家未来发展的主力军，是我国持续稳定发展的基石。为顺应全球化发展，我国需要加强大学生的国际视角，提高教育力度，切实提升他们的国际意识。这样才能使我国繁荣富强。大学生肩负着责任和历史使命。一方面，我国吸引了大量外资，另一方面，我国对外投资也在增加，这对培养国际应用创新型人才提出了新的挑战。特别是专业人才和国际化人才已成为新时代的宠儿。为了适应社会发展需求，当代大学生需要充分发挥自身作用，做好人才培养工作，加强他们的国际视角，确保他们能够在学习和工作中实现学以致用，树立正确的价值观、人生观和世界观，走向世界，掌握世界，在国际舞台上不断发展。

提高大学生团队合作意识，杰克·韦尔奇十分注重团队合作，曾指出，只要给我团队，便可以开创更为辉煌的企业。经合组织曾发出一个来自世界经验的报告，其中内容便指出，团队是当代大学生一定要具备的技能，该技能比信息技术能力更为重要。

当下，知识经济不断发展，社会需求所呈现出多样性，有大部分企业在设计招聘考核内容中，均强调团队合作的重要性。团队合作是当前大学生所具备的重要能力之一，有利于大学生实现快速就业、再就业，并可以在经济市场中得到良好发展。因此，高校在对大学生开展教育工作中，主要从精神本领、合作意识、服务精神等层面进行探究，全面对大学生的团队合作意识进行培养，使大学生具备大局思想，从而有利于大学生离校后能够符合社会的发展需求，适当社会的发展。大学生具备团队精神，在实际工作中共同合作，共同解决问题，并全面发挥自身的协调能力，不断提升团队应变能力及创新能力。

目前，在中国的教育中，重视培养大学生的问题解决能力。这包括思维层面和实践操作层面，致力于培养大学生的问题解决能力。培养当代大学生的问题解决能力是引导其全面发展的主要内容，也是提高其素质和扩展能力的重要内容。研究表明，高校注重教育中的压力管理培训，提升学生的问题解决能力，可以在很大程度上减少学生产生的压力，预防抑郁，提高应对能力，并加强应对指向性问题的能力。在快速发展的市场经济环境中，社会对大学生提出了更高的要求，必须使大学生真正融入中国梦，发挥其全部价值，不断发现自我，并提升解决问题的能力。只有这样，才能符合时代的发展，为社会发展提供力量，实现个人理想，并发挥实际价值。

近年来，我国重视提升大学生的实践能力，特别注重创新创业领域。国家级大学生创新创业计划的实施反映了社会和国家对大学生自主创新创业的重视。创新创业包括创新和创业两个方面，即以创新为基础展开相关创业活动。创新需要大学生具备开拓性和原创性，而创业则体现为实践行动。创新是创业的基础前提，而创业则是创新精神的延伸。对当代大学生来说，培养创新创业精神对其自身的发展和成长至关重要。大学生可以选择自主创业，这在很大程度上缓解了就业问题。注重培养大学生的创新创业精神，使其具备创新能力和勇于挑战的精神。当代大学生具备扎实的知识结构和良好的逻辑思维能力，并不断强化自主性和创造性。在当代大学生群体中，创新创业氛围浓厚。然而，需要注意的是，创新创业的道路充满艰辛。大学生需要具备艰苦奋斗和自立自强的意志，以便有效地进行创新创业。

当代大学生的社会参与是指他们对社会、文化和国家政治的态度，并通过实际参与行为来展现。社会参与包括经济参与、政治参与、文化参与和自我参与四个方面。通过实际参与，大学生可以扩展他们的社交圈子，将自身的理论知识与实践相结合，全面提升综合素养。

在这样的环境下，大学生需要明确个体与社会的关系，形成正确的价值观。他们可以运用辩证思维去思考历史唯物主义，认识到个体与社会的相互作用。个体是社会的产物，离开社会就无法独立存在。个体想要拥有自由，就必须推动社会的发展。因此，高校在教育工作中应培养大学生正确的价值观和价值取向，将集体奉献作为基本原则，实现自身的人生价值。

大学生也应不断提升技能水平和参与意识，审时度势，抓住机会，积极参与实践活动。他们应勇敢地走出校园，深入社会，了解国情，培养奉献意识，锻炼坚强的意志，培养良好的道德品格。通过这样的努力，大学生可以有效地参与社会，为社会做出贡献，实现自身的人生目标。

培养大学生个性化发展，高校在开展教育工作中，需要注重对大学生进行个性化培养，正确引导大学生要有清晰意识，自觉承担主体责任。并在此过程中，能够掌握科学的自我发展方法以及自我管理方式，充分挖掘大学生内在潜能，从而实现个人的良好发展。

五、身心健康

人类生存中最为重要的内容就是健康，其对于人类的发展和社会的变革以及文化更新有着重要的影响。马克思认为，个体的需求是行为的基础，人类需要具有精神层面和物质层面的追求，只有这样才会把追求转变成积极的行动。

健康的生活对大学生来说是基本保证，其中适量的运动是维持健康的重要方面之一。大学时期是学生成长和发展的关键阶段，因此保持身体健康至关重要。在大学生进行学习之前，他们首先需要确保身体的健康。只有拥有健康的身体，才能进行更深入的学习。因此，大学生需要加强身体锻炼。如果大学生的身体不健康，将直接影响他们在校期间的生活和学习，甚至对未来的发展也会产生重要影响。因此，高校需要引导学生养成锻炼的习惯，树立健康教育意识，确保身体得到健康发展。只有拥有健康的身体、足够的精力和体力，才能更好地面对学业，通过积极向上的心态应对未来的挑战和困难。此外，学校还需关注学生的心理健康，建立合理的心理机制，提升他们的心理抗压能力。

心理健康是一种持续的心理状态，其中个体具有适应能力和生命力，能够充分发挥自身潜力，展现积极的心理状态。心理健康涉及个体对自己的世界观、意识、行为和认知等心理活动的协调，以及与社会环境和内外部因素的平衡。在大学生中，这个阶段的学生通常处于18~25岁的青年期，具有独特的优点和特点。然而，在当今竞争激烈的社会中，受到不良信息的影响，大学生心理疾病的发生率明显增加。常见的心理问题包括各种神经症、人际关系问题和恋爱问题。

大学生作为我国未来的主要生产力和社会发展的建设者，具备丰富的文化知识、科学知识和先进技术。因此，解决大学生的心理障碍和困扰对于他们的身心健康发展至关重要。同时，这也有助于构建和谐社会，并对党的执政能力的建设具有重要意义。从战略的角度来看，大学生心理健康的教育直接影响着我国的发展和未来。

责任担当，国家认同，列文森在撰写的《梁启超与中国近代思想》时，便提出了这一概念。在70年代，国家认同便引入政治学领域。国家认同主要指明确自身属于何种国家，并清楚国家属性的心理活动。国家认同充分体现个体对于传统文化、道德规范、价值观念、国家主权的认同，呈现强大的民族凝聚力，对于国家发展及生存而言，具有一定的纽带作用，国家认同一旦形成，便具有传承性与稳定性。

大学生作为国家最优秀和珍贵的人才资源，在当前的经济社会发展中扮演着至关重要的角色。因此，国家的发展方向与当代大学生的国家认同息息相关。对于一个民族或国家来说，国家认同是指对集体的认同和对政治方向的认同，它是大学生精神层面的主要动力之一。

第十章　培养大学生核心素养的有效策略

第一节　核心素养体系建设的理论基础

国际空间和格局的改变对时代发展提出了更高的要求,各国和地区都在核心素养培养方面展示了适应时代发展的共同理念。在建设框架时,必须将其融入民族传统文化,并兼顾其他地区的文化,以历史的土壤为基础,在其中扎根发芽,迸发出全新的活力。中国文化博大精深、源远流长,在漫长的历史沉淀中形成了独特的文化底蕴和内涵。经过一代又一代人的努力奋斗,中华文化逐渐成熟,并融入中华民族的血脉中。

一、提倡心怀天下奉献社会理念

基于社会主义核心价值观的衍生,核心素养将其精华提炼出来,变成了人们思维引领者、精神的指导者,能够有效帮助学生树立健康的价值观、人生观、价值观。

我国传统文化当中,儒家文化作为重点,其本质属于人学,全部都是关于人的问题,目的就是解决人的价值是什么、怎样和他人相处,实现自我等问题。儒家文化的创始人,孔子被称为万世师表,其把教育引进民间,让教育得以普及。他提出了仁的理念,人为仁者爱人,经过几千年的发展逐渐变成了我国传统文化的主要构成内容之一。在我国传统文化中,仁学思想理念也是人们衡量美的标准,比如,杀身成仁、仁要爱人,其中包含关爱保护自己和别人,由爱人慢慢演变成爱护大自然中的全部事物,反映了博大的胸襟以及较高的责任意识。而仁民爱物可以说是儒家思想当中的核心，凸显了崇高的价值追求和大爱情怀。直到今日，我国台湾和新加坡等地依然提倡仁民爱物精神，将其当作社会道德建设和人才培养的准则。当前人民爱物挂念也是培养社会主义核心价值观，强调友爱精神的核心文化基础。

传统文化中的仁民爱物内涵包括物我和谐、社会责任感等重要的价值观念，这些价值观的追求在学生的道德修养中至关重要。倡导仁民爱物的精神可以让学生像爱自己一样去爱别人，培养他们怀有大爱和奉献精神。通过了解自己在社会乃至宇宙中的位置和所应承担的责任，激发学生拼搏的使命感和无私奉献的社会责任感，最终成为心胸宽广、宽容友善的人。这样的教育使学生能够处理好与他人、社会以及自然界的关系。因此，将仁民爱物作为学生道德修养的重要内容，并将其融入大学生核心素养体系中，是必要的。

二、培养学生家国情怀

孝亲爱国的理念强调亲情和孝顺，并且在仁思想之后得到突出的发展，对于塑造学生的精神底蕴和文化方面做出了重要贡献，成为被广泛认可的道德范畴。

孝的本义是对父母和长辈的尊敬和孝顺。古人将孝的精神与宗法制社会紧密联系在一起，认为孝顺能够促进社会和家庭的和谐。因此，孝代表着民族情怀，也是家庭和谐传承的根本保证，在我国乃至全世界都发挥着重要作用。例如，日本和韩国等国家将孝视为崇高的品德，孝子产业也被广泛用于国家形象的推广宣传，形成了文化传统。韩国通过孝子产业的推广，将儒家文化不知不觉地融入民族的血脉中，同时通过出口获得经济利益。我们应该借鉴这些成功经验，培养孝亲爱国的精神，激发学生对家庭和国家的热爱。通过培养学生尊敬父母、尊重长辈、感恩和热爱家国等道德思想，激发学生产生感恩之心，让学生意识到家乡和祖国对于自己的培养之恩，让学生拥有乡土和民族情怀，不断增强学生的国家认同感和民族自豪感。在构建大学生核心素养体系的过程中，必须突出孝亲爱国的内容，特别是考虑到我国老龄化问题日益加重，更应注重孝的精神。

三、提倡分辨是非、见利思义和见义勇为

在中国传统文化中，见义勇为扮演着核心的价值观角色。然而，这里的义并不是固守不变的陈旧理念。孔子将义视为核心的伦理范畴，并对其进行了进一步的延伸和拓展，提出了见利思义等概念，倡导人应坚持义的原则，不拿不属于自己的东西，不做不应该做的事情。义也可以理解为应该或合适的意思。

在中国传统文化中，义被视为修身养性的准则，认为每个人都应追求义，并将其作为价值评判的模式，与利相对立。传统文化坚决反对追求名利和忘记义的行为。通过不断提升精神和法律层面，将义视为实现人生理想和社会和谐的代表，对传统社会产生了深远的影响。在义的推动下，涌现出见义勇为等人物，为弘扬伦理道德和社会和谐做出了一定贡献。这种精神传统有助于培养社会主义核心价值观，形成正确的价值观念，尤其在市场经济快速发展的背景下，义与利的区别更加凸显。在以市场经济体制为主导的社会中，传统精神仍然发挥着指导作用，可以防止见利忘义的行为。

加强对学生个人品格修养的培养，形成重视义轻利的精神观念。高校应培养学生的羞耻心，使他们早日认识到以损人利己的思维和行为是不光彩的，并持续提升学生对重视义轻利的道德观念，使他们能够不被利益所驱使和诱惑，明确是非，坚持正义和见义勇为等良好的道德品质，主动遵守和维护社会公序良俗。强调诚信精神，让学生经常自我反省，不断提升自律意识，使学生能够学会自我管理，保持诚实守信的行为，以确保每个学生在人际交往和社会中都能健康运作。

四、诚实守信严于律己

在儒家思想中，诚信和自律也占据重要地位。儒家追求诚实守信，强调严于律己。孔子认为，仁在于信，只有具备信的品德，才能在天下为仁。儒家强调主张诚心诚意，反对欺诈行为，并将诚信视为治民、用人和交友等基

本原则之一。诚实和守信之间存在紧密的联系，诚实是遵守信用的前提条件和精神支柱，而遵守信用也是诚实的哲学价值。诚信被视为天道的引导，也是万物生存发展的基础。诚信凸显的是诚实、不欺骗和讲信用的精神，通过持续的自我反省和实践道德修养来真正体现。

诚信在传统社会中是维系人际关系和社会和谐的重要前提。随着社会经济的快速发展和诱惑的增多，诚信精神变得愈发珍贵。社会主义核心价值观的提出强调培养诚信价值观的重要性。传统文化对诚信价值取向的重视，特别是将诚信视为自我反省和严于律己的道德修养途径，对于培养和发展社会主义诚信价值观具有积极的参考价值。在东亚等国家，传统文化中的诚信精神一直被视为道德建设和理论构建的核心内容。诚信也是自律的重要支撑，包括遵守诚实不欺骗、坦荡、自尊自律等内涵。因此，在核心素养体系中融入诚信和自律的理念是必要的。

五、遵纪守法文明举止

在中国，礼仪被视为文化和文明的重要组成部分，因此被称为礼仪之邦。在几千年前，礼仪是国家组织活动和规范人们行为的主要准则。孔子将原始的传统文化融入儒家思想，并进一步扩展了仁的概念，使仁与礼完美结合。

在社会管理者的眼中，礼仪是一种道德准则，用以限制人们的行为并确保社会的顺利运行。对于公民而言，礼仪代表了一种品质，是一种和谐与礼让的精神。儒家思想通过倡导仁的理念，告诉人们应该学会以仁爱待人、实践于行动，将外在的规范与内心的品质融为一体，塑造具备卓越道德素质的人才。高校应该重视传统文化的传承，激发学生的道德意识，大力弘扬社会主义核心价值观，同时积累核心价值观的精神资源。加强礼仪培训，让学生遵守文明规范。组织生活礼仪培训，让学生能够亲身感受到礼仪所包含的尊重和和谐的精神。通过礼仪规范行为，培养文明行为和举止的君子品质，提升学生的综合素养，确保他们能够更好地融入社会，与他人和社会和谐相处。因此，在大学生核心素养的构建过程中，必须融入尊重、敬谦和礼仪的理念。

第二节 社会主义核心价值观

文化立国，一个国家想要发展，必须拥有文化作为支撑，我国社会主义核心价值观实际上就是我国经过几千年发展经久不衰的传统文化，也是社会和谐稳定的利器。

一、核心价值观

核心价值观简单来说就是某一社会群体判断社会事务时依据的是非标准，遵循的行为准则。核心价值观（core values）是指企业必须拥有的终极信念，是企业哲学中起主导性作用的重要组成部分，它是解决企业在发展中如何处理内外矛盾的一系列准则，如企业对市场、对客户、对员工等的看法或态度，它影响与表明企业如何生存的立场；核心价值观是企业相对性的自身绝对性，所以它又是不可改变性与不可发展性的。"一个企业本质的和持久的一整套"原则。它既不能被混淆于特定企业文化或经营实务，也不可以向企业的财务收益和短期目标妥协。

独立学者、作家、著名文艺评论家殷谦说："人要有核心价值观，也就是肯定价值，这种肯定价值就是勇于自我牺牲和无私的爱，就是对完善和真理的爱，对天地自然和生命中一切神圣事物的爱。"（殷谦著，《心灵真经》，黄山书社）

价值观在企业内部具有深厚的根基，它们是指导企业一切经营活动的指导性原则，没有时间限制。实际上，它们的重要性甚至超越了企业的战略目标。企业的目标是为了实现特定任务而设定的具体目标，而不是企业的价值观、企业的使命和经营目的，它们是企业生存的最基本原因。同样，企业的前景指的是对未来设想的描绘。这些概念在成功的企业中都有其位置。然而，价值观是所有企业目标的先驱，是一切企业目标努力的基础。詹姆斯·C·科林斯和杰瑞·波拉斯在其广受好评的《基业长青》一书中写道："能长久享受成功的公司一定拥有能够不断地适应世界变化的核心价值观和经营实务。"

这一点是包括惠普、强生、宝洁、默克制药和索尼等公司成功的关键因素。科林斯和波拉斯提出了一个能够解决围绕着企业价值观问题种种困扰的概念化框架。他们在这个商业模型中，将对价值观的解释分为两部分，即核心意识形态和预想的未来。核心意识形态，也就是他们所说的"阴"，代表企业立足的根本和存在的原因。"阴"是不可改变的，也可以与"阳"——企业未来预想，进行互补。企业对未来的预测指企业愿望中对未来发展方向的设想及为实现这一设想而需进行的巨大转变。

核心意识形态使企业纵然历经时代的变迁也能够保持其完整性，任何改变企业未来的尝试都应该遵循企业的核心意识形态要求。核心意识形态包括两部分内容。

（1）核心价值观，即一整套企业经营指导规律和原则；

（2）核心目标，即企业存在的最基本原因。

核心价值观是企业本质和永恒的原则。作为企业经营的一套永恒的指导原则，核心价值观不需要获得外部的认证；它们对企业内部的员工具有内在的重要价值。

文化可以将民心凝聚在一起，而这种文化在我国就是社会主义核心价值观，其是我国数亿公民价值观以及分辨是非的准则。社会主义核心价值观是在十六届六中全会明确的详细内容，并且指出要将马克思主义理论当作指导，坚持贯彻落实核心主义共同理想，将爱国主义当作核心民族精神和不断创新的时代精神，而在十八次代表大会中，围绕国家和社会以及人民这三个主体也提出了具体的政策方针。

二、大学生核心素养中融入社会主义核心价值观

大学生核心素养和建设社会主义核心价值观确实有着密切的联系，并且是构建和谐社会的根本要求。当前我国正处于产业转型和信息化、工业化融合的关键阶段，在这个过程中，核心素养作为精神层面的支撑至关重要。随着西方文化的涌入，各种价值观不可避免地对大学生群体产生了影响，对于

构建和谐稳定的社会和健康的思想造成了不利影响。从培养人才的角度来看，大学生的价值观对于实现社会主义和谐社会的目标起到决定性作用。大学生应将社会主义核心价值观作为精神层面的引导方向，不断丰富自身的理论基础，并主动参与社会实践活动，不断提升自身的整体素养和各项能力。在社会中，大学生必须积极践行核心价值观，并严格要求自己，以核心素养标准来规范自己的行为。他们应牢记中华民族伟大复兴的梦想，并通过自身的努力成为高素质的人才，实现个人的价值，并为社会做出贡献。

社会主义核心价值观是国家综合软实力的重要组成部分，也是中国特色社会主义建设的根本要求。在大学生的核心素养体系中深入探索和融入社会主义核心价值观，是我们时代赋予的神圣使命。通过引导大学生构建正确而科学的核心素养体系，我们可以营造校园良好的思想氛围。社会主义核心价值观教育与大学生核心素养的培育相互联系、相互影响。社会主义核心价值观能够更好地指导大学生核心素养的形成，而核心素养的形成又是社会主义核心价值观的体现。将社会主义核心价值观融入大学生核心素养教育对于增强大学生对社会主义核心价值观的认同和培育他们的核心素养具有重要意义。加强大学生核心素养教育也是高等教育为国家培养合格建设者和接班人的重要责任。通过培养具有社会主义核心价值观的高素质人才，我们可以推动社会主义事业的持续发展，为实现中华民族伟大复兴的中国梦作出积极贡献。

进一步探索社会主义核心价值观，将其有效的融入大学生核心素养体系当中，这也是时代交给我们的神圣使命。作为所有公民素养的目标引导方向，也是大学生核心素养的根本保证，大学生必须将社会主义核心价值观当作行动的准绳，推动自我全面发展。

第三节　素质教育理论

在 20 世纪 80 年代后期，我国教育界不断涌现改革的浪潮，素质教育一度成为焦点话题，并且热度持续上升。

一、素质教育概述

素质教育是一种以提高受教育者多方面素质为目标的教育模式，注重思想道德素质、能力培养、个性发展、身体健康和心理健康教育。与应试教育相对应，素质教育并非与应试教育完全对立，而是强调全面发展的教育理念。

素质教育具有重要的理论价值，并与时代发展密切相关。素质教育模式的改革和更新是历史发展的必然趋势，也是构建和谐社会的前提条件。它对提升整个民族素质，增强核心竞争力起着重要作用。在新的发展形势和背景下，需要深入研究素质教育的含义，明确青少年成长的意义，以理论和思想的视角不断提升素质教育的可持续发展力。

素质教育是一种以提高受教育者多方面素质为目标的教育模式，注重思想道德素质、能力培养、个性发展、身体健康和心理健康教育。与应试教育相对应，素质教育并非与应试教育完全对立，而是强调全面发展的教育理念。

素质教育具有重要的理论价值，并与时代发展密切相关。素质教育模式的改革和更新是历史发展的必然趋势，也是构建和谐社会的前提条件。它对提升整个民族素质，增强核心竞争力起着重要作用。在新的发展形势和背景下，需要深入研究素质教育的含义，明确青少年成长的意义，以理论和思想的视角不断提升素质教育的可持续发展力。

在党的十一届三中全会后，中国明确了社会主义现代化建设的工作重点，包括政治、经济、文化和社会各个方面都要加强道德素质教育，坚持以教育为基础，全面培养高素质人才。1985 年，中国颁布了教育改革体制决定，明确提出在全国范围内实施教育体制改革，将素质教育作为培养人才的主要手段。从 80 年代后期开始，素质教育概念得到了高度重视，并将教育改革的目标定位在素质培养方面，鼓励人才的培养。

素质教育的作用在于提升学生的整体素养，不仅包括专业技术能力，还包括良好的人格品质和修养。因此，高校教育需要更新资源和硬件设施，将教学内容与学生的日常生活和成长经验紧密联系在一起，在提高学生成绩的基础上，让学生感受到学习的乐趣。核心素养起到支撑作用，学生必须坚持不懈，勇于探索创新的精神，并在自主学习的过程中深入挖掘自身潜能，体验智慧和创造的美妙。只有这样，才能最大限度地挖掘个人的潜能，在人性化的环境中展现自己的价值，增强学生的自信心，激发他们的竞争意识，让学习成为实现自我追求的重要途径。

二、素质教育视角下的核心素养

从素质教育的角度来看，核心素养反映了以人为本的原则，强调学生认知视角的转变，这是在教育领域全面实施改革的重要体现。核心素养是素质教育的重点内容，对素质教育进行深入解析，它具有宏观的精神导向，在应试教育转型发展阶段起着重要作用。核心素养具有丰富的内涵和明确的目标，既重视已掌握的知识，同时也更注重对未知领域的深入研究。将核心素养作为指标开展模式建设，对于核心素养的发展评价标准起到积极的作用，推动了教育改革的全面落实。

在 20 世纪 90 年代，我国教育界逐渐进行改革和创新，许多地方政府和行政部门组织素质教育和实践探究，旨在建设一体化的教育体系。进入 21 世纪后，党中央高度重视社会教育问题，并颁布了中长期教育改革试点草案，明确了我国未来相当长时期的素质教育任务，并将其定位为战略发展的关键领域。该草案指出学生发展的核心是提升实践能力、创新精神和增强社会责任感。总之，这些都是素质教育的创新和提升。

第四节　大学课程必须满足核心素养提出的要求

一、专业课

专业课指高等学校和中等专业学校根据培养目标所开设的专业知识和专门技能的课程。专业课的任务，是使学生掌握必要的专业基本理论、专业知识和专业技能，了解本专业的前沿科学技术和发展趋势，培养分析解决本专业范围内一般实际问题的能力。

专业可以分为狭义和广义两种概念。广义的专业指的是专门的学问或产业部门的各个业务领域，而狭义的专业指的是高校或中专院校为社会分配工作而设置的学业类型。专业学习建立在大学专业分类的基础上，涉及专业知识的学习。课程在高校教育中起着关键的作用，指导学生的目标方向。

由于专业知识的发展迅速且常常变化，专业知识的范围也广泛，因此专业课程的设置通常不是固定不变的，专业课程的内容也会快速变化。然而，高等学校只能为学生打下一定的专业知识基础，更深入的专业知识需要在实际工作岗位上继续学习。因此，在一定时期内，专业课程的设置和主要内容相对稳定。

对于大多数人来说，大学是他们进入社会之前的最后一个学习阶段，因此大学生阶段可以说是人生最为关键的过渡时期。他们需要学习各种各样的知识体系，同时也需要为将来进入社会做好思想上的准备。由于各种类型的技术不断更新，所以在大学学习专业课程的过程中，培养学生形成专业思维能力非常重要。通过不断学习专业技术知识体系，使学生能够掌握专业学习的方式和思维，这对他们非常关键。

因此，大学教师必须具备良好的职业素养，引导学生不断学习、接受并掌握学科最前沿的知识。他们应选择学生易于接受的方式，将知识传授给学生。此外，为了培养学生的全面发展，在进行专业课程教学的同时，也要重视基础课程的教学，以不断提升学生的专业素养。

二、思想政治课程

思想政治课是通过一定的政治观点和道德规范,对社会成员施加有目的、有计划、有组织的影响,使他们形成符合社会要求的思想品德和社会实践活动。它在国家教育系统和军队中进行,包括马克思列宁主义理论教育、党的路线、方针、政策教育、爱国主义、国际主义和革命传统教育。通过思想政治课,学生能够了解和掌握中国特色社会主义理论的基本内容,树立辩证唯物主义和历史唯物主义的世界观,并转化为拥护党和社会主义的实际行动,培养现代社会的公民意识。

对于我国现代大学生来说,思想政治课程是必不可少的。大学生是我国培养的未来建设者,他们需要具备思想道德的崇高境界,不断增强政治意识和思维能力。因此,培养学生的思想政治意识是十分重要的。在2005年,我国相关部门和机构依照高校大学生思想政治教育的工作,提出了专业性的指导意见,明确了大学生思想政治教育的目标,即不断提高学生的思想道德素养,使他们树立正确的价值观、世界观,更好地适应社会发展。这样能够让学生为国家现代化建设和社会繁荣做出贡献。

课程的基本理念。

(一)坚持马克思主义基本观点教育与把握时代特征相统一

思想政治课程将介绍马克思主义的基本观点,特别是邓小平理论和"三个代表"重要思想、科学发展观、习近平新时代中国特色社会主义思想。它将紧密结合我国社会主义现代化建设的实际情况,与时俱进地充实和调整教学内容,以展示当今世界和我国发展的时代特征,展示马克思主义科学理论的强大力量。

(二)加强思想政治方向的引导与注重学生成长的特点相结合

本课程要关注高中学生在心理、智力和体能等方面的发展潜力。考虑到学生思想活动的多变性和可塑性等特点,我们将尊重学生个性差异和各种生活关切，以适当的方式进行课程教学。我们将通过释疑解惑和耐心引导的方式，帮助学生认同正确的价值标准，把握正确的政治方向。

（三）构建以生活为基础、以学科知识为支撑的课程模块

本课程将立足于学生的现实生活经验，并关注学生的发展需求。我们将把理论观点的阐述融入社会生活的主题中，构建学科知识与生活现象、理论逻辑与生活逻辑有机结合的课程模块。除了开设必修课程外，还将提供具有拓展性和应用性的选修课程，以满足学生发展的不同需求。

（四）强调课程实施的实践性和开放性

本课程旨在引领学生通过实践活动来认识社会、适应社会和融入社会，在这一过程中，学生将感受到在经济、政治、文化等领域应用知识的价值，并理性思考其意义。我们关注学生的情感、态度和行为表现，倡导开放互动的教学方式和合作探究的学习方式。通过充满教学民主的过程，我们旨在提高学生的主动学习能力和发展潜力。

（五）建立促进发展的课程评价机制

本课程旨在改变过分注重知识性和单一纸笔测验的评价方式，而是建立能够激励学生不断进步的评价机制。评价将重点考核学生掌握和运用相关知识的水平和能力，同时也关注学生思想发展的积极变化过程。我们将采用多种评价方式，全面反映学生思想政治素质的发展状况。

传统教育中注重德智体美劳全面发展的素质教育体系凸显了德育对大学生的重要性，尤其对现代大学生来说，掌握思修课是提升道德素养的关键途径。作为未来社会发展的中坚力量，大学生需要具备国家意识、社会责任感、人文素养和心理健康等方面的素养。通过思想政治教育，我们希望培养学生不畏困难、勇于担当、坚持不懈的品质。因此，高校思想政治课程在很大程度上影响着社会未来的繁荣和发展，甚至影响社会主义的深入发展。我们要全方位地培养思维活跃、有理想、有责任感、有能力的大学生，充分发挥思想政治课程的引导作用，以提升大学生的核心素养。

三、公共课程

公共课程是高等教育自学考试中所有专业或部分同类专业考生必须学习的课程。尽管公共课程与所学专业不直接相关，但它是培养全面发展的德智体人才并为进一步学习提供方法论的重要课程。

在大学教育阶段，无论学习哪个学科，都要学习与本专业关系较小的公共课程。这些课程通常选择较简单的内容，基本上是最基础的理论知识，并主要面向大一、大二的学生。学好公共选修课程具有重要意义，尽管这些课程与专业关系不密切，但对学生进入社会打下良好基础至关重要。其目的是让学生逐渐形成终身学习的理念，培养他们不断学习新知识、理念和技能的能力，为全面提升奠定稳固基础，使他们更好地融入社会，发挥个人优势，为国家和社会发展做出贡献。

学习公共课程对大学生具有重要意义，可以拓宽他们的知识视野，积累更丰富的知识，为未来快速适应社会工作岗位打下坚实基础，加快形成正确的人生观、价值观和世界观。然而，仍有部分学生对选修课程持怀疑态度。因此，在大学教育中，必须重视课程设置与学生核心素养的有机结合，引导学生积极参与公共课程教学，为他们树立正确观念提供良好条件。加强文化熏染有助于提升大学生的核心素养。

四、文化课程

校园文化是由大学和文化两个词组成的，它提取了这两个词的核心概念。雅斯贝尔斯在《大学的理念》一文中明确指出，大学作为一个共同体，汇聚了许多致力于追求真理的学生和学者。在10~20世纪期间，随着手工业和商业的快速发展，欧洲国家的城市繁荣起来，对人才的需求也日益增加。在这样的背景下，大学逐渐兴起，比如意大利的博洛尼亚大学、英国的牛津大学等。我国的大学主要是在新中国成立后逐渐建立起来的，发展历史相对较短，但经过几十年的发展，我国大学的办学条件得到明显改善，整体实力也得到有效提升。

人类文化包括人和自然的关系，其中包括人的身体属性与自然属性的对立统一。文化可以分为狭义和广义两个层面。广义的文化是人类价值思想经过社会历史实践的积累，是精神和物质财富的体现，是人们在社会和自然中意识地进行各种活动的结果，是人类不断教化和提升成为文明人的基础。狭义的文化涵盖社会意识形态、组织结构和机制等方面。更狭义的文化指的是文学艺术等特定类型的活动，以及包括语文知识在内的一般知识和接受的教育。

大学文化可以理解为大学生的人格样式和生活方式。大学的文化包括文化生活、学术研究和学科传授等三个方面，它们相互存在和相互作用，展示了大学教师和学生独特的兴趣和卓越的智慧和创新能力。良好的校园氛围最终体现为多元化的文化生活，即具有创新性和有趣性的心智生活，能够体现生活方式的价值等多个方面。总体而言，良好的大学文化能够充分发挥校园文化的作用，潜移默化地影响大学生，并对其进行适当的引导，培养具有高素养的人才。大学生应该具备良好的鉴赏能力，选择正确的人生态度。大学文化能够激发成人文化，通过多方面的提升学生的心智水平，同时充分挖掘学生的潜能，使其具备高品质的素养。

大学文化和核心素养的培育对于学生的成长至关重要。大学时期是人成长成才的关键时期，也是学生成长的肥沃土壤。如果一个人只是在学校学习，缺乏自主创造能力，那么他的一生可能只能是模仿或者效仿他人。

当前，我国急需大量的人才，渴望拥有优秀的人才。因此，我们应该从多个方面加强教育质量，突出国际化教育能力，积极推进高等教育，全面提升人才的素养，促进人才多元化和综合化发展。站在客观角度来看，世界各国都意识到这一点的重要性，尤其在多元文化和信息科技普及的背景下，人才和知识流动的速度加快，对于一个能够充分发挥能力的舞台的需求更加迫切。这也指明了我国教学改革的基本方向。大学生核心素养的培养和校园文化存在一定的相似性。只有理性地观察大学发展的基本规律，了解大学的本质，才能真正体验到校园文化的存在。针对具体的制度和特点，突出大学建设的文化属性和意义，弘扬民主精神，追求效率，将大学生核心素养完美地融入学生成长的过程中。同时，不断完善改革管理机制，加强教育理念和人才培养，展现出我国人才辈出、高素质人才聚集的景象。

大学生核心素养的培养需要重视校园文化的熏陶和感染。除了关注显性教育，也要注重学生的隐性教育，即潜意识的教育，以达到长期受益的目的。高校应该处于精神文明建设的前沿，积极组织文明校园建设，提升校园文明水平，创造良好的教育环境。这样，每个学生都能吸取知识，建立知识平台，形成精神家园。同时，要全面培养学生的人生观、价值观和世界观，不断提升他们的学术修养，使他们成为推动我国发展进步的坚实力量，实现中国梦的践行者。这突显了大学在培养人才方面的重要贡献。

第五节 加大大学生能力培养力度

当代教育改革的核心在于以人为本，将素质教育作为基础，全面培养学生的时间能力，并将创新精神视为关键。大学生实践活动具有多种形式，包括校园内和社会实践活动。为了培养学生的时间能力，应该贯穿整个大学生涯，尽可能为学生提供多样化的实践机会，不断提升他们的实践能力。在实施实践活动时，必须考虑到学生的具体情况和特点，以满足他们的需求为基础，科学组织创新的实践活动，进一步增强学生的实践能力。

一、实践活动

实践活动是提升学生实践能力的有效平台。在大学教育中，实践活动是学习的关键内容之一。大学生的实践应该有明确的规划和目标，深入社会，体验实际生活，以不断提升解决问题和创新能力，夯实理论基础，提高实践能力。在高校教育中，大学生实践活动是一个重要环节，它能提升学生的综合素养，加强思想政治教育，培养学生的实践能力，为他们未来的工作奠定基础。因此，学校应该支持学生利用课余时间参与社会实践活动，通过亲身经历社会，学习与他人相处的方法，转变以自我为中心的思维方式，为毕业后进入社会和工作做好充分准备。

大学生积极参与实践活动可以帮助他们更快地适应工作环境，避免眼高手低的情况。实践活动不仅能够开阔学生的视野，还可以优化他们的知识结构，提升自主学习能力。可见课程的运用可以减少理论知识和实践脱节的问题，确保理论与实践的统一。此外，课外实践活动能够检验学生的理论知识与实践经验是否相符，培养学生为社会服务的能力，并在实践中不断学习，发现自身的不足之处，了解社会发展所需的能力。通过有限的实践经验，学生可以掌握学习的关键要点，不断完善自己的知识和能力结构，以满足社会对人才的需求，并为社会进步做出贡献。

大学生实践能力的培养是提升其核心素养的有效途径。目前，高校对大学生实践能力培养的认识还不足，缺乏准确的重点和全面强化实践能力的方法。高校尚未意识到实践能力的重要性，缺乏完善的评估体系，普遍存在实践能力较差的问题。我们可以借鉴其他国家在培养大学生实践能力方面的成功经验，从多个方面来培养学生的实践能力。这不仅是教育改革的要求，也是时代发展的要求，这一过程从认识到实践再到发展，都具有重要意义。

由于市场竞争激烈，大学生需要掌握理论知识，并具备实践能力，即知行合一。社会是一个大的学习场所，大学生要成长为有才能的人，不仅要读书，还要广泛实践。社会实践活动和校园活动都是大学生的实践课堂，可以拓宽他们的视野，积累社会经验，丰富生活。我们需要建立良好的实践平台，注重实践育人，将教育、生产劳动和社会实践有机结合起来，组织多样化的社会实践活动，让学生通过亲身体验，认识国情，了解社会，接受教育，培养实际能力。实践能力也是个体科学运用已有知识，从心理和生理等多个角度解决实际问题的能力。高校应该高度重视，并积极实施相关措施。

大学生应该再社会实践的过程中，明确核心素养，这个过程较长，必须坚持不懈的一个过程。在整个过程当中要让自我的行为逐渐标准，并且持续渗透到总体的核心素养体系当中，最大限度地使用，结合实践，才能够凸显出核心素养的作用。针对当前这种情况，相关学者作了进一步地调查，发现有超过一多半的学生认为社会实践对于自身发展十分重要，这也是培养大学生核心素养的有效手段。所以，大学生通过参与社会实践活动要不断提升自己的实践能力，同时还要在实践的前提条件下加以创新，这样才能真正地掌握核心素养，使自己成为全方位发展的人才。

二、发挥大学生主体作用

教育改革必须以先进的理念为指导，其中核心素养是世界各国教育改革创新的方向，代表了新时代育人的蓝图。在高校培养大学生的过程中，学生必须清楚核心素养培养的理念，即培养适应时代特点和需求的人才，使学生具备适应终身发展和社会进步需求的能力。因此，高校必须根据学校的实际情况和学生的特点，设定核心素养的发展目标、要求和实施方案，组织核心素养的培训活动，从多个角度激发大学生对核心素养发展的需求。高校还可以通过培养大学生的核心素养，让学生了解核心素养的重要意义，在校园中营造良好的核心素养培育氛围。

大学生核心素养的培养关键在于学生自身。高校在培养学生时必须激发学生的主体能动性，并抓住大学生增强意识的黄金时期。了解大学生的性格特点很重要，大部分大学生刚刚成年，他们在上大学之前的唯一目标就是考入理想的大学，一直为此努力奋斗。然而，绝大多数学生对于自己未来的生活缺乏系统规划，对大学生活和毕业后的工作表现出困惑。因此，在大学生入学的阶段，高校应积极指导大学生发展核心素养，并在条件允许的情况下邀请相关专家、教授或资深学生开展核心素养教育主题讲座，不断提升学生的自我发展和规划意识，确保大学生能够明确自我发展的方向，不断加强对核心素养的认识。

为了提升大学生的核心素养，特别是人文底蕴素养，需要注重人文沉淀，培养学生的人文能力、品格和价值取向。人文底蕴素养涵盖广泛，包括文学修养、正能量获取和积极情感等良好品质，需要通过不断积累和沉淀来培养。

调查显示，目前高校大学生的人文沉淀情况并不理想，大部分学生缺乏扎实的人文知识。这可能是因为学生将大部分精力放在与考试相关的专业课程上，几乎没有时间学习人文知识。因此，高校在培养学生时需要转变教育思想，加强对人文素养的认识，给予其高度重视，应多设置一些人文学科的课程，加快高校人文素养教育体系的建立。在课堂上可以穿插一些有趣的小故事，活跃课堂氛围，拓宽学生的视野。高校和社团组织可以定期或不定期地组织一些与人文有关的活动，如电影放映或知识讲座，有效培养学生的人文底蕴。然而，许多学生对这些与学习成绩无关的活动不感兴趣，因此需要整个高校的氛围对学生产生影响。

高校应不断借鉴和积累成功经验，提升学生的人文素养。首先要提升整个教师队伍的人文素养，可以组织多样化的文化活动，让学生不断吸收新知识并转化为自身的人文精神。同时，营造良好的人文氛围校园环境，让学生在这样的氛围中不知不觉地提升他们的人文素养。

培养学生的创新能力、分辨能力和科学精神是核心素养中的关键部分，尤其是在科学技术飞速发展的时代。分辨能力和创新能力对于提升学生的科学素养至关重要，它们有助于学生发展思维能力，培养独立个性。要培养大学生的分辨能力和创新精神，需要让学生具备问题意识，能够自主思考和判断，从多个角度用辩证的眼光分析问题，具备想象力，积极探索，并勇于尝试新方法解决问题，从而不断提升学生的创新能力。在理论课堂上，大部分时间都是教师讲解，学生只是记笔记，在没有作业的情况下，学生几乎不会翻看笔记，导致学习效率不高。为此，高校可以增加一些实践类课程，通过课堂互动和讨论，让学生积极参与，通过实践自主分析并获得相关经验。虽然得出的结论并不一定是正确的，但这样的学习过程具有一定趣味性，能够激发学生的积极性。因此，高校应增设一些实验类课程，促进学生的实践能力和创新精神的培养。

大学生在上课的过程中虽然会产生疑问和积极创新的意识，但是在实际表现中依然存在差强人意的现象，这就需要将其落实到你到提升的本质上面。高校转变以往上课的模式，尽可能地延伸到和理论有关的实践类课程，将学生当作课堂的主体，使其主动地参与到学习活动中去。选择小组合作的模式推动学生思维上的沟通。并且，在上课过程中，尽量给每个学生创造一个平台，让学生尽情地展示，让学生批判性思维以及创新能力能够展示出来。除此之外，培养学生核心素养，必须制定全新的评价方法，能够将学生的批判性思维凸显出来，还要收集学生在学习中的成果以及学习完毕后的成品，把学习过程中和结束之后的记录结合在一起，对其实施批判性的评价。

增强学生信息意识,学生虽然拥有良好的学习意识和能力,但是功利化这一思想误区,很多学生的专业都是父母或者是专业人士帮助选择,认为某个专业毕业后容易就业便选择了哪个专业。同样,学生在选择选修课的时候,也是多方打听,哪个得优轻松一些便选择哪门选修课程。这就导致大学生对学习没有一个正确的认识,没有真正意义上理解学习的价值,所以,高校在对大学生学会学习素养方面的培养应该让其意识到学习的重要性,可以通过建设良好的学风,强化思想道德教育,让学生拥有终身学习的意识。除此之外,大学生虽然拥有信息意识和基础能力,但是信息技术的利用率较低,大部分上网的时间都是在聊天误了,很少会去上网查找资料学习。针对这种情况高校就应该给学生安排信息语言课程,这样能够扩宽信息获取的路径,提高学生信息意识和需求,这样能够有效提升信息利用率和管理水平。

培养学生养成健康的生活素养,什么是健康的生活素养,健康的生活素养囊括了珍惜生命和健全的人格这两个维度,大部分的大学生健康生活素养良好,这表明绝大多数的学生都拥有端正的人生态度和加强的适应能力以及自我管控能力。

但是,在新闻或者是平时的生活中,也存在因为个人认知或者是心理扭曲,做出偏激行为的事件。高校必须未雨绸缪,在日常的教育中就要加强对学生健康生活素养相关教育,比如,让大学生形成正确地认知能力,能够客观地看待自己,形成正确的三观。除此之外,高校还要不断地改进相应的规章制度,建立完善有效的大学生心理健康危机预防制度。

加强学生的责任担当素养是重要的,大学生需要具备良好的责任担当意识,这体现了现代大学生积极、正能量的责任意识。然而,大学生在国际理解方面存在一定的欠缺。虽然对国际理解有一定的兴趣,但目前还没有有意识地关注其他国家、民族和文化,导致学生在国际理解素养方面兴趣和意识与实际情况存在差距。尽管有浓厚的兴趣,但几乎没有真正实现国际理解。

国际理解实质上是培养学生站在全人类利益和世界观的角度思考问题,理解国际社会,并加强对多元文化的学习和讨论。高校应该组织具有特色的社团活动,营造良好的教育校园氛围。同时,增加与国际理解相关的教学互动,可以设立融合我国文化和世界文化的课程等。此外,还应建立国际教育合作平台，引进国际学校，建立创新的国际教育合作途径，扩大教育合作范围等，从根本上加强学生的责任担当素养。

提升学生的实践创新素养非常重要，尤其在知识经济时代，高新技术产业作为支柱，创新技术应用成为人才评估的重要标准。实践创新素养的提升可以有效提升核心素养，高校必须认识到培养学生实践创新能力的意义和价值。虽然大学生的实践创新素养普遍较高，但存在内部维度发展不均衡的情况。学生在劳动意识维度的水平几乎已经达到满分，但在技术应用方面的水平勉强及格，这表明现代大学生的创新实践和技术应用能力还不够强。高校必须高度重视学生的实践创新素养培养，采取有效的方式进行培养。除了巩固学生的创新意识，还需要营造良好的创新氛围，建立适合创新的教学环境。通过各种信息途径，如建设科技训练平台，拓展学生的视野范围，激发学生的创新能力。高校应建设创新型的教师团队，因为教师团队在培养学生创新精神和能力方面起着决定性的作用。充分利用全新的教师团队，培养学生的创新精神和能力。

第六节　完善高校管理制度真正落实大学生核心素养

高校以往教学模式存在很多缺陷，想要实现高校教学目标十分困难，无法有效培养学生综合素养，高校必须进行教育改革，从根本上提升教学水平。

一、优化高校教育模式

要满足核心素养提出的需求，高校领导和教师需要转变教学模式，积极响应教改要求，采用符合我国育人条件的有效教学手段和模式。同时，他们还应不断总结之前教育中存在的问题和缺陷，根据丰富的教学经验和教学环境，选择适合本校大学生的有效方式，利用信息技术激发学生的学习积极性，营造良好的校园学习氛围，使学生能够得到全方位的发展。

二、营造民主学习气氛

校园民主可以为大学生核心素养的培养提供良好的舞台和便利。通常学生干部的核心素养相对较高,这是因为学生干部身份可以培养学生自我服务和管理的能力,使他们能够快速发现和解决问题。然而,高校学生干部职位有限,因此高校需要营造一个民主校园氛围,使所有学生都能参与到学校管理中来。通过参与民主管理,学生可以培养不盲目追随权威的意识,站在辩证的角度思考问题,并不断增强责任意识。因此,必须将民主管理贯穿于整个高校管理过程中的各个方面,使其成为高效工作的基础,加强高校的民主管理水平,从而有效推动学生核心素养的培养。

三、形成合力提供良好发展平台

当前的教育倡导将对学生的教育影响延伸到整个社会,甚至学生家庭中。在这种发展趋势下,学校、家庭和社会必须密切联系,最大限度地发挥各自在大学生教育中的作用,为学生提供有利于发展核心素养的教育环境。高校需要建立与家长的沟通桥梁,及时向家长传达学校对学生核心素养培养的目标、内容和要求,使家庭能根据学生的具体情况调整教育目标和内容,确保学校和家庭教育形成良好的合作。同时,要提供方便的条件,缩短学校、家庭和社会之间的距离,避免封闭隔离带来的消极影响。在借鉴先进经验的基础上,不断创新思路,拓展学校、家庭和社会之间的沟通途径。学校需要建设一个平台,向家长提供学生核心素养培育的具体信息,使家长能及时提出建议和意见。与社会机构合作,寻求支持,为大学生核心素养的培养创造良好的环境。学校应重点培养学生学习和实践创新能力,塑造正确的价值观和核心素养要求,并将学生的全面发展作为核心目标。

第十一章　培育学生学科核心素养与立德树人根本任务

第一节　学科育人与落实立德树人基本内涵

　　从课程的角度讲，教育界一直存在着学科本位和人本位之争。学科教学的重心是在学科还是在人，反映了两种不同的教育价值观。学科本位论把学科凌驾于教育之上，凌驾于人之上，使得学科成为中心，成为目的，学校教育、课程教学成为促进学科发展、培养学科后备人才的手段，学生成为学科发展的工具，学生的生活和学习不得不围绕学科以及学科考试成绩来运转。这种只见学科不见人的教育观从根本上背离了基础教育，特别是义务教育的基本性质和使命。改革教学必须进行价值本位的转移，即由以学科为本位转向以人的发展为本位。学科本位论的错误不在于学科本身，而在于指导思想。学科教学依然要体现和重视学科知识的特点、遵循学科发展的规律，但是，一定要以人的发展为本，服从和服务于人的个性自由和全面健康发展。

　　从教学的角度讲，教育界一直存在着教书和教人之争。很多教师往往把自己定位在教书上，似乎把书教完了、教好了，也就万事大吉了，就是一个好教师了。其实，真正的教学是教人，而不是教书，例如，语文教师不是教语文，而是用语文教人；数学教师也不是教数学，而是用数学教人。各门学科的性质、任务有所不同，但在育人上的使命和任务是一样的，人才是教学的共同对象。正如叶圣陶先生在《如果我当教师》一文中所言："我如果当中学教师，绝不将我的行业叫作'教书'。我与从前书房里的老先生，其实是大有分别的。他们只需教学生把书读通，能够去应试、取功名，此外没有他们的事儿了；而我呢，却要使学生能做人、能做事，成为健全的公民。我无论担任哪一门功课，自然要认清那门功课的目标，如国文科在训练思想，养成语言文字的好习惯；理化科在懂得自然，进而操纵自然之匙。同时，我不忘记各种功课有个总目标，那就是'教育'——造成健全的公民。每一种功课犹如车轮上的一根'辐'，许多根辐必须集中在'教育'的'轴'上，才能成为推进国家民族推向前进的整个轮子。"我们强调，人是一切事物有意义和价值的源头。没有人就没有一切，无论何时，教育必须首先要去培养一个人，然后才是培养一个律师或医生，而不能相反。教育的最终目的是人性的实现，是让人成为人，而不是把人变成工具。强调人是教学的对象，在认识和实践上必须凸显以下几点。

一、坚持以人为本，以学生为主体的育人模式

我们认为，在学科教学中，知识的获得、能力的培养、成绩的提高，这些都很重要，但是这一切必须服从和服务于学生的健康、幸福、尊严和个性的发展以及内心的自由。

一位家长说："我的孩子已经两次进入高考补习班了，不知这次高考能否成功。在孩子成长的过程中，我们家长费尽了心血，家庭生活再拮据，都会尽一切办法供孩子读书。我的孩子也不是不用功，从上学开始，他几乎没有多少休息的时间，特别是进入高中后，孩子几乎没有一天休息过。我们觉得供孩子读书很苦，而孩子觉得更苦，但考不上大学，这么多年的辛劳岂不是白费了吗？邻居家的孩子高考失败后便开始工作，他所学的知识对他的生活和工作没有任何帮助。其实，如果孩子在学校里学习的知识对他本人的生活和工作有价值，我们也就不再要求孩子一定上大学了。现在学习的知识只是对考大学有用，对孩子的生活和工作没用，所以，如果孩子考不上大学，我们一家的努力都前功尽弃了，孩子也变成了一个'废人'，我们心不甘哪……"

一位企业人事经理说："这几年做企业人事工作，我感触最深的是应聘

的人似乎'满腹经纶'，却一无是处。他们只会做题、应付考试，或者复述书本上的东西，一旦遇到实际问题就不知道如何解决了。换言之，他们既没有'活学'，更不会'活用'，知识对他们来说实际上是一种负担。另外，几乎所有应聘人员的动手操作能力、发现问题的能力都很差，更不用说创新能力了。在已经录用的员工中，我们还发现他们缺乏必要的合作意识和团队精神。学历越高、毕业学校的名气越大，问题越突出。众所周知，员工的合作意识和团队精神对于一个企业来说是至关重要的，它甚至高于员工的业务能力。至于这些员工的生活能力就更差了，大多数的年轻员工不会生活，也不懂得去生活。生活没有情调，更没有品位。总之，为了我们事业的发展，也为了营造企业文化，我们需要投入大量的人力、物力和精力去重新塑造他们，这种塑造几乎从零开始。造成这些问题的因素或许有很多，但学校教育需要承担的责任应是最大的。所以，我们呼吁各级学校调整教育目标，改变教育方式、教育内容和评价标准，为社会培养出真正有用的人。"

教师在教学中，有责任引导和启发学生做好自己的人生选择，让学生无论是在现在还是在将来，都过得有尊严、有意义、有幸福感。如果没有这样的担当和意识，那么，教师越努力，就越可能误导学生。正如傅树京教授所指出的，教育的真谛在于："首先，教育应该让学生有价值感。教育是培养人的活动，在这种活动中，知识、技能的传授固然重要，但教育最本质的内在性是养成学生强烈的价值感，让他们变成有意义、有价值的人。当教育不能使学生产生价值感时，这样的教育就违背其初衷了。其次，教育最核心的价值是要让学生对未来充满希望。当学生早上醒来时，他期盼来到学校；当学生走在上学路上时，他期盼坐在教室里；当学生遇到困难时，学习会帮助他渡过难关；当学生产生疑问时，学习会帮助他解决问题。最后，教育应该让学生变成快乐人。它包括两层含义：一是要让学生具有寻找快乐的能力，让他们有追求幸福生活的信心，产生深层的生活激情，让他们真正成为富有生活情趣的快乐人；二是应该带给学生快乐，这种快乐可以体现在评价的结果中，也可以体现在学习的过程中。既没有结果又没有过程的快乐是失败的教育。"

二、了解学生、研究学生是教师的"第一专业"

教师既要有自己的学科专业,更应有超越学科的专业——第一专业,它具有在先性、前提性、统领性和牵引性。这"第一专业"就是儿童研究。教师在"第一专业"发展中,逐步成为儿童研究者,成为儿童研究专家,以至成为儿童教育家,这既是教学改革的走向,又是教师专业发展的伟大目标。不仅儿童研究是教学的基础和前提,而且教学本身就是一种儿童研究,教学的过程就是儿童研究的过程,儿童研究的目的是"诞生精彩的观念"。这里涉及两个问题:一是教师要研究儿童,研究儿童是怎样学习、思考和发展的。教学过程既是教师引导、组织儿童学习的过程,又是教师观点的过程,也是他们发现知识和诞生精彩观念的过程。教育学是迷恋儿童成长的一门学问。这里也有两层意思:第一,教师要学会研究儿童,关注、迷恋儿童的成长。儿童究竟是怎么成长的?儿童究竟是怎么学习的?儿童到底是怎么把知识学会的,以及是怎样把课本的知识变成自己的知识的?儿童成长和学习的内在机理是什么?儿童的兴奋点和兴趣点在哪里?儿童看问题、想问题和我们成年人究竟有什么不同?不研究、不了解这些问题,要想搞好教学恐怕是不可能的。教师把儿童琢磨透了,对教学自然也就得心应手了,自然就会"能别人所不能"了。第二,教师要学会欣赏儿童,发现、赏识儿童的精彩表现。儿童自有自己的眼光和智慧,具有无限的潜能和未来,所以发现和欣赏儿童使教师这一职业成为太阳底下最幸福的职业。不善于发现和欣赏儿童的教师,会觉得教师这个职业就是一种苦役。所以说,儿童研究是教师的第一专业。

三、坚持以人为本,关注学生在课堂中的学习表现

学生是课堂的中心,教师的眼睛要看着学生,心里要想着学生,并根据学生的学习状态组织、实施和调整教学。

课堂上以学生为中心,需要教师高度关注学生的学习状态。学生的学习状态可以从以下五个方面进行评价。

1. 学生的情绪状态

新课程改革倡导，不仅要关注学生的知识、能力发展，还要关注学生在知识和能力获得过程中的情感体验。学生的情绪状态主要体现在是否具有浓厚的学习兴趣，学习过程中是否充满好奇心与求知欲；是否能长时间保持学习兴趣，是否能自我控制和调节学习情绪；学习过程是否愉悦，学习的意愿是否持续增强。真正好的教师要使孩子的表情变得丰富而活跃。在课堂上，最应关注的莫过于孩子的表情了，他们的表情是判断教学好坏的重要标准。对我来说，最好的表情就是孩子们快乐的笑脸，如果孩子默然或者啜嘴的话，就说明孩子不开心了。课堂就需要调控，期望孩子们放松身心，自由地思考。

2. 学生的参与状态

学生的参与状态主要表现在参与的主动程度、深度和广度上。考查学生参与的主动程度，具体可以看学生在课堂上是否积极主动地投入思考或踊跃发言，是否兴致勃勃地投入学习和讨论。参与的深度体现在学生的参与是否包括行为参与、认知参与和情感参与等。参与的广度则表现在学生自主活动和学习的时间有多少，学生回答问题和动手操作的人次有多少；是否全体学生参与了学习，是否投入了学习的全过程；参与活动的感官种类是否包括口、手、脑等。

3. 学生的交往状态

教学是一种特殊的社会交往形式，是教师的教和学生的学的统一，这种统一需要通过师生交往和生生交往来完成。考查课堂上学生的交往状态，要看学生之间是否有良好的合作；师生之间和学生之间能否协调、沟通各自的想法，联合力量为达到某一个目的而相互作用；是否有较多的信息交流和信息反馈；交往是否处于互相尊重、互相信任的状态，交往的气氛是否民主、宽松、和谐，学生在交往中是否能大胆发言、提出问题和不同观点；学生的好奇心和自信心是否得到保护；等等。

4. 学生的思维状态

思维能力的发展是学生全面发展的重要内容之一。对学生思维状态的评价，必须关注学生在课堂上是否有足够的智力劳动量。表现在学生是否围绕重点的问题积极思考，敢于质疑，敢于提出具有挑战性和独创性的问题；学生回答问题的语言是否流畅、有条理，善于用自己的语言阐述观点；等等。

5.学生的成长状态

在新课程的理念下，教学活动是一个动态生成的过程。生成性是指学生理解的过程不是简单的知识搬运、转移的过程，而是依据其自身的经验来建构、发现和领悟的过程。课堂上师生是否能生成预设内容，是否能自主地生成非预设内容，得到意外的收获，这是衡量课堂教学成功与否的一项重要内容。

学生的学习状态决定课堂教学的质量和水平。学习状态不仅是教师观察的对象，也是教师教学工作的重点。教师教学的重要任务就是要激发、营造、构建学生良好的学习状态。对学生的关注实质上就是对学生的尊重，所以它本身就体现着良好的教育精神。只有基于对学生的关注和尊重，教师才能真正创造出适合学生的教学。也就是说，"适合的教学，应当是既适切又适度的教学。适切的教学即适应学生多样性的要求，学生在性别、认知风格和智力等方面存在差异，教学要照顾到学生的多样性和个别差异。适度的教学即适应学生的发展性要求，学生在发展水平和发展速度等方面均存在差异，教学要关注学生的最近发展区和最佳发展期。教学既要适合学生发展的'质'又要适合学生发展的'量'"。

第二节 知识育人与精神育人的价值取向及意义

知识不是为学科而存在的,也不是为认识世界而存在的,归根到底它是为人而存在的。挖掘知识的育人价值和精神意义,是教学从知识导向走向素养导向的基本前提。

一、知识的育人价值

知识是教育活动得以展开的一个"阿基米德点",教育活动离不开知识。没有了知识,教育活动便成为无源之水、无本之木。实际上,知识是个体成长的精神食粮,它蕴含着极其丰富的育人价值,是教育的个体性价值得以实现的一个必要条件。这里强调的是知识之于教育活动的育人性、本体性价值,而它正是我们所要阐述的内容。

(一)知识具有育智价值

之所以说知识具有育智价值,是因为它对个体的智力开发、智慧增长具有积极的促进作用。我们知道,知识是人类从实践活动中得来的,是对客观事物及其运动和变化发展规律的正确反映,是人类智慧的结晶。它不仅是外部现实及客观规律的反映,而且更为重要的是知识中凝聚了千百年来人类的智慧,积淀了生产者在劳动过程中的才华、能力和追求,人类认识世界、改造世界、创造新事物的方式亦浓缩其中。就具体的教育教学而言,个体在学习过程中除了接受、领会知识本身的内容外,还会主动吸收积淀在知识中的智慧、才能和思维方式等,实现知识内在的育智价值。凝聚在知识中的智力因素是与个体的学习过程紧密相关的,知识的育智价值总是体现在知识的学习过程中。为了获得真知,个体的思维必须进入知识的原生产过程中去。正所谓"学而不思则罔,思而不学则殆"。学习知识的过程,本身就是智力活动的过程。从知识内容本身的角度来说,学习是知识的智力价值得以展开的过程；从学习者的角度来说，学习是个体智力得到锻炼和发展的过程；从两者的结合来说，学习就是将人类的智慧转化为学习者个体智慧的过程。可见，学习知识一方面有助于充实和丰富个体的知识体系，另一方面有助于促进个体的智力发展。这里蕴含着知识实现育智价值的内在机制。

（二）知识具有育德价值

知识不仅是人类智慧的结晶，而且具有丰富的道德因素，体现着人类的道德理想和精神品质。就知识的育德价值而言，苏格拉底的"知识即美德"这一命题最为经典。在他看来，知识与道德是统一的，人的一切品德，包括勇敢、公正、正义等，如果没有真知识，都可能是恶的。他主张用知识去照料人的心魄、改善人的灵魂，强调通过知识去除人生的愚昧与遮蔽，达成善的品性和高贵的精神。不仅苏格拉底、夸美纽斯、赫尔巴特、科尔伯格等教育家都或明或暗地认同这种观点，并分别对此做过相关论述。但是，就我国基础教育发展的实际而言，目前，在探讨知识的育德价值时，人们关注最多、批评最多的却是德育的内容与形式、认知与情感、认知与行为的割裂问题，即将更多的目光用来打量"知识德育"的实际效用问题。

所谓"知识德育"，是指用道德知识的传授与习得来代替真正意义上的道德教育，方法上偏重于理论说教与灌输，将认知、概念、记忆、机械训练等贯穿于德育过程。这种德育模式在实践中极易造就明知故犯、言行脱节的空头"道德家"，造成受教育者有理想而缺行动、有知识而缺修养、有文化而缺能力、有理论而缺实践。其实，苏格拉底对"知识德育"的恶果早有阐释。在他看来，"明知故犯"只是表象，实际上是"不知不应犯而犯"。譬如，一个人之所以盗窃，是因为他认为盗窃是好的，能给他带来好处，尽管在法庭上他也会说出"盗窃不好，不道德"之类的话，但这只是敷衍之词。如果他真的认识到了盗窃不好、不道德，就根本不会去盗窃了。对此恶果我们并不否认，也不否认应该把德育的中心引向学生，引向生活，引向生活中的学生。但是，这里需要强调的是，不仅德育不可能摆脱关于知识的认知性教育，而且关于知识的认知性教育本身就是德育的基本形式、基本载体和前提条件。

在一个人思想品德的形成发展中，道德认知的提升对道德过程的良性推动具有关键意义。道德认知规范道德情感，没有理性的规范，情感的发展会步入盲目之境；道德认知是道德意志实现的基础，有没有形成自觉的道德意识，是判断个体的行为是否成其为真正的道德行为的重要依据之一。

总之，道德是人的一种社会规定性，知识是德育的必要条件，知识教育对于道德意识的形成具有决定性的作用。知识镌刻着人类探索真理的艰辛、科学精神的奥义以及勤奋刻苦的意志，包含着科学家、思想家、文学家崇尚真理、热爱生活、追求人生幸福的道德情感。学习和掌握知识，可以提高人的精神文化修养，净化人的心灵，使人具有高尚的情操和趣味。知识的精神化育价值表现在知识不仅是人类认识活动的结晶，而且是人类道德理想、精神品质的体现，人类在探究知识的过程中所展现出来尊重事实、依据事实、反映事实、敢于冲破教条的束缚、批判谬误、破除迷信的科学精神，为人类自由和解放、为维护真理而敢于牺牲的献身精神，高度的社会责任感和谦虚诚实的品格，以及团结协作、共同奋斗的团队精神，对于知识的学习者来说具有深刻的、能够触及心灵的精神化育作用。一句话，知识能够充实人生，克服无知和偏见，完善道德人格，而无知必然造成精神的空虚、思想的偏见和人格的堕落。更进一步说，所有的知识，不管是自然科学的还是社会科学的，都是包含道德意义的知识，是人的世界观、人生观和价值观的构成性因素。道德是蕴含在知识中的一种价值倾向，是知识的一种内在属性，是与知识相伴随的内在特性。这是道德教育所以存在的知识论原因。

（三）知识具有育美价值

个体的审美能力不是天生的，它需要经过后天的训练与教育才能被真正地激发出来。人们习惯上将这种对个体的审美能力进行教育的活动称为美育。知识具有陶冶价值，美育离不开知识。知识能够提升人的精神生活能力，使人不仅能够发现美、鉴赏美，也能自觉去追求美和创造美，这是知识的育美价值所在。一方面，人类的文化知识是个体审美能力的前提和基础。没有一定的知识、技能的积累，任何形式的审美活动都将是空中楼阁而难以展开。正是在这样的语境下，我们说，美育首先需要智育的参与。一般情况下，审美教育包括审美知识、审美技能、审美趣味与审美精神等多方面内容，其中审美知识与审美技能显然要靠智育来完成。另一方面，知识本身不仅具有认知价值，也具有审美价值。知识不仅是认知的媒介，更是精神态度、价值伦理的载体，传导着人类千百年来对世界的认识，也运载着人类在探究知识的过程中所表现出来的精神气质、审美情怀和价值追求。即使认知价值是十分明显直接的科学知识，也具有精神培植、人性发展的价值，因为科学知识是人类认识客观世界的产物，但人类在探寻科学知识的过程中所表现出来的追求真、善、美的精神，所展现的人的本质力量，能够让人受到心灵的震撼、精神的激励。至于原本就可以直接与之进行心灵对话、精神交流的人文知识，对于陶冶人的情感、发展人的心灵、形成完整人格方面具有独特的作用，其价值远远不只在认知方面。研究表明，在科学发展史上，许多科学家的重大发明或发现都是以审美作为向导的。美积淀在知识之中，并借助知识的结构美、内容美、形式美、逻辑美、理性美、意境美表现出来。一个人的知识越丰富，思维能力越强，对美的领悟也必然越深刻。这是知识具有育美价值的实际意义所在。

总之，知识是人的智、德、美诸方面发展的基础，当然也是个体的创造能力得以形成和发展的基础。在教育活动过程中不同类型的知识相互补充，共同作用于个体的精神乃至身体，进而促进个体的不断完善。

二、知识育人的精神意义

20世纪以来，"哲学的一个基本走向，就是迈向意义的世界"。人们开始广泛关注起知识的意义向度。意义问题已经逐渐进入人们的研究视野，并成为时代主题。生命哲学、存在主义、解释学、现象学等无不把人的意义世界作为一个基本的关注焦点。在传统认识论的视野和框架里，人与知识被定位为一种认识关系或反映关系，即知识是人认识和反映的对象。其中，人是一种认识性存在，而知识则是一种被认识性存在。作为认识主体的人与被认识客体的知识，彼此外在主体正确地反映了客体，也就是掌握了知识、认识了真理。传统课程范式中的知识主要被作为一个客观事实的领域而对待。也就是说，知识好像是客观的，因为它是外在于个体或强加于个体的，在这种情况下，知识就从生成自我意义系统的自我形成过程中被剔除了。从反映论的角度来理解知识的最大问题是容易导致知识的外在化。德国哲学家、教育学家爱德华·斯普朗格指出："与人的生活和个体精神没有关联的知识是无生命的知识，知识必须转向人的内在精神才有意义。"因此，我们要关注知识对于人的意义，而不是知识本身或作为其形式的语词和命题。知识只有经由学生的理解，进入学生原有认知结构并与之融为一体时才能获得意义。

后现代知识观强调人与知识的存在关系和意义关系，即知识对于人的意义。这种意义关系应该比认识关系更基本、更深层、更具包容度。它不排斥学习者对课程知识的认识，但这种认识更强调生成性、体验性、文化性，强调学习者对知识的个人心理意义的建构。更为重要的是，它强调课程知识对学习者的精神意义，强调知识的价值不仅仅在于提高认识、发展能力，更应使学习者感受到生命的充实性和意义性，能够对个体有意义的生活给予滋养、护持。在这里，知识与人的关系完全是一种非功利的关系，人无须为功利的目的而服从知识；人主要是出于对生活意义的追寻或为了意义世界的充实而与知识交往，学习知识不以占有知识为目的，而以个体精神的成长为目的。知识的意义性使人有可能不是出于功利的目的而追寻知识，而是为了精神的成长而追寻知识，在这样的过程中，个体精神自由是有足够保障的。强调知识的意义性意味着我们要真正地确立以人为本的教育观，把对人性、人情和生命的关注、关爱、关切贯穿和体现在知识教育的全过程中。从课程角度讲，要强调知识与人的具体关系，努力从学生的经验、生活、兴趣、爱好和个性出发，去选择、加深、拓宽课程资源和教学内容，使知识走进学生的心灵。从学生学习角度讲，要尊重学生的自主性、探索性，释放学生的心智、思维，激发学生的能动性、创造性，从而变认知的困苦为求索的乐趣，变学习的负累为生命的享受。

在教育实践中，有些知识具有教育性，有些知识缺少教育性，而事实上知识能否产生教育性，除了知识本身的属性外还取决于教育的方式和方法。即便是那些具有丰富的教育性的知识，如果使用不当，也会变得索然无味，毫无教育价值和意义。但可以肯定的是，除极个别例外，没有知识则没有教育。教育无法在真空中产生也无法脱离知识而单独存在。对于人的教育而言，关键是选择何种知识、以何种方式让知识融入人的心灵，成为人性自身的一部分。就拿语文教学来说，优秀的语文教师，应该让课堂重现这一切：万物得以命名时的冲动与喜悦……每一个汉字在凝固时的智慧与喜悦；能够从"慈母手中线，游子身上衣"中体味出古典的亲情与人伦，从"独立小桥风满袖，平林新月人归后"这十四个汉字里，体味到人生失落与期待的复杂细腻的滋味；从反反复复的"平平仄仄平平仄"里，体味到汉语独特的悠长韵律……只要用心体察，任何一个汉字、任何一个词语、任何一篇普通平凡的课文，都因为系前人匠心所运，所以，都并非平淡无奇的一堆文字，而是心灵的一次次运筹，是思维的一次次锤炼，是漫长字词历史的又一次独特运用。如果课堂上能够重现这些，那么每一堂课都将不可能是平淡、平庸的。

第三节　学科教学是落实立德树人根本任务的主要途径

每个学科不仅具有自己的符号表达、知识体系和思维方式，也都有自己内含的价值性和道德意义。这同样是学科知识的一种内在属性，是与学科知识相伴随的内在特征，是人的世界观、人生观和价值观的构成性因素。

所以，学科教学最大的道德教育资源就是学科知识本身。从教学实践的角度来讲，我们要强调以下几点。

第一，要充分挖掘学科知识特有的道德教育资源。如上所述，每门学科都蕴藏有丰富的道德教育资源，教师要对学科教学内容中具有道德教育价值的素材进行发掘，把德育渗透融合在课程教与学的活动中。如语文学科，在学科内容上的字词句章、人类文化、人物、情感、伦理等，在学科方法上的榜样示范、阅读、审美、情感、伦理等，这些都蕴含了伦理、正义、同情等道德价值。如历史学科，通过典籍、人物、事件、价值观等，培养学生的批判性、历史感、独立思考能力、辩证思维等，这一过程就蕴含着正义、宽容、理解等道德价值。外语学科通过语言文字、文化风俗的内容，采用情景、交流、对话等方式，传递出尊重、倾听、宽容及国际理解等价值观。再如数学、物理、化学等自然学科，在内容上强调的是公理、定律、原理、公式、计算、科学家、发明、发现等，通过推理、演绎、归纳、计算、实验等学科方法，培养学生严谨、理性、坚韧、求实等品质……

第二，学科教学要进入学生的生活和行为。课堂教学要转化为学生课外的成长行为，延伸到学生的日常生活当中，并逐步变成他们的成长自觉。如果你教过《林黛玉进贾府》之后，学生会在课外喜欢读《红楼梦》；如果你上过《烛之武退秦师》之后，学生会在课外喜欢读《左传》；如果你指导过作文之后，学生爱上了写作并养成了练笔的习惯，那么，这样的教学就进入了学生的生活和成长。真正的教育意味着对学生的整个生活产生重大的影响，他所学的东西将会影响他的行为、兴趣与选择；意味着他过去的一切都受到审视和重新估价。

第三，学科教学要进入学生的道德和心灵世界。如果一个人赢得了整个世界，却丧失了自己的灵魂，对他又有什么益处呢？心灵是人之根本，更是教育教学之根本。苏霍姆林斯基说过："教育技巧的特点就在于使教育的整个过程成为教师过问人的精神生活的整个过程。"我们以生命课堂为例，即以生命为出发点，遵循生命的本质属性，与生活牵手，让生命发言，让语文进入生命，唤醒生命，并内化为深厚的文化底蕴和丰富的人格内涵，是为帮助我们认识生命的美丽与宝贵，探索生命的方向与意义，提升生命的质量与品位，使生命变得更加美好、更有力量、更有意义而进行的语文教育。的确，语文课不但是读写能力培养课，更是使学生变成健康文明大写的"人"，变得更高尚，更聪明的课。良好的语文教育应该是为学生提供一方高雅的人文浸染的环境，因势利导，把学生培养成一个有文化、有健全人格、有智慧的、勇于创新的人。总之，唯有进入学生情感、生命、灵魂深处的教学，才能内化为学生高尚的道德生活和丰富的人生体验，这样，学科知识增长的过程也就成为人格健全与发展的过程。伴随着学科知识的获得，学生将变得越来越有爱心，越来越有同情心，越来越有责任感，越来越有教养。

第四，要结合学科教学有机地进行价值引领。价值引领的目的就是培养学生正确的价值观。从学校教育的角度讲，价值观是做人做事的观念、准则和规范，是一个人信念、信仰和理想的基石，决定着一个人的精神品性。教师要在教学中结合学科特点和内容对学生进行价值引领。

学科教学内容按照蕴含价值目标的程度可分为三大类：一是含有显性价值目标的教学内容，即教材通过文字材料直接体现出价值目标，比如高中语文《包身工》一课，该内容直接体现出的是反抗压迫、维护与热爱正义的价值观。二是内隐价值目标的教学内容，这类内容主要反映客观事实和规律，似乎不含价值因素，但在反映客观现实、揭示客观规律的过程中同样蕴含着价值目标，这就要求教师善于发现教学内容背后的价值因素，把教学内容中内隐的价值因素挖掘出来，形成价值目标。比如，进行生物学《遗传病》一课的教学时，教师可以给学生描述病人患病时生理上的痛苦以及他们心灵上遭受的折磨，从而引发学生的同情心，并培养学生的爱心。还有一类教学内容，本身并未隐含价值目标，对这一类内容的教授，如果教师具有价值教育的意识与能力，可以通过师生交往、教学组织形式等方式，在行动中达成价值目标。

总之，任何学科的教学都不应仅仅为了获得学科的若干知识、技能和能力，而应同时指向人的精神、思想情感、思维方式、生活方式和价值观的生成和提升。学科教学要有文化意义、思维意义、价值意义，即人的意义。教育是人的灵魂的教育，而非理智知识和认识的堆集……在学习中，只有被灵魂接受的东西才会成为精神的瑰宝，而其他含混晦涩的东西则根本不能进入灵魂中而被理解。教育是极其严肃的伟大事业，通过培养，不断地将新的一代带入人类优秀文化精神之中，让他们在完整的精神中生活、工作和交往……对终极价值和绝对真理的虔诚是一切教育的本质，缺少对价值和真理的热情，人就不能生存，或者说人就活得不像人，一切就变得没有意义。

爱因斯坦在《培养独立思考的教育》讲稿中曾说："用专业知识教育人是不够的。通过专业教育，他可以成为一台有用的机器，但不能成为一个和谐发展的人。要使学生对价值有所理解并且产生热烈的感情，那是最基本的。他必须获得对美、对真、对善的鲜明的辨别力，否则，他——连同他的专业知识——就更像一只受过很好训练的狗，而不像一个和谐发展的人。"中小学教育主要应培育学生对真、善、美的追求,对彼岸理想世界的向往与想象,对人类、自然、宇宙的大关怀,对未知事物的好奇心,并由此焕发出内在与外在的激情、生命的活力、坚强的不屈不挠的意志力、永不停息的探索精神、永远不满足于现状的批判精神与创造的欲求。

参考文献

[1]刘丽波.新时期高校德育教育创新发展研究[M].石家庄：河北人民出版社，2018.

[2]王荣发.发展性德育 高校德育发展性教学模式的建构与实践[M].上海：华东理工大学出版社，2016.

[3]朱美燕.立德树人 高校生活德育实践[M].上海：上海交通大学出版社，2019.

[4]赵巧玲.高校实践育人研究[M].长春：吉林人民出版社，2020.

[5]王书贵.高校立德树人的理论探索与实践创新[M].银川：宁夏人民出版社，2020.

[6]李雪萍.高校思想政治教育的理论与实践[M].北京：中央编译出版社，2016.

[7]吴平.高校大学生素养与思想政治教育研究[M].成都：电子科技大学出版社，2017.

[8]董芝.大学生综合素养教程[M].石家庄：河北科学技术出版社，2018.

[9]王渊.基于科技伦理视角的大学生网络道德教育研究[M].武汉：中国地质大学出版社，2017.

[10]戴丽红.立德树人 全面实施素质教育 大学生素质教育研究与实践[M].西安：西安电子科技大学出版社，2017.

[11]李容芳.当代大学生德育教程[M].昆明：云南科技出版社，2012.

[12]吴淑芳.21世纪大学教育与学生创新素养发展新思维[M].西安:陕西人民出版社，2016.

[13]崔兴旺.大学生社会实践的德育功能实现研究[J].福建茶叶，2020（4）：349-350.

[14]姜盼秋.新时代大学生劳动教育融入德育教育探析[J].中文信息，2022(10)：

136-138.

[15]董娅.新时代大学生德育实践考评指标体系构建[J].白城师范学院学报，2022（3）：23-27.

[16]张扬，焦楠，尚岩.文化育人视域下"00后"大学生的德育教育研究[J].淮南职业技术学院学报，2022（3）：87-89.

[17]袁伟.信息化视域下大学生德育教育模式优化刍议[J].公关世界,2022(14)：75-76.